# 企业互联网转型

## 传统企业线上触网和互联网企业线下落地
## 实操十二章经

石章强/著

ENTERPRISE INTERNET TRANSFORMATION

互联网管理必备战略手册，引领企业新转型发展之路

机械工业出版社
CHINA MACHINE PRESS

本书融合了500多家国内外一线品牌实践经验、200多个互联网转型案例、100余位互联网大咖实效经历，让我们明白了“六新”如何颠覆、重构和变革企业经营，如何用“一体、二用、三教、四化、五即”明确企业互联网转型方向，如何通过战略定位、领军人选择、模式设计、产品组合、渠道规划、组织匹配、文化重塑等七个方法实现企业互联网转型落地。

不管您是企业创始人，还是企业高管，或者是职业经理人，只要您想提升企业在互联网时代下的存活和获利能力，就一定需要认真阅读这本书！

**图书在版编目（CIP）数据**

企业互联网转型：传统企业线上触网和互联网企业线下落地实操十二章经／石章强著. —北京：机械工业出版社，2017.4

ISBN 978-7-111-56199-6

Ⅰ.①企… Ⅱ.①石… Ⅲ.①互联网络-应用-企业战略-战略管理 Ⅳ.①F270.7

中国版本图书馆CIP数据核字（2017）第039281号

机械工业出版社（北京市百万庄大街22号 邮政编码100037）
策划编辑：马 佳 责任编辑：马 佳
版式设计：张文贵 责任校对：赵 蕊
三河市国英印务有限公司印刷

2017年4月第1版·第1次印刷
170mm×240mm·22印张·282千字
标准书号：ISBN 978-7-111-56199-6
定价：59.00元

凡购本书，如有缺页、倒页、脱页，由本社发行部调换

电话服务
服务咨询热线：（010）88361066
读者购书热线：（010）68326294
（010）88379203

网络服务
机 工 官 网：www.cmpbook.com
机 工 官 博：weibo.com/cmp1952
教育服务网：www.cmpedu.com
金 书 网：www.golden-book.com

# 名家大咖推荐

产品为什么能够畅销、长销、高价销、高利销？《企业互联网转型》认为答案的关键在于“要手艺不要工艺”的匠文化的打造。

——上海交大安泰经济与管理学院党委书记、教授　余明阳

《企业互联网转型》认为，要自理不要管理，只有这样，才能从根子上管好 80、90、00 后。

——长江商学院副院长、战略学教授　滕斌圣

《企业互联网转型》一书中提出，渠道变革不是守株待兔，而是待兔守株。兔子就是我们要服务好的客户。

——阿里集团副总裁、阿里研究院院长　高红冰

企业互联网转型是必须而不是选择，《企业互联网转型》提出的企业“六新重构”是不错的思考和建议。

——北大光华管理学院教授、博导、中国高等院校市场学研究会会长　符国群

企业是根，互联网转型是本。《企业互联网转型》值得一看！

——首旅如家酒店集团总经理、如家酒店集团董事长　孙坚

形式即内容（吸引用户）、内容即媒介（抢占用户）、媒介即渠道（转化用户）、渠道即服务（黏住用户）、服务即娱乐（持续用户），这“五即”是企业互联网转型的五个最重要的实施点。我很认可石章强在新书中提出的“五即”。

——齐家网创始人　邓华金

对于企业互联网转型来说，顶层设计确定了，营销互联网化、渠道互联网化、产品互联网化、运营互联网化是关键的五步，很认同《企业互联网转型》的这些观点。

——沪江网创始人　阿诺

石章强提出了服务产品化、产品用户化、用户粉丝化、粉丝部落化，这“四化”是企业互联网转型的四个重要的支撑点。

——猪八戒网创始人　朱明跃

《企业互联网转型》提出了“用户教、产品教、品牌教”，我认为这“三教”是企业互联网转型的三个重要的出发点。

——驴妈妈创始人　洪清华

企业互联网转型，领军人是老板、家臣、经理人、事业合伙人还是外包商，将直接决定着转型成功与否。创业者要多看《企业互联网转型》。

——百合网创始人　慕岩

正如《企业互联网转型》所说，新模式要从大商业逻辑上进行思考。

——找钢网创始人　王东

在企业组织转型时，如何塑造像锦坤的核心价值观“我是一切的根源”那样的自组织文化很关键。

——上海电气（集团）总公司董事长　黄迪南

弱中心化、扁平层级制、流程化组织、项目化管理，企业转型要做好各种组织准备。《企业互联网转型》给出了不少很好的建议。

——方太集团董事长　茅忠群

新领军人物不在于人物的影响力和财富力，而在于转型、引领、推动产业和社会的进步。韩后还很小，我们的路还很长，找石章强这样的高手合作，会少走很多弯路。

——韩后创始人　王国安

作为正邦的战略合作伙伴，锦坤给我们帮助很大。而对于员工来说，兴趣会成为第一内驱力，这也是移动互联下的企业自组织的出发点。

——正邦集团董事长　林印孙

游戏化生存，贴现是常态，企业经营管理能否借鉴游戏理念呢?《企业互联网转型》告诉我们这是可以的。

——酒仙网创始人　郝鸿峰

石章强告诉我们，众筹、众创、众赢才能万众一心，企业互联网转型离不了这“三众”。

——分众董事局主席　江南春

正如《企业互联网转型》一书中所说，在企业互联网转型上，渠道是重中之重，顶层设计是1，其他是0。没有清晰的渠道战略，任何尝试都是徒劳的散点式试错。

——知名财经评论家　石述思

锦坤认为，从互联网到物联网，需要迈过连接、联接、链接三道关。

——普华资本董事长、头头是道基金创始人、经纬人民币基金创始人　曹国熊

推动新技术产业化的关键是要打造跨界产品力。拉卡拉一直就是如本书所说的那样想的，也是一直这么做的。

——拉卡拉创始人　孙陶然

正如石章强所说，移动互联时代，投资者、消费者、传播者三者合一才能实现品牌营销价值最大化。

——苏酒集团董事局主席、洋河股份党委书记　张雨柏

雪花为什么能成为行业老大，关键在于建立起了能持续释放出企业的自组织力的机制。

——华润雪花首席执行官　侯孝海

免费不是模式，而只是一种策略，关键的关键要盈利点及组合。石章强在书中提出的很多方法论值得我们学习和思考。

——韩都衣舍创始人　赵迎光

对于互联网企业来说，需要在变异中破局。石章强对传统企业转型线上和互联网转型线下有很多的落地化干货。

——红领集团总裁　张蕴蓝

《企业互联网转型》指出，互联网转型过程中要有一种“自文化”，要自动不要推动。

——场景实验室创始人　吴声

针对负责企业转型的领导层来说，既要去考量兴趣观更要考量价值观，因为没有价值观的企业是无法真正实现转型的。我很赞同石章强的思考和分析。

——罗辑思维创始人　罗振宇

Preface ▸ 自 序

## 企业互联网转型开启企业竞争新时代

传统制造业时代，企业经营约等于计划调度和生产排期；到了互联网时代，企业经营基本离不了网页营销和电商推广。

移动互联时代来了，企业经营靠某一个部门或某一个系统好像再也玩不转了，淘品牌没招了，电商开始不赚钱了，微商也多被诟病……

移动互联下的企业究竟该怎么玩呢?

有效的企业经营应该包括制造、分销和服务等活动，企业经营应贯穿于制造产品和提供服务的所有活动之中。

出色的企业经营和运营是每一个企业重要的核心功能和竞争优势，而有效的供应链是公司成功和持续发展的关键。事实上，对客户需求的快速反应能力、低成本和高质量对于保持企业的成长和盈利是更关键的。

而在当下的移动互联时代，经营和运营不再是企业内部的小运营，而是涉及微观企业、中观行业、宏观产业的“三观”大运营，需要解决好从消费端出发的需求链的优化、从供应端出发的供应链的强化、从企业内部出发的价值链的提升、从企业外部出发的产业链的延伸，从而真正解决好人流、物流、信息流、资金流和商流的“五流混流”，才能真正在多变的、不确定的商业环境下游刃有余，并掌控产业链话语权和定价权，从而守株待兔，坐着卖货不再难。

这是为什么沃尔玛能够长期位居世界500强榜首的核心原因所在；这也是为什么中国这么多服装企业没有一家能够真正学会ZARA等快时尚极速价值链的症结所在。它也从某种意义上解释了京东能够快速崛起，而菜鸟物流却总是雷声大雨点小。

移动互联网以及随之而来的大数据、物联网、智能化革命正在以排山倒海之势摧毁甚至重建的企业大运营系统。

## 一、移动互联网颠覆了企业运营

曾经的中国休闲服饰第一股美特斯邦威，以近100亿营业额10多亿的利润笑傲江湖。然而，没有多久，他们就笑不起来了，近30亿的库存不仅剥夺了企业的所有利润，还压得企业喘不过气……结果是，左冲右突却不得志，营业额持续下降，净利润再也看不到了。

天变了，而我们的企业还在继续用老黄历看天走路。

### 1. 环境变化使得企业利润率看不懂了

客户流失、对手抢食和成本上升，使得企业的利润率看不懂了，不仅下降，还经常为负。老客户莫名流失了，新客户不知道在哪儿？偶尔能招揽到一些新客户进来，没多久又跑了，而且获客成本竟然还高于每客产出。

不仅如此，老对手没走，新对手又出现了，而且新对手的出现往往让人防不胜防，就像电信、联通和移动打得难解难分之时，突然冒出个微信，来了个通杀……

更要命的是，随着税负、人力和土地等成本的节节攀升，已然成为企业身上的3座大山，尤其是制造业，这也就是为什么这么多制造企业跑去玩投资、玩地产，不是他们不爱实业，实在是爱不起、爱不了。

### 2. 商业革命来了，商业本质变了吗？

伴随着移动互联带来的翻天覆地的商业革命，企业家有点蒙圈了。这世界怎么了？“老家伙”就得这样被革命了吗？

从专业和本质上讲，虽然商业革命来了，但商业的关键本质依然没有变化，只是很多时候，我们被太多的表象和形式给掩盖了，而没有静下心来思考核心问题。

不管商业形式如何变，商业的本质依然没有变，只要我们企业家们能够认清商业的一个中心、两大主体，并解决好三大矛盾，我们依然可以笑傲江湖，这也就是沃尔玛的秘诀。

**一个中心：供需匹配。**

**两大主体：供给侧和需求侧。**

**三大矛盾：信息不匹配、时间不匹配、空间不匹配。**

移动互联最厉害的地方就是把信息抹平了，时间拉短了，空间扯平了，让我们原有的矛盾似乎解决了，但其实并没有解决，只是转移了形式和内容，我们需要做的就是在新的游戏规则下，解决好供需两端三大矛盾。

### 3. 环境变化对运营到底产生了哪些影响?

环境变化到底对企业、行业和产业产生了哪些影响呢?

以传统出租车为例，出租车和消费者的链接完全靠在大街上的邂逅和偶遇，而滴滴做的就是把这种邂逅和偶遇变成了信息匹配、有机链接、供需对接，这也就是为什么滴滴如此受市场欢迎的原因了。

而从商业本质和规律来看，以技术、市场、政策、资源为主的运营最终肯定干不过以技术、产品、服务、模式为主的运营。

### 4. 从土豆大王辛普劳看企业大运营的建立

企业只有建立起了适合新环境新竞争的运营系统，才能真正应对这种变化带来的革命。看看世界土豆大王辛普劳建立起来的高品质、低成本、快交期的大运营系统，就知道为什么这么多年以来只有他们才能够成为麦当劳和肯德基最大的，也是唯一的土豆供应商了。

大部分企业会认为，**高品质必然会导致高价格，慢交期，而辛普劳通过大运营系统的颠覆创新却把这一矛盾有效解决了，实现了高品质、低成本、快交期的完全统一**。所以，它和沃尔玛一样，可以持续笑傲江湖。

### 5. 从宏观层面看 PESTLE（从政治 Political、经济 Economic、社会 Social、技术 Technological、法律因素 Legal 和环境 Environmental 六个维度进行外部宏观环境分析）如何影响产业生态?

企业运营系统的所有变化都会在宏观层面进行反应和预判。

宏观层面主要包括政策、经济、社会、技术、法律、生态 6 个方面，尤其是全球化和一体化的世界进程中。阿里熟悉世界各国的 PESTLE，就容易成为各地的座上宾而展开全面合作。做企业必须要深入解读和洞察产业生态。

## 二、实体经济如何重构企业大运营系统?

税负、人力和土地已成为企业身上的 3 座大山，尤其是对于制造业来说。

所以在这种时候，实体经济就得通过产业链打通、价值链重构、流程创新、清单革命等来实现企业全新大运营系统的建立，只有这样才能真正跟上时代步伐，才能持续成为经济的主体。

### 1. 以集散原理重建运营流程

集散原理是解决企业重建运营流程的有效方法。集，主要在于资源的组织，包括供应链、渠道商的组织和管理。散，主要是需求的响应，包括用户、客户等的对接和链接。企业需要在此基础上建立起推拉结合的运营。

### 2. 从流程创新到清单革命

以集散原理重建企业运营流程，需要考虑流程的 3 个关键指标：即库存、流程时间、单位产出。只有解决好这个问题，流程重建、创新才容易找到关键点。

在实施流程创新时，可以运用“律特法则”建立起清单，从而正反结合推动流程的重建或重塑。也只有这样，才能真正解决“无清单、不标准、难复制”的三大难题。

### 3. 中国企业为什么学不了 ZARA 的快时尚极速价值链

对于中国企业来说，高库存就意味着无止境的成本投入，库存量已经成了不可能完成的任务，正在把一些中国服装企业拉进万劫不复的深渊。越来越多的目光转向了 ZARA 这样靠建设极速产业链而在市场中逆势上扬的企业，越来越多的企业也开始关注和研究 ZARA 模式。

ZARA 的极速供应链模式可以说是一种混合模式，既有传统的外包流程，也有公司内部整合、上下游一体生产的流程，本质上是快响应、短时间、平空间、大运营四位一体的极速产业链运营模式。

### 4. 从中观层面看六力模型如何影响行业运营

类似于 ZARA 的这种极速供应链模式不仅考虑了产业外的宏观的 PESTLE 因素，还要全面审视产业内的中观的产业链和价值链因素，包括买方、卖方、替代者、潜在者、竞争者、整合者六个维度，也就是在波特五力模型基础上再加上整合者。

只有有了整合者这个维度，五力模型的作用、价值和效用才能发挥到最佳状态。

## 三、企业互联网转型让虚拟经济与实体经济大融合

从发展阶段角度看，实体经济和虚拟经济会此消彼长，但发展到一定阶段后，一定会相融共生：你中有我，我中有你，不分彼此，互为表里。

因此，在企业运营上，就需要把虚拟经济和实体经济进行全方位的结合和融合，既不是单一的“互联网＋”，也不是单一的“＋互联网”，而是虚拟经济和实体经济大融合大转型的企业互联网＋。

### 1. 阿里错失了物流，是否错失了未来？

在外界看来，阿里已经是一个巨无霸的电商帝国，这个帝国难以颠覆与撼动，但事实上，我们看到，随着移动互联网的渗透，电子商务的蛋糕正在变得越来越大，业态与模式有无限可能，甚至，庞大如阿里，也难以避免自身的蛋糕被蚕食。在我们看来，阿里风光背后未来的隐患，在于自身无法回避的固有短板。

阿里的商业逻辑在于用信息流吸引人流，用人流拉来了资金流，但是千对万对，阿里却错失了物流，也许由此会错失未来。

虽然阿里后来积极布局了菜鸟网络，但正如京东商城的刘强东所说，“菜鸟本质还是要在几个快递公司之上搭建数据系统，说得好听一点是提升快递公司效率，说得难听一点，最后，几家快递公司的大部分利润都会被菜鸟物流吸走”。

所以，这种吸星大法式的生态链能否持续是个关键问题，而且，目前这些的物流商们似乎也看清了这种本质，形合神未合。

### 2. 苏宁打败了国美，却为什么没打通 O2O？

七年前，苏宁云商拥抱互联网，立志从街头零售之王转变为零售和电商双料冠军，做中国的“沃尔玛＋亚马逊”。在大笔资金投入建立信息系统和物流系统之后，时至今日，似乎却仍未改变战局。虽然似乎打败了国美，但却没有打通 O2O。

结果没过几天，饿狼京东又来了。苏宁易购换了多个 CEO，都不是刘强东的对手，不得已连张近东也亲自上阵和叫阵，建立电商平台、搭建物流配送体系、开放第三方平台、从大家电向综合零售商转型……

苏宁原本希望通过平台加渠道来实现 O2O 转型，于是先后开发了 PC 端和移动端，借助互联网技术形成覆盖用户的全渠道的消费场景，把店开到用户的办公室、口袋里和客厅里，实现互联网 + 线下、互联网 + 商品、互联网 + 服务的三合一，但苏宁最大的障碍在于线下门店，最大的问题也在于没有用好线下门店这个稀缺资源，削足适履或拔苗助长均是大忌。

我们认为，苏宁只有通过线上平台建立起信息渠道、线下门店建立好信任空间 + 线上平台建立起产品展示、线下门店建立服务体验，才足以与阿里、国美、京东抗衡。可惜他们太急了，以至于有些自乱阵脚。

### 3. 人流、物流、信息流、资金流和商流重构新商业运营

阿里错失了物流，苏宁没有打通 O2O，背后均有一个共同的问题，那就是没有从大运营上进行顶层设计，没有充分考虑到宏观的 PESTLE、中观的六力模型、微观的四链法则和五流体系，而只是从某一个或两个链或流来思考问题、界定问题和解决问题，导致一叶障目不见泰山。

从商业运营的角度来讲，人流、物流、信息流、资金流和商流构成了完整的大运营体系和系统；同时，这些要素还需要放在供应链、需求链、价值链和产业链的四链上进行连接、联接和链接，才能真正让大运营从顶层设计经中层运营到底层落地。

人流、物流、资金流、信息流、商流这五种流是经济发展的基本要素，也是企业重构商业大运营的关键所在。所有存在问题的商业行业或商业现象，就在于这五种流的组合和结构等商业逻辑出了问题。

流动效率极强的经济体会产生高效的经济活动和商业行为，让商品交换速度和效率大幅度提升，让经济超越空间和时间瓶颈，推动发展，引领升级。这五种重大资源的流动瓶颈，就是发展的桎梏。任何提升五流效率的投入，都注定是有回报的。

信息时代促进企业飞速发展的关键就在于从根本上提升了资金、信息流动的效率。从技术发展的角度来看，对人流、物流的效率提升也提供了强大助力，因此，也会引领世界经济发展提升几十年。目前，瓶颈最明显的集中于人流和物流。

怎么大规模提升人和物的流动效率，提升技术，解决时间平移，超越空间桎梏，是重大挑战。

提升人、物的流动效率，就不可能不面对能源，因此，新能源的创新很重要；提升人、物的流动效率，就不能不面对人力成本，因此，自动驾驶、无人机、机器人的商业化运用很重要；提升人、物的流动效率，就不可能不面对大规模基础设施建设，就不得不建设大规模高铁、机场，因此城市化、特色小镇、全域旅游的全覆盖就很重要。

#### 4. 互联网 + 的本质："五流" 混流

从宏观层面读懂经济扩张的秘密，并不等同于从微观上盲目跟风，五流合一或混流是核心。合一是理想，混流是常态，跨界是必须，闭环是追求。每个创业者和企业家心中都有一个产业链之梦和平台商之想，关键在于你如何切入，如何规划，如何组合，如何实现。

商流是目的，人流是载体，资金流是条件，信息流是手段，物流是过程。"五流"之间有时互为因果，有时互为链接。

商流是人流、物流、资金流和信息流的起点，也可以说是后"四流"的前提，一般情况下，没有商流就不太可能发生人流、物流、资金流和信息流。反过来，没有人流、物流、资金流和信息流的匹配和支撑，商流也不可能达到目的。没有及时的信息流，就没有顺畅的人流、商流、物流和资金流。没有资金的支付，商流不成立，物流也不会发生。

在具体的创新组合上，有以下七种主流的流系结构。

（1）人流 + 物流 = 创新运营，代表企业：沃尔玛、亚马逊等；

（2）人流 + 资金流 = 服务金融，代表企业：平安、携程等；

（3）人流 + 信息流 = O2O，代表企业：美团、滴滴等；

（4）信息流 + 物流 = 物联网，代表企业：特斯拉、京东等；

（5）信息流 + 资金流 = 互联网金融，代表企业：蚂蚁金服、财付通等；

（6）资金流 + 物流 = 供应链金融，代表企业：怡亚通、苏宁云商等；

（7）人流 + 物流 + 资金流 + 信息流 + 商流 = 互联网 +，代表企业：阿里、腾讯等。

**5. 从微观层面看“四链法则”如何优化企业运营**

近些年，供应链优化、需求链变迁、价值链提升、产业链延伸作为增强企业核心竞争力的重要工具与手段常被提及，这些“链”到底有什么区别，又有什么内在联系，如何实现协同等等让很多企业感到困惑。这些正是新形势下构建企业大运营系统需要涉及的四个重要的链条。

从一般意义上来讲，四链之间既有共通性，也有差异性。

供应链往往相对于多个企业而言，是指产品生产和流通过程中所涉及的原材料供应商、生产商、分销商、零售商及最终消费者等通过上下游连接组成的网络结构。“供应链”表明了一种“推”的配送流，即产品是按生产商希望满足顾客需求的预测来生产的。供应链仅仅着眼于产品供应，它是站在生产商的角度审视供应链主体之间的关系。

需求链是指从制造商到最终顾客的交易网络，它比供应链更强调客户或控制需求的一方。“需求链”表明了一种“拉”的配送流，即产品是按照满足顾客实际的需求来生产的。需求链的各个环节（制造商、批发商、分销商、零售商）都要根据顾客实际的需求来生产或管理库存。需求链的核心是强调顾客实际需求，它站在消费者角度审视生产商主体之间的关系。

价值链相对于一个企业而言，是企业内一系列互相并列但又相互关联的生产经营活动构成的一个创造价值的动态过程。

产业链则是指各个产业部门之间基于一定的技术经济关联，并依据特定的逻辑关系和时空布局关系客观形成的链条式关联形态，其本质在于描述一个具有某种内在联系的企业群结构。

供应链、需求链、价值链和产业链之间存在着紧密的联系，供应链的主体切换就是需求链，需求链的客体转变就是供应链，价值链的外向延伸和连接构成供应链管理的基础，产业链的内向挖掘和核心就是价值链，而供应链或需求链的内向一体化就是价值链，外向一体化就是产业链。

以“企业互联网＋”为核心的大融合、大转型正在全面开启企业竞争的新时代！

# Contents ▫ 目 录


**名家大咖推荐**

**自序　企业互联网转型开启企业竞争新时代**

**第一篇：颠覆** / 001

**第一章　传统企业时代的终结** / 002

一、真正的冬天来了 / 002

二、传统企业的生死劫 / 003

三、颠覆你的并非“互联网+”，而是你自己 / 005

**第二章　企业模式重构** / 007

一、新模式，颠覆大商业逻辑 / 007

二、新技术，跨界热产品力 / 007

三、新业态，塑造强渠道链 / 007

四、新产业，重构老产业链 / 008

五、新机制，释放自组织力 / 008

六、新领军人物，创造企业新大咖 / 008

**第二篇：变革** / 009

**第一章　互联网+新企业** / 010

一、互联网+新模式，啥都可以免费 / 010

二、互联网+新技术，智能技术引领未来 / 011

三、互联网+新业态，条条道路通罗马 / 013

四、互联网+新产业，老行业焕发第二春 / 015

五、互联网+新机制，大众创业的创客时代 / 016

六、互联网 + 新领军人物，会割让利益的人才是最好的创始人 / 017
**第二章　互联网 + 新模式** / 018
一、5 种模式基本法，你算哪根葱？/ 018
二、老企业，在对标中超越 / 020
三、新企业，在变异中破局 / 022
**第三章　互联网 + 新技术** / 025
一、从小数据到大数据，你还有多远？/ 025
二、移动互联网，不是互联网？/ 027
三、物联网，连接、联接、链接？/ 028
**第四章　互联网 + 新业态** / 029
一、互联网 + 吃 / 029
1. 找饭店：大众点评网，还能领跑吃喝？/ 029
2. 吃早餐：巴比馒头，“包”打天下？/ 030
3. 叫外卖：饿了么“饱腹”之路，一个都不能少？/ 033
4. 厨上门：“味蕾”该如何借“烧饭饭”过冬？/ 036
5. 菜到家：一亩田有机农庄，还缺什么？/ 039
6. 买零食：三只松鼠，坚果王位或将易主？/ 042
二、互联网 + 穿 / 047
1. 淘衣服：楚楚街：O2O 电商黑马还能蹦多久？/ 047
2. 买衣服：异类 YOHO！的潮牌生意经 / 051
3. 洗衣服：e 袋洗的软肋在哪儿？/ 054
4. 买手制：热风 Hotwind，谨防“冷风”来袭！/ 056
5. 跨电商：Lativ 米格，不做老大的电商逻辑 / 060
6. 混品类：北极绒，多品类品牌授权商？/ 064
7. 会员制：懒人管家，真是让懒人买单吗？/ 066
三、互联网 + 住 / 068
1. 找房：搜房网为何变身房天下？/ 068
2. 租房：房真真，能否驾驭真实？/ 069

3. 卖房：房多多，何以卖房多多多？/ 073
4. 装修房：齐家网，装修真的像喝茶一样简单？/ 075
5. 网家装：爱空间，网装你我他 / 077
6. 网办公：方糖小镇，让办公空间免费 / 080
四、互联网+行 / 082
1. 拼车：微微拼车，能否拼出一片蓝天？/ 082
2. 租车：神州租车，离第一品牌还有多远？/ 084
3. 代驾：e代驾，能否成为第一代驾？/ 086
4. 打车：滴滴、快的在折腾啥？/ 087
5. 洗车：典典养车，用户为先？还是市场为王？/ 089
6. 买车：要买车 / 090
7. 修车：车易安，做平台商还缺什么？/ 092
8. 养车：养车无忧，养车真的可以无忧？/ 093
五、互联网+游 / 096
1. 买机票：携程的老大之累 / 096
2. 订酒店：还是用艺龙吗？/ 098
3. 抢门票：自助游天下，就找驴妈妈 / 100
4. 自驾游：同程，如何和你一路同程？/ 102
5. 境外游：开元欧洲旅游地头蛇？/ 104
6. 经济酒店：如家，从0到1的1是如何炼成的？/ 106
7. 豪华酒店：开元，民企酒店头牌的曲折梦 / 108
六、互联网+购 / 110
1. 百货商业：银泰的卖身？/ 110
2. 超市商业：大润发，把超商之根留住？/ 112
3. 专卖商业：苏宁，只能做个家电连锁商？/ 113
4. 广场商业：万达的广场舞 / 115
5. 便利商业：全家的变与不变 / 118

6. 社区商业：病入膏肓的叮咚小区还有救吗？/ 122
七、互联网 + 娱 / 128
1. 视频：PPTV，莫忘初心才能死里逃生 / 128
2. KTV：唱吧麦颂，KTV 颠覆者 / 130
3. 足浴：康骏，足浴的战争 / 132
4. 美发：文峰的美发生态链 / 133
5. 瑜伽：艾瑜珈，爱瑜伽 / 135
6. 美容：静博士，静水流深美容业 / 136
7. 电影：格瓦拉，影迷俱乐部？/ 138
8. 美甲：河狸家，能否美甲一方？/ 139
**第五章　互联网 + 新产业** / 142
一、互联网 + 工业 / 142
1. 工业 4.0 如何嫁接互联网？/ 142
2. 沈阳机床的智能工场 / 143
二、互联网 + 农业 / 145
1. 互联网弥补了农业的短板 / 145
2. 光明全产业链起个大早赶个晚集 / 147
3. 阿里为什么害怕赶街？/ 150
三、互联网 + 建筑 / 152
1. 中国建筑离智能还有多远 / 152
2. 万科的互联网阴谋 / 155
四、互联网 + 医疗 / 158
1. 互联网技术会革了医疗的命？/ 158
2. 丁香园，能否撬动医疗的生死大山？/ 159
五、互联网 + 教育 / 161
1. 教育产业化让渡于教育互联网化 / 161
2. 沪江网，能否超越新东方？/ 163
六、互联网 + 金融 / 165

1. 互联网让行长们睡不着觉了 / 165
2. 付费通凭什么叫板支付宝？/ 166
3. 宝付支付，黑马有多黑？/ 168
七、互联网 + 城市 / 169
1. BAT 为什么要抢滩中国城市群？/ 169
2. 享 WiFi 能走多远？/ 171
3. 微信城市生活的阴阳谋 / 172
八、互联网 + 社区 / 174
1. 社区商业，最后的热土？/ 174
2. 社区 O2O 何以哀鸿遍野？/ 177
**第六章　互联网 + 新机制** / 181
一、去中心化，层级制消失，项目制成为可能 / 181
1. 传统企业去中心化的推动因素 / 181
2. 传统企业去中心化的思考与建议 / 182
二、兴趣成为第一内驱力 / 183
1. “千金难买我愿意”，认清你的原动力 / 183
2. 你的兴趣能解决别人什么问题 / 183
3. 个人兴趣结合行业发展的缺陷更容易成功 / 184
三、游戏化生存，贴现是常态 / 184
1. 手游的设计与运营怎样让玩家沉迷？/ 184
2. 像打游戏一样抢单，出租车司机的兴奋感从何而来？/ 185
3. 处理用户在游戏和产品中的失败 / 185
四、投资者、消费者、传播者三者合一 / 186
**第七章　互联网 + 新领军人物** / 188
一、合伙人还不够，人人需要成为创始人 / 188
1. 不算小账，算大账？/ 188
2. 失控还是掌控？/ 189

3. 人人都是创始合伙人？／189
二、众筹、众创、众赢才能万众一心／190
1. 实股 or 半实半干股 or 干股？／190
2. 免费 or 收费？／190
3. 股权架构设计＝筑巢引凤？／191
4. 投资＝投人＝投股权架构？／191

**第三篇：升维**／193
**第一章　企业互联网转型方向**／194
一、一体／194
二、二用／195
1. 消费者使用：消费互联网／195
2. 产业界应用：产业互联网／196
三、三教／197
1. 用户教／197
2. 产品教／199
3. 品牌教／201
四、四化／203
1. 服务产品化／203
2. 产品用户化／205
3. 用户粉丝化／207
4. 粉丝部落化／210
五、五即／211
1. 形式即内容（吸引用户）／211
2. 内容即媒介（抢占用户）／212
3. 媒介即渠道（转化用户）／213
4. 渠道即服务（黏住用户）／214
5. 服务即娱乐（维护用户）／216

**第二章　企业互联网转型方法 / 218**

一、战略定位 / 218

1. 试水 / 218

2. 转型 / 219

3. 升级 / 220

4. 再造 / 221

二、领军人选择 / 221

1. 老板 / 222

2. 家臣 / 222

3. 经理人 / 223

4. 事业合伙人 / 223

5. 外包商 / 224

三、模式设计 / 225

1. 营销互联网化 / 225

2. 渠道互联网化 / 228

3. 产品互联网化 / 230

4. 运营互联网化 / 233

四、产品组合 / 235

1. 老产品 / 235

2. 新产品 / 238

3. 新产品 + 新产品 / 241

五、渠道规划 / 243

1. 渠道战略：顶层设计是 1，其他是 0 / 243

2. 渠道选择：主阵地？次山头？结构化？/ 244

3. 渠道开发：低成本大卖货是硬道理 / 245

4. 渠道变革：不是守株待兔，而是待兔守株 / 247

六、组织匹配 / 248

1. 自组织：我是一切的根源 / 248

2. 自领导：要兴趣观更要价值观 / 249
3. 自管理：要自理不要管理 / 250
4. 自学习：学到新才能活到新 / 251
七、文化重塑 / 253
1. 网文化：连接、联接、链接三三接力 / 253
2. 自文化：要自动不要推动 / 254
3. 匠文化：要手艺不要工艺 / 254
4. 销文化：卖货才是硬道理 / 255
**第三章 企业互联网转型案例** / 256
一、拉夏贝尔：超越电子商务 / 256
二、德必："三化六度多品牌"打造文创、科创连锁平台第一品牌 / 265
三、荣欣：工业化装修让装修像喝茶一样简单 / 273
四、小熊尼奥："三大战役"决胜玩教市场 / 280
五、盖百霖：3 个核心实现从小发明到大产业的巨变 / 289
六、母婴之家：从母婴电商平台到"母婴 +"O2O 平台升级 / 297
七、喜喜母婴："四客、六力、软传播"打造母婴月子服务知名品牌 / 310
**第四章 企业互联网 + 未来** / 319
**后记 没有企业，就没有互联网转型** / 322

# 第一篇：颠覆

# 第一章
# 传统企业时代的终结

## 一、真正的冬天来了

“现在是春天吧，但冬天已经不远了，我们在春天与夏天要念着冬天的问题。IT 业的冬天对别的公司来说不一定是冬天，而对华为可能是冬天。华为的冬天可能来得更冷，更冷一些……”

这是任正非 2001 年 2 月 17 日刊登在华为企业内刊《管理优化》上的“华为的冬天”，这是中国最早的“过冬理论”，由此，掀起了中国企业界和学术界关于企业冬天和企业过冬的大讨论。

不该来的冬天来了，而且来了一次又一次。

虽然似乎很多人知道了，但似乎并不愿意承认这种现实。

但是，代表某种风向标的阿里巴巴的马云开始说话了，告诉所有的阿里人和网商们，冬天真的来了，请大家注意！

这时候，大家似乎有点坐不住了！

记得 2008 年笔者出版了中国第一本企业过冬专著《企业过冬》时，中央电视台新闻联播和焦点访谈两度报道，笔者在书中预言，“中国企业告急！中国企业 30 年由春天夏天秋天开始进入了为期 10 年的‘冬天’”。

当时，很多企业家和经济学专家还不以为然，然而，如今似乎正在一步步证实笔者当初的判断，怎么办？

政府开始新政频出，企业家开始苦思对策！

冬天不可怕，可怕的是冬天会冻倒或冻死一批又一批没有生命力也没有什么抵抗力的怕冷或只习惯生活在温暖如春的温室环境中的企业和企业家。

冬天并不可怕，如果你有过冬的良方，或者早已适应了冬天的生活环境和气候环境，那么冬天只会让你的身体变得更加强壮。

华为、腾讯等企业品牌的逆风飞扬和深圳、杭州等城市品牌的逆势崛起就是最好的例证。

这是企业过冬的“是”。

然则，企业过冬还有更多的“非”。

冬天来了，来得有点不是时候，来得有点出人意料，来得有点过于惨烈，来得让个人和企业及政府没有太多甚至没有丝毫的准备，仓促应战，战而无果，错失了很多做强和做大的机会，增加了升级和转型的成本。联想、海尔、苏宁、万达等企业品牌的转型之痛和香港、上海、北京等城市品牌的创新之难，亦是更好的说明。

然而，对于任何个人或企业来说，互联网和“互联网＋”的划时代革命的冬天已然来了，怎么办？

冬天毕竟是冬天，这是自然界的循环，亦是社会进步的年轮，既来之则安之，关键在于我们如何渡过它，过好它。

## 二、传统企业的生死劫

对于互联网和“互联网＋”这个划时代革命中的大部分中小企业来说，活下去才是硬道理。只要死不了，就有活下去甚至进一步活好的机会和可能，毕竟中国的经济大势是朝上的，中国的市场方向是没有错的。

对于企业活下去的根本之道，就是企业的维持战略了，也是互联网和“互联网＋”这个划时代革命的生存之道。

### 1. 不死的根本

正如一个老生常谈的故事一样，一个团队在原始森林里迷路了，突然一个人说，我有指南针，于是，整个团队跟随这个指南针用三个月的辛苦走出了原始森林。当走出去的时候，那个手持指南针的人才告诉大家真相，他的指南针是坏的。

一个团队迷路而走出原始森林就如同面对寒冬而活下去一样。这个时候，一个错误的战略也许都会比没有战略好。

世界上没有哪个公司一百年不遇到困难、永远正确。

全世界无数百年以上的公司，没有一个没有经历过经济的灾难，没有一家公司在一百年周期里不碰到毁灭性的打击，但是为什么这些公司能够渡过难关？可能肯定的是，他们面对难关时肯定是化险为夷了，这才是最重要的。

**2．不死法则**

当面对寒冬的危机时，不死才是硬道理。正所谓，做战略的本质在做“不死”。

那么，企业又该如何做或者在哪些方面作为才能避免不死呢？

1）信心比黄金还重要

曾有一位著名社会学教授说：“当一个人对世界完全失去信心时，早上甚至没办法从床上爬起来。”可见，信心对人何等重要，尤其是在这个冬天。

有信心就有希望、有希望就有奔头，企业领导者的信心应该是第一位的。这种信心一方面来源于企业主自己，但更重要的应该还是来源于我们有英明的领导和优越的社会主义制度，我们完全有理由相信政府有能力抵御经济风险。

2）现金比妈妈还重要

“现金为王！”这是红杉资本致旗下公司 CEO 的一封信中提到的，这充分说明了在这个冬天里，现金的重要性，尤其是对于中小企业而言。要尽可能变现一切可能的资源和资产，把这些东西换成实实在在的现金。

3）优化业务进血

有人曾夸张地说，企业说白了就是不断地进血，但同时又不断地出血，当进血多于出血时，企业能正常地活着，反之，则企业无论如何也活不长。

因此，优化业务进血是企业活下去的关键之道。第一，广开进血之路；第二多进血；第三，特殊时期对进血人员实行特殊政策。

4）控制出钱管道

王永庆经常说，你赚到的每一元收入并不是你的利润，但你节约的每一元钱，却全部是你的利润。危机下，减少每一分钱的开支即是企业最大、最干净的利润。这时候需要做的就是千方百计压缩开支，控制出钱管道，记住：少即是多，少出即是多挣。

说“节流”，几乎每个企业首先都会想到裁员，这自然是一种办法。但泛泛意义上的裁员，不是解决之道，关键是裁掉确实无效之才而留住稀缺人才，这种结构化危机下的裁员更能帮助企业进行人才结构的优化。

## 三、颠覆你的并非“互联网＋”，而是你自己

来自国家工信部的数据显示，第三次工业革命正在将互联网、移动互联网、云计算、大数据等信息技术创新成果引入传统工业，改造和提升着传统产业，创造出物联网、工业互联网这样新的巨大市场。

传统企业家恐惧地看到，大数据、云计算、平台模式、移动互联网等，以及各种匪夷所思的创新和颠覆应用，正在搅局传统企业的生存法则和商业模式。

更有悲观论者认为，传统企业会消失，认为传统企业都会像诺基亚一样——我们并没有做错什么，但是我们输了。更有旁观者，十分热闹地、开心地围观着传统企业与新兴互联网企业的博弈。

是的，历史已经无数次证明了，每次产业变革都会催生一批新模式、新技术、新业态、新产业、新机制、新领军人物，这“六新”对传统企业和产业带来了革命性和颠覆性的变化。

这一切冲击，对于传统企业来说，既是机遇又是挑战，因为困局往往意味着机遇，因为一旦找到以“互联网＋”打破困局的钥匙，就必将迎来新一轮的成长。这一次冲击也是传统企业新的春天，就看传统企业转型的速度和管理进化的速度了。

不可否认，互联网新兴企业拎着大棒蒙头蒙脑地给了传统产业一闷棍。悄然无息地瓦解了一些传统销售渠道、服务方式和盈利模式，但是仅仅有这些变革根本不够，传统企业重要的技术能力、创新能力、生产能力一旦和互联网结合，将会迸发无比强大的竞争能力。海尔、华为、万达、联想、万科等大型传统企业，携带着重资产、大队伍、新技术，已经开始了新一轮的互联网化转型，

进行绝地反击。

这次“互联网+”的进化，根本不是鹿死谁手的问题，也不是赌谁输谁赢的问题，而是看谁融合得更快的问题。

所以，从本质上讲，不是互联网或“互联网+”问题，而是你的问题。

“熟知并非真知”。

黑格尔在《小逻辑》中的一句名言表明熟知与真知是有区别的，甚至可以说有着很大一段距离。熟知只是看到了眼前事物的轮廓，而对其内涵却未加深思，因而并非是真知；对过去成功的熟知，或许会成为一种思维定式，对未来和变化失去敏感性，因而制约了互联网化的转型。

创新往往在边缘地带产生，改革往往是从问题倒逼。

即使你具备了出神入化的互联网思维又能怎么样？即使你启动“互联网+”又如何？商业模式不改变、企业管理不进化、组织结构不改变、企业文化不更替，技术、资金、市场、规模、品牌……这些曾经的优势，在互联网化进程中，甚至会变成弱势。

要么互联网化转型，要么死亡。除了我们自己，谁能阻碍我们前进的步伐？从现在开始，让我们加入到这一场“掉队即死亡”的战争中，和你的竞争对手在新的、同一个起跑线上一决高低！

正如《反脆弱》的作者纳西姆·尼古拉斯·塔勒布所说：验证你是否活着的最好的方式，就是查验你是否喜欢变化。

未来属于那些自我颠覆在新模式、新技术、新产业、新业态、新机制、新领军人物“六新”方面能够挥刀自宫，完成互联网化转型的企业家和创业家。

# 第二章
# 企业模式重构

## 一、新模式，颠覆大商业逻辑

新模式是以市场需求为中心，打破原先垂直分布的产业链及价值链，实现重新高效组合，如制造业与服务业融合、制造业平台化、平台经济、联盟经济等。

已经在移动互联网领域有所作为的华为，提出用数字赢未来，数字化重构新商业，认为未来的企业不论从事什么行业，也不论企业规模的大小，首先是一个高科技企业，不能充分利用信息技术实现业务深化和改造的企业，在信息时代没有生存的空间；未来是“互联网+”的时代，“+”后面是什么，有足够的想象空间。

## 二、新技术，跨界热产品力

新技术，不是简单的产品技术或实验室技术，而是指可实际推广、替代传统应用和形成市场力量的新技术和新力量，如3D打印、物联技术、云计算、储能技术、页岩气技术、机器人、M2M、高温超导材料、有机发光二极管OLED、智能驾驶、可穿戴设备等。

## 三、新业态，塑造强渠道链

新业态就是新的经济活动，指伴随信息等技术升级应用，从现有领域中衍生叠加出的新环节、新活动。在移动通信、卫星定位等技术发展之后，汽车服务带动出导航、车载信息、车联网等新增值服务；移动互联网领域随着移动终端的普及推出位置服务应用；社会经济领域海量数据挖掘分析形成大数据应用服务，互联网企业介入银行核心业务形成互联网金融等。

## 四、新产业，重构老产业链

新产业主要指以新科学发现为基础，以新市场需求为依托，引发产业体系重大变革的产业。比如说，互联网产业就是给世界产业体系带来巨大冲击和变革的新产业。洗衣起家的荣昌，瞄准了生活服务的最后一公里，将荣昌门店升级为基于移动互联网和 O2O 模式的居家服务站；善于守正出奇的万达公司，将所有的网上资源全部给了电商公司，放手让电商去发展，并且将电商业务板块列为战略型转变的五大板块之一；华谊兄弟收购银汉科技、卖座网，已经在打通娱乐和互联网的边界和任督二脉。

## 五、新机制，释放自组织力

新机制即是用新的组织模式和文化形式领导并管理更多的人来推进更多更好的事。

擅长管理转型带动经营转型的海尔，将内部组织结构和管理方式进行了大幅度调整，颠覆了传统的企业观念，把每一个人变成创业者，认为互联网把所有传统的东西都颠覆了，并提出鸡蛋从外边打破一定是人们的食物，如果从内部打破一定是新的生命。

## 六、新领军人物，创造企业新大咖

新领军人物是在互联网原住民时代成长起来的 80 后、90 后以及部分转型成功的 60 后、70 后，他们会成为互联网时代的新领军人物。

海尔张瑞敏一年内拜访九次的红领二代创始人张蕴蓝；把米粉做得风生水起的北大研究生张天一；还有罗辑思维罗振宇等；还有自我革命的媒体大咖秦朔、企业大拿董明珠、IT 大仙丁磊……

# 第二篇：变革

# 第一章
# 互联网+新企业

## 一、互联网+新模式，啥都可以免费

毛泽东说，谁是我们的敌人，谁是我们的朋友，这个问题是革命的首要问题。分清敌我，同样也是选择商业模式的首要问题。

选择什么样的商业模式，本质上是在选择自己的立场。有了立场，才能认清楚谁是朋友、谁是敌人。我们可以贸然地做个结论：对谁收费，谁就是企业的敌人；对谁免费，谁就是企业的朋友。

对谁收费，必然站在谁的对立面。哪怕只收一元钱，用户也会思量，一元钱也是钱啊，还能再降一点吗，能省一毛是一毛。有偿服务的双方，天生就是交易关系，必然存在厮杀般的博弈。

对谁免费，就和谁站在一条战壕里。没有交易，就没有猜忌。君子之交淡如水，是因为没有利益混杂其中。

免费作为一种商业模式，能够在互联网时代大行其道，有其合理性和必然性。

2006 年，AVC 的弗雷德·威尔森首先提出了 Freemium 商业模式，意指用免费服务吸引用户，然后通过其他服务获取利益。2009 年，克里斯·安德森出版了《免费：商业的未来》，给熊熊燃烧的互联网免费大火又添了一大把干柴。

商家采用免费模式，不是为了慈善，而是为了更快更好地发展。安德森总结了建立在免费基础上的 50 个更具体的商业模式。既然是商业模式，必然要有收入的来源。世间还没有任何一种商业模式，是完全彻底的免费。道理很简单，一个人不可能和所有人都成为朋友，企业也必然有自己的敌人。

用户使用 Google、Gmail 免费，谷歌是用户的朋友。企业在 Google、Gmail 上推广商品，必须收费，谷歌是企业的敌人。对朋友免费，对敌人收费。失之东隅，收之桑榆。安德森称此为“交叉补贴”，这是互联网企业很独特的一种间接收费模式。而传统模式一般都是直接收费，谁用谁付钱。

互联网免费模式中，最受重视的不是付费的敌人，而是免费的朋友。百度几十万家付费企业，有谁真去关心这些企业是谁呢。百度小心翼翼伺候着的是十几亿不付费的用户，绞尽脑汁也要提高免费用户的满意度。不论是与非，这种生活和生意的一致，是不是更符合人之常情呢？

免费模式能够持续吗？这面红旗到底能打多久呢？

事情真的如此吗？幻想可以有很多，而真相只有一个。以前免费的服务，不缴费照样可以使用，没有哪个企业敢真的怠慢非 VIP。让人更吃惊的是，原来比较贵的导航软件，突然之间完全免费了。原来空间有限的个人网盘，突然之间扩容了几十倍，已经支付的 VIP 费用全额退还。不用怀疑，互联网依然是免费的乐园，中国互联网依然是乐园中的乐园。免费世界的前沿阵地在中国和巴西，这两个国家是其他国家学习的好榜样。

免费，是大势所趋。顺之者昌，逆之者亡。

但一定要认清楚免费模式的本质所在，一是免费只是策略，不是根本；二是免费不是根本，产品才是根本，没有好产品，免费了也没有人来。

## 二、互联网 + 新技术，智能技术引领未来

据锦坤统计，全球数据存储每五个月就会翻一番；连接到互联网的设备数量已经达到了 200 亿之多；而通过手机支付的交易额已经突破数十万亿美元。

新技术在许多领域内层出不穷，几乎每一项新技术都被称为取得某种突破性进展。技术进步能够影响和改变人们的生活和价值观，商业和全球经济格局也会随之改变。

### 1. “大数据”分析和挖掘

数据和分析已经成为竞争企业新型竞争力的重要组成部分。

有了来自多个品牌接触点和新的分析工具带来的丰富大数据，企业越来越善于创建更为精细的消费者群体细分，并为其定制产品和服务，从而实现高效的链接。

很多新兴企业都在学习和使用“大数据”进行测试和实验。他们会借鉴如亚马逊或谷歌的前瞻性工作，很多领先营销类公司都在从微博、新闻报道和Tweets的实时监测中收集数据，由此发现那些可以影响产品和定价战略的细微情感变化。

高级智能分析软件可以让机器发现隐藏在大量数据流或文件中的模式。这一“智能”意味着一系列更广泛的知识型任务可以凭借更低的成本实现自动化。

虽然大数据的潜力已得到广泛认可，但各个公司组织架构和技术的复杂性以及对于完美的追求，经常会使其进展缓慢。领先者和落后者的差距越来越大，因为领先者总能找到新的方法去测试、学习、建立组织架构和竞争。对于希望能够跟上这一步伐的公司来说，制定大数据计划是新的关键重点。

### 2. 物联网无处不在

小型传感器和传动器正以令人惊讶的速度扩张，可望在未来10年里实现爆炸性的增长。不少敏锐型企业已开始使用这类技术进行复杂的运营活动，而不仅仅是用于监测，这样系统可以根据传感器报告的数据自动做出决策。

有些领先型城市如上海、杭州等开始试点智能网络，用于传感器监督车流量并相应地重新设计交通信号，或者对电网是否得到了有效维修进行确认。

新的技术也被应用于检测血压、活动甚至睡眠模式的设备，人们可以更为关注自身健康。先进的可摄取的传感器将这一方法又推进了一步，智能手机将这些传感器捕获的人体信息传递给医生，人们管理自身健康和疾病由此有了新的机会。甚至连失独失孤老人的照料也开始使用这些一体化智能化设备。

### 3. 虚拟与现实交融的体验

我们越来越多地看到虚拟和现实世界之间的交融交换。很多企业将数字技术应用于现实世界的体验上，创造出用户互动的新领域。

不少公司在地铁站分别安装了实际大小的商店显示屏，这些屏幕可以让等车人使用智能手机下订单购买日用品，之后送货上门或在某个实体店提货。还有一些零售商在实体店中安装了类似屏幕，消费者可以很容易地预订到售罄商品。还有些品牌商在试衣间安装了试衣镜：一个72英寸的显示屏，让顾客以虚拟方式“试穿”衣服，并帮助他们挑选服装。还有一些公司将数字世界与实际工作相结合，从而提升生产率和有效性。

管理层需要审视其业务，找到融入式体验或互动式接触点可以刺激吸引“时常在线”用户的领域。管理层还需要思考数字平台在产品设计和营销或收集客户反馈方面的潜力。

## 三、互联网+新业态，条条道路通罗马

### 1. 免费商业

当前用户期望得到的服务是免费和个性化的，无需指导易于使用。这一新特点为企业带来新的挑战：客户期望所有的互动——不论是网站还是实体店，都可以立即获得结果，并得到一流和透明的互动体验。多家企业遇到了提供免费服务的强劲对手，如P2P音乐服务提供商Craigslist和维基百科。由于消费者可以在实体店尝试，然后以更低价格在线购买，这意味着每天都在产生对传统定价权的新挑战。

的确，用户可能永远不会为一些技术驱动的有价值的服务（如搜索）付费，并且这一清单似乎在迅速增加。提供“免费”服务的公司需要从有关联的免费活动中收集信息并获取利润，如谷歌免费提供搜索服务，通过出售广告或客户行为的洞察力分析，从平台的另一端获得收益。在这个免费的世界，人们会不断寻找盈利方法，同时，消费者期望受到重视，并被作为个体对待。

很多企业正着力寻求创新性的业务模式，免费或以更低成本提供更多的产品和服务。企业还需要考虑使产品和服务更为个性化：即提供大批量定制。这一方法需要改变后端系统，因为通常后端系统的设计是针对大批量生产的。

### 2. 社交商业

现在，社交网络已经成为越来越多的企业开展业务的工具。许多公司依靠

分布式问题解决方案，利用公司内外部的客户和专家的脑力资源，以获得突破性的思路。

搜索信息、阅读和回复电子邮件，以及与同事沟通合作，这些事宜占用了一个典型知识型员工大约60%的时间，而通过使用社交技术，可以提升25%的劳动生产率。

企业也变得更有渗透力，可以迅速跨越不同部门，并利用专业知识武装团队。大量企业投资建设更为高效的社交技术平台，可以支持微博、标记内容，以及创建和维护项目群体（例如定价专家）。这一做法的好处包括知识分享的加速、更短的产品开发周期和更快速的竞争回应时间。

同时，社交属性可以成为任何数字化沟通或交易的一部分——可以嵌入产品、市场和商业系统中。用户如果“喜欢”某些事物，可能很快就可以得到他们“想要”的东西，由此将商业企业与客户互动的程度提升到新的水平。

**3．移动商业**

移动互联网的兴起、降低成本和简化在线交易流程的核心技术的发展降低了经营活动的进入门槛。强化的技术平台实现了P2P的电子商务，代替了传统上由公司开展的活动，并生成新的支付体系和盈利模式。

Airbnb（空中食宿，一家联系旅游人士和家有空房出租的房主的服务型网站）的经纪人在旅行者和愿意出租空闲房间的房东之间进行交易。最新数据显示，Airbnb住宿预订达近2 000多万，交易量可能很快超过主要的国际酒店连锁集团。类似的经营活动在自行车、汽车等领域也出现了，Daimler—Benz（戴姆勒—奔驰，德国汽车制造业大垄断组织之一，世界商用汽车的最大跨国制造企业之一。）启动了car2go（智能租车）服务，在欧洲、加拿大和美国可按分钟出租小型电动车。

移动支付网络有时可以超越纯交易范围提供更多的服务。星巴克计划在领先的智能手机付款方面增加对买家的即时照片进行验证的功能。这一趋势在未来10年将会更为突出：全球600个城市将占全球GDP增长的2/3，它们大多分布在发展中国家。快速增长的城市将带来密集的、数字驱动的商业形态——这是一个高度发展的生态系统，包括设备、支付体系和技术基础设施和物流。

最近在北京和上海广受欢迎的共享自行车的商业模式的快速兴起，就是移动商业的生动体现。

## 四、互联网＋新产业，老行业焕发第二春

### 1. 一切皆服务

购买和销售由实体产品延伸而来的服务，这一商业模式的转变正在加速。这一模式已经拓展到 IT 领域以外，可以让商业客户无须拥有资产且从中受益。例如，拥有卡车车队的公司在建立新的 B2B 业务，按照天或小时出租车辆。越来越多拥有多余办公室的公司也可以向其他公司提供短期办公空间。洛杉矶时报就将办公室出租给了电影剧组。汉庭酒店就将空置的酒店空间与联合办公品牌方糖小镇合作进行二次开发和利用。锦坤正在辅导如家建立以顾客为导向的生态服务圈建设。这些都是基于服务进行链接的全服务形态。

### 2. 互联网新商机

发展中国家的人们使用移动设备上网的比例越来越高，特别是当智能手机在功能和多样性方面不断提升时。目前印度的网络渗透率仅为 10%，而中国接近 40%。

可以上网的智能手机和其他移动设备成本的迅速降低，将带来更广泛的新应用，并成为新的价值来源。一个价值创造的领先领域是移动支付服务在多个发展中市场的成功。

另外一个价值来源是本地化链接供给与需求的匹配服务。在印度，联合利华为农村的分销商提供移动设备，包括传统的夫妻店。这些设备将信息（如库存水平和定价）传回到联合利华，使其能够提升相关的需求预测、库存管理和营销战略，由此增加了 30% 的农村销售额。

### 3. 政府、医疗和教育正在被焕发新活力

各国政府已在使用网络提升服务、降低浪费。美国政府推出了“云优先”政策，目标是将年度联邦开支 800 亿美元的 1/4 转移到建立内部数据中心，这一举措可以节约 20%～30% 的成本。政府也可以利用 IT 技术更好地让公民参与决策，例如韩国推出的 e-People 网站，市民可以发送政策变化或腐败报告的

民事请愿。2016 年美国总统选举和传播已大量使用了创新手段和模式。

技术也在为控制健康成本和增加使用方面带来新的机遇。比如，企业可建立一套心脏检测系统，可以让病人自我管理心电图，并把数据发送给北京的专家，专家则通过电话建议治疗方式。

还有占全球 GDP 4.5% 的教育领域通过使用游戏技术和融入式数学课件，DreamBox 使学习变得更为有趣，而算法可以根据每个学生的需求调整学习体验。全球大型的在线公开课程（MOOCs）使用社交网络、视频和团体互动提供大学程度的“课程”。

## 五、互联网+新机制，大众创业的创客时代

我们认为，对于忙碌的企业主和管理层而言，对下列问题需要更加重视。

### 1. 人才机制

科学、工程和数学专业领域的工作增长将比其他领域快，但竞争也会更加激烈。随着知识工作自动化的普及，现在越来越多由知识型员工执行的任务将交由计算机处理，一些中层的职位可能会被替代。以新的培训形式提高知识员工的能力并重新考虑公共教育的性质，这将成为商业和政府领导者的重要课题。

### 2. 组织体制

互联网的模型和价值特别是普遍连接性和非层级式的互动，对于组织架构有着深远的影响，这意味着放权，也意味着管理者、员工、供应商和客户之间关系的变化。这些变化对于领导者来说并不都是愉快的，但是会促进创新、忠诚度、业务范围、生产率和营销有效性的改进，同时降低成本。

### 3. 知识体系

体力劳动和脑力劳动在过去 30 年间广泛实现了自动化、数据化、体系化和共享化。

现在，数据分析、低成本计算能力、机器学习和能够“理解”人类的界面发展正在将自动化技术迅速推送给全球超过 2 亿的知识工作者。

IBM 曾在智力竞赛节目 Jeopardy 获胜的计算机 Watson 最近将注意力转向了癌症研究，这代表了人工智能的新里程碑。Watson 通过阅读超过 60 万部医疗证

据报告、150 万个病例和 200 多万页的临床试验报告和医学专业文章，完成了相关“培训”。现在它成为纽约 Memorial Sloan-Kettering（纪念斯隆-凯特琳癌症中心）医生们进行决策支持的主要应用。

## 六、互联网＋新领军人物，会割让利益的人才是最好的创始人

在过去，创始人一人包打天下，100% 控股公司是常态，不需要股权设计。但现在，我们步入合伙创业时代，合伙创业成为互联网明星创业的标配。

在过去，股权分配的核心甚至唯一依据是，出多少钱，钱是最大变量。但现在，人是最大变量。只出钱不出力或少出力的投资人是否遵守“投大钱，占小股”，已经成为判断其是否在专业投资人阵营的标准。

在过去，利益是上下级分配制。但现在提倡合伙人之间利益分享，甚至与外部进行广泛分享和链接。

在过去，职业经理人用脚投票。但现在，提倡合伙人之间背靠背共进退。很多企业已不存在老板和经理人一说，更不存在老板和打工者之别，全民合伙、全民老板已成为新常态。

此前有创始人说，我持有 90% 股权，给整个团队预留 10% 股权，分给我未来的 CTO、COO、CFO……公司股权少，不够分啊。这不是合伙创业，这是在给下人打赏。

还有的创始人问，我的合伙人需要知道其他人的股权吗？我需要让合伙人知道公司的财务数据吗？这不是合伙创业，这是在唱独角戏。

有创业能力，有创业心态，经过磨合，就可以作为合伙人。人与人之间长期共事，既要有软的交情，又要有硬的利益。合伙创业，既是合伙一种长期利益，也是合伙一种“共创、共担、共享、共赢”的“四共”合伙创业精神。

每一个成功男人的背后，都有一群成功的男人或女人。华为、小米与阿里巴巴的股权架构，分别解决了公司长期发展所需要的核心创业团队、资本与核心战略资源，所以才能真正持续快速稳健发展。

# 第二章
# 互联网+新模式

## 一、5种模式基本法，你算哪根葱？

《西游记》中孙悟空大闹天宫时曾对如来叫嚣，要玉皇大帝下台，并开口道："皇帝轮流做，明年到我家。"

确实，无论在哪个行业，哪怕是做皇帝的都会有危机感。"风水轮流转，招牌轮流换"，再大的领头品牌也要不断地创新，不断地运作才能守住自己的江山，更何况在涡流中的转型期企业。

前有狼后有虎，并且时时刻刻都站在独木桥上。"身形轻小"的他们在面对危机和竞争时，虽然很难招架，不过换一角度来说却也更"易"改变商业模式，尤其是通过转变自己内部的运营模式来躲避危机，甚至可以发现其中的机会远远超过竞争对手。所以中间型企业必须领悟"易"对自己的重要性和优越性。

转型期企业处于发展阶段，是领悟"易"模式的最佳时期。无论是双鹿复活以老品牌引领农村新市场还是锦坤辅导服务的这些行业老大，曾经的他们无一不是通过商业模式优化或创新从中小微企业逐步发展到今天的行业领导者地位的。

品牌商希望超越竞争对手又不希望自己被别人超过是理所当然的，而要实现完美超越又要与后居者保持并拉开距离，就必须有"灵活易变"但却"万变不离其宗"的商业模式来应对挑战，并且要时刻保证自己的内部运营简单畅通，形成内部关系简单、反应够快的运营模式，但外界却很难复制。

所以企业必须先有一个好的商业模式，遵循“三易法则”——不易、变易、简易。系统地概括“三易”就是：总体内外交易成本最低；总体内外交易成本总是不断变化，企业也需要不断变化以寻求最优解；只有不断地寻求最简单最有效的内外交易结构，才是最有效的商业模式。

换句话说，好的商业模式在内部复制起来很容易，在外部复制起来很难。如果中间型企业能准确诊断出自己的“症结”，然后针对自己的情况建立自己的商业模式，就有机会超越前者而又很难被后者超过，凭此在同行业中就更容易抵抗消费疲软的状况。锦坤通过对众多案例的研究总结出 5 种基本商业模式——打猎模式、挑水模式、产业链模式、平台模式及产业链平台模式，如图 2. 2. 1 所示。

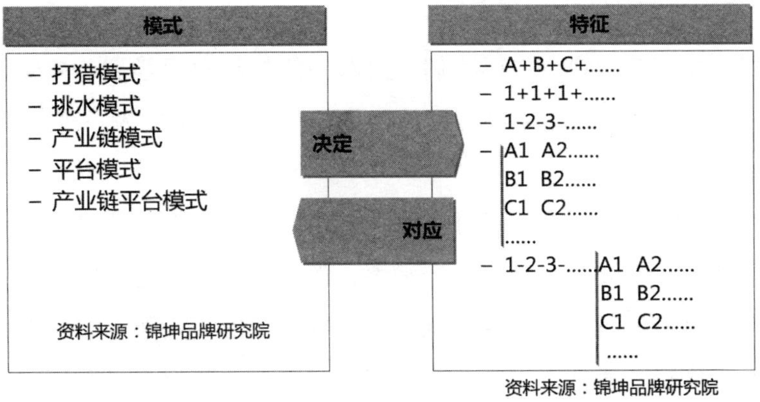


**图 2. 2. 1　5 类商业模式及对应特征**

所有的商业模式概括起来就是这 5 种。

第一种是打猎模式，即听天由命，永远不知道下一单在哪里，起家的都是这种模式。

第二种是挑水模式，你有产品了，这里有一个问题，哪一天不挑了就没有水喝。

第三种是产业链，就是把产业纵向拉通，实现产业链全覆盖。

第四种是平台，就是形成横向规模效应，进而形成平台价值。

第五种是产业链平台模式，既横向规模化形成平台，又纵向拉通形成产业链。

我们服务的如家，单个酒店也是打猎模式，每天不知道有多少客人进来。但从全国总部来看是挑水模式。慢慢做，他们已经做成了平台，为什么？举两个细节，在如家酒店大堂里有 3 个柜子，毛巾、牙刷等，就贡献了 1/5 的利润，柜子不需要花钱，产品代销，3 个月后结算，还有资金占用。当时尝试做了一个事情，每个房间摆 5 本书，客人可以看，想要就花钱付掉，而且钱也不用自己出，可以放在房费里，如家 3 000 家酒店，每个酒店 100 个房间，这是什么概念？一不小心就成了全国性的书店了。所以有很多渠道的模式，都是动态变化的。

## 二、老企业，在对标中超越

传统战略和营销的观点告诉我们，要跟一线标杆对手学习，要学习一线品牌是如何成功的，然后通过复制和模仿，非一线品牌即可成为一线品牌。

果真如此吗？

诚然，向一线标杆对手学习可以弥补差距，但也仅仅是弥补差距而已。因为与对手做到一样，最多只是打了个平手，而且，对手有先发的优势，学而不超永远只能是跟随者而不可能成为挑战者，更不可能成为领导者。在某种程度上，简单的模仿和跟随只会让非一线品牌死得更快。相反，只有那些真正应用了破对手强中之弱，而立自己短中之长的对标战略的非一线品牌最终成为行业巨头和一线品牌。

对标，把行业里做得最强的找出来，把最强的企业最弱的地方找出来变成你的最强的东西。当时海尔为什么搞服务？因为服务是他最强的优势，优势的背后一定有劣势，就是产品不稳定。海尔已经徘徊了 10 年，而格力进入了世界 500 强。

把市场进行多纬度分级后，你会发现，中国各个行业存在太多的没有被人占领的市场；把产品进行细分之后，你会发现，被人忽视了的市场更是成为成就新兴市场领导者的摇篮；对消费者进行细分后，你还会发现，透析消费者购买动因将成为你发现空白市场的最佳跳板和支点；对对手进行对标后，你更会发现，站在对手的肩膀上原来可以眺望到更多更好的蓝海……

如家酒店为什么一举超越锦江之星并在众多的星级酒店频频亏损的时候能够“家遍全国”，并成为海外酒店上市第一股，领跑了经济型酒店行业？

一个国产的剃须刀为什么能够挑战飞利浦？它靠的仅仅是勇气吗？

欧普和雷士，又是如何在虎口拔牙成长成就自己成为照明双雄的呢？

友邦，一个原先的行业小弟，却又为什么可以打倒行业垄断冠军，成就另一番新的行业和企业第一品牌的呢？

从一个县城的招待所起家，开元又是如何把自己打造成为可以与锦江国际集团抗衡，甚至与国际酒店集团大佬同台竞技的酒店帝国的呢？

一个放牛娃，却可以在上海滩把一个理发店搞成全国连锁品牌，成就近 10 亿元的文峰美容美发传奇。

……

这就是市场机会。

新商业环境下，挑战者的竞争和胜出之道，就是“用对标的方式实现超越”。这就是新商业环境下的第四战略——对标战略。

没有一个一线品牌强大到不可竞争，更没有一个一线品牌强到没有盲区，优势的背后往往隐藏着劣势，极度优势的另一面就是致命的劣势。五行相克，奇正相生，长到极处就是短。

不同于波特的总成本领先、差异化和聚焦战略，“用对标的方式实现超越”，就是与一线标杆品牌对着干，通过找到一线标杆品牌的最致命弱势，先破而后立，在其对立面建立优势，从而在颠覆中超越对手，获取爆发式成长。

破对手强中之弱而立自己短中之长——这就是非一线品牌成长为一线品牌的商业模式。

那么，怎么样才能做到破对手强中之弱，立自己短中之长呢？

（1）制定可行对标战略。包括跟随对标、防守对标和超越对标。跟随对标解决的是新手上路，打江山跟谁走的难题；防守对标解决的是事业有成，守江山要防谁的问题；而超越对标，解决的则是东山再起，夺江山如何抢的命题。

（2）打造完整对标体系。包括如何从对标到破标的颠覆、如何向第一品牌开炮、如何在适销中动销、如何打造产品的静销力系统、如何让服务为品牌增值为服务加分等等竞争体系、品牌体系、渠道体系、产品体系及服务体系。

（3）构建有效对标法则。主要有七大法则，跟而不随、贴身短打、非对标性错位、准主流性占位、超弱补短、去粗取精、颠覆重建等。

当然，对于任何一家非一线品牌来说，不管是制定对标战略，或者打造对标体系，还是构建对标法则，关键的前提是一定要找准对标对手，在找准对手的基础上，充分把握准对手的强中之弱究竟在什么地方，就像鹰爪铁布衫那样，越强大的对手越有致命的地方，而不是简单地找对手的弱势进行攻击，否则，不但打不倒对方，反而极容易送命；同时，在攻击对手强中之弱的同时，要同时立已短中之长，形成相对竞争优势，进而建立自己的核心竞争优势，以防止被其他非一线品牌超越。这就是对标的精义所在。详细的内容可参见笔者的畅销专著《对标》。

## 三、新企业，在变异中破局

不管你是经商多少年，还是打工多少年，产品再好也无法施展你创富的魅力，项目再新颖再潮流也无法让你博得市场。而只有有机结合了产品、渠道和分销的商业模式变异，才能使你在微利时代来临之时拥有处变不惊的商业定力。

门店满街都是，到处都是竞争对手。走在街市上，满眼都是大大小小的降价、促销广告，满耳都是此起彼伏的打折、狂甩叫卖……

表面看上去是一派生意兴隆的景象，然而那张张广告后面却掩映着商家们满脸的无奈，喧闹的叫卖中却夹杂着经营者长长的叹息。

无奈的是，降价似乎成了眼下唯一能够招揽顾客的办法。叹息的是，手中商品的价格一降再降，留给自己的利润越来越少。可是又有什么办法呢？放眼四顾，又有哪个行业不是利润缩水、举步维艰呢？

当人们还沉浸在大把赚钱的美梦中时，市场的风云已经悄然发生了变化。似乎没有哪个时代像现在这样，竞争如此惨烈，获利如此艰难。天，真的变了。那个令人留恋的厚利时代消失了，取而代之的是一个新的时代——微利时代。

网络购物疯狂低价，各大品牌不断网络直营。店铺租金每年都不断地涨价。物价是飞一般的上涨，货源也不断地抬高价格。薪水不涨导致购买力严重不足。市场购买力面临倒三角的格局（人口缩减）。世界在经济拐点，市场面临洗牌。你的脚步跟上了市场格局的变化么？如何在微利时代延续富足的生活？如何在拐点中博弈？只有新思路决定新出路。

市场是公平的，机会也是均等的，只要大胆突破，敢于创新，学会与微利共存，我们一样可以找到那个克敌制胜的“达·芬奇密码”。

改变不了环境，但可以改变自己。

其实，微利并不等于无利可获。我们可以看到，始终奉行“天天平价”的沃尔玛成了世界零售行业的龙头；从“塑料花”做起的李嘉诚成了令人艳羡的一代巨富；被誉为“东方犹太人”的温商又有哪一个不是从不起眼的小商品做起，从分分毫毫的利润中创富的？

再看看你的周围，又有多少企业在悄然崛起，多少人在你的眼皮底下成了富翁……

厚利与微利原本就像硬币的两个面，积跬步方能致千里，积小流方能成江海。只要我们调整心态、创新思维、立足长远，抓住每一个机会，老老实实地赚取一分一厘的利润，天长日久、积少成多，最终也能成就自己创富的梦想。反之，如果一味地幻想暴富，贪图暴利，到头来只会是黄粱一梦、得不偿失。

什么行业最赚钱？什么产品利润高？这是创业者常常会思考的问题。

现实却告诉我们：厚利行业并不意味着所属公司都能够取得良好的业绩，而身处微利行业的公司也未必注定业绩就差。利润高的产品不见得经营者都能获得高利，利润低的产品也未必就赚不到大钱。微利与厚利，就像一枚硬币的两个面，颠来倒去都是这些钱，就看你是不是会赚。

一个小馄饨，做到了极致，也可以赚钱。吉祥馄饨，2014 年度全国餐饮 20 强企业，上海最具影响力的特色品牌，通过连锁化运作和品牌化经营，立足上海，开到了全国，覆盖全国 40 多个大中城市，连锁门店已接近 30 000 家，一年数 10 亿的销售，数亿的净利润。

一个瓜子，也可专卖到全国。洽洽这么多年构建的传统渠道王国，那么多对手这么多年就没有打倒过它，然则，一个来伊份竟然让洽洽视为最为强大的对手，可见创新渠道的力量。

友邦集成吊顶，通过颠覆行业原有产品，创新性地发明了新产品新品类集成吊顶，由此一举摧毁了行业垄断冠军的宝座。

……

社会在变，竞争在变，商业模式也需要因时而变，因需而变。

产品、渠道、分销，永远是品牌成长的 3 个生死结点，也是商业模式变异的 3 个重要节点。变异，就是把这 3 个元素进行重新组合。首先是产品有没有可创新的，是新产品，还是老产品，还是半新半老的。这里产品的概念都可以改，渠道是老的还是新的，卖法是新的老的，把这几个要素划分成不同要素来排列，如图 2. 2. 2 所示。比如早些年的傻子瓜子，是用报纸包着吃的，然后再出现了洽洽，然后又出现了来伊份，然后现在出现了三只松鼠……这里一直在改变。

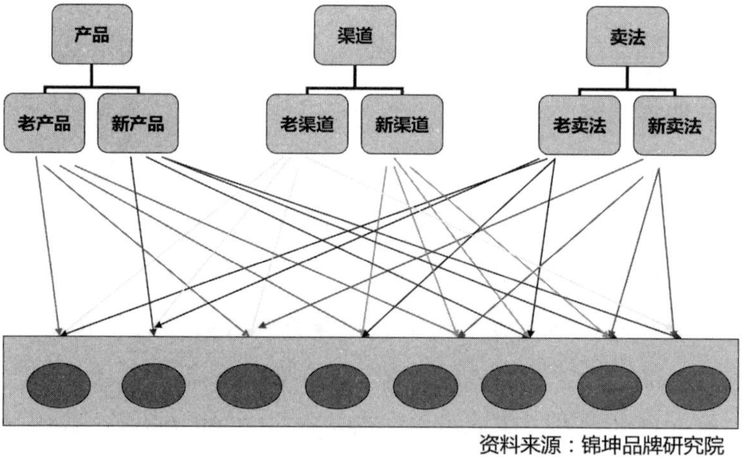


**图 2. 2. 2　产品、渠道与分销**

# 第三章
# 互联网+新技术

## 一、从小数据到大数据，你还有多远？

现在很多企业面临的最大问题不是怎么用大数据，而是内部的一些小数据整合出现问题，或者小数据都没用好的情况下用大数据。

大数据应该是从小数据逐渐演变上去的，是一种正常的状态，而不是瞬间变化的。大数据这个概念跟自媒体的概念类似，需要企业自己去建设，而不是从一开始就想着依靠别人。

正所谓自媒体是自己的媒体，企业自己也要参与进去，同样，大数据也不是别人的大数据。你有，竞争对手也有，你能得到的东西，竞争对手也能得到，这就不能称之为核心竞争力。大数据对于企业来说要变成自身的一个竞争力，企业必须建立自己的企业级的数据。

做大数据，首先要了解自己的企业，或者自己所在行业的核心是什么。我们现在经常发现，有很多企业在竞争的过程中，最终不是被现在的竞争对手打败，而是被很多不是你的竞争对手所打败。

很简单的一个例子，大家都认为亚马逊是做电商的，但这是错的，它现在最主要的收入来自于云服务。企业需要找到自己的核心数据或价值，这个是最关键的。只有在这个基础上，建立自己的大数据才有可能，才能做一些延伸。其次，要找到内部的一些外围相关数据，去慢慢地成长它。这有点像滚雪球，第一层是核心，第二层是外围相关的数据。第三层是什么？就是外部机构的一些结构化数据。第四层是社会化的，以及各种现在所谓的非结构化的数据。这几层要一层一层地找到它，而且要找到与自己相关的有价值的东西，这样你的大数据才能建立起来。

第一步，找到核心数据。核心数据现在对很多企业来说实际上就是 CRM（客户关系管理系统），自己的用户系统，这是最重要的。

第二步，外围数据。比如企业经常会在线上线下举办一些活动，在做活动的时候，消费者的信息是简单地出现在表单里面，还是进入了 CRM 的系统里？

第三步，常规渠道的数据。举例来说，一个销售快销品的企业，能不能得到沃尔玛、家乐福的数据？很多国外大数据的案例显示，消费者买啤酒的时候也会购买剃须刀之类，或者一个母婴产品的消费者她今天在买这个产品，预示着她后面必然会买另一个产品，这就有一个前期的挖掘。这些价值怎么来的，它需要企业去找常规渠道里面的数据，跟自己的 CRM 结合起来，才能为自己下一步做市场营销、做推广、产品创新等建立基础。

第四步，外部的社会化或者非结构化的数据，即现在所谓的社会化媒体数据。这方面信息的主要特征是非结构化，而且非常庞大。这对企业来说最大的价值是什么？当你的用户在社会化媒体上发言的时候，你有没有跟他建立起联系？

这里有个概念叫作 DC（digital connection）。所谓的互联网实际上就是一种 DC，但是通常互联网上的那种 DC 是在娱乐层面，用到商业里面的话，就是企业必须得跟消费者建立这种 DC 关系，它的价值才能发挥出来。否则，你的数据以及很多的 CRM 数据都是死的。我们需要互动，需要 DC，就是要跟消费者建立关系。

有了这个数据库去进行数据挖掘，或者在建立数据的过程中，企业需要从哪个方向去探索，这些都不是漫无目的的。首先应该跟着你的业务，业务现在有哪些问题，或者说这个行业里面主要的竞争点在哪里，这是很关键的。有了这个业务关系以后，再形成假设，也就是说未来的竞争点可能在哪里，大到未来的战略竞争，小到细节。然后下一步要怎么做，这些形成一个假设。其次做一些小样本的测试。很多企业一看到大数据就感觉恐怖，说我也买不起那些大数据，也雇不起那么专业的团队，怎么办？自己做一些小样本的测试，甚至通过电子表格 Excel 都可以做数据挖掘。不一定非要那么庞大、那么贵的数据。然后再做大样本的验证，验证出来的结果就可以应用到现实中去。

所有这些工作作为企业来说是需要内部去做的，最终才能开花结果。企业大数据起步，要从小数据开始。

## 二、移动互联网，不是互联网？

在网络诞生以前，人类的时间分为以下几段：睡觉、上班（上课）、坐车、吃饭、与朋友会面聊天、阅读、看电视、逛街……

在互联网诞生以后，移动互联网诞生以前，人类的时间被分为几段：睡觉、上班（上课）、坐公车（地铁）、吃饭、上网……

在移动互联网诞生以后，人类的时间被分为三段：睡觉、上班（上课）、用手机上网。

移动终端对比传统的 PC 终端有很多新的特性，给了技术和产品很多想象的空间。

（1）新的设备：GPS、陀螺仪、近场通信以及不久以后可以看到的应用室内导航等。

这些让移动终端可以采集更丰富的数据信息，进而产生完全不同于 PC 的新式互联网服务，我们目前已经可以享受到了比如导航、签到、O2O 等新式服务，未来可能会出现更革命性的应用服务。

（2）新的应用场景（时间 + 地点）：移动终端让人们接触互联网的地点从室内到了无处不在，进一步扩大了互联网的应用范围，同时增加人们使用互联网的时间。

之前人们可能只能在公司、住宅等场所才能有接入互联网的机会，现在可能走在路上、商场里、交通工具上都能接触互联网。这些新场景下的服务模式成为可能，比如移动支付。

同时，由于新产生了大量互联网碎片时间，也给了一些互联网服务新的机会，同时也对旧模式产生了挑战。

（3）新的身份：移动设备不同于 PC，某一台移动设备是和某个人强关联的。移动设备就代表了一个人，互联网应用甚至可以主动给予用户一些实时反馈，而不是等待用户被动的请求，同样可以产生新的应用模式。

这些都让移动互联网的未来可能会和传统互联网有很大的不同，甚至可以说不是互联网了。

## 三、物联网，连接、联接、链接？

这两年移动互联网手机成为人的一个电子器官的延伸，这个特征越来越明显，摄像头、感应器，人的器官延伸增强了，而且通过互联网连在一起了，这是前所未有的。不仅是人和人之间连接，未来看到人和设备、设备和设备之间，甚至人和服务之间都有可能产生连接，微信的公众号是人和服务连接的一个尝试。所以说 PC 互联网、无线互联网，甚至物联网等，都是不同阶段、不同侧面的一种看法，这也是我们未来谈论一切变化的基础。

如果 PC 互联网解决的是人与人、人与物、人与事、人与地等连接问题，核心在于能够“连”上，那么移动互联网则解决的是联接，核心在于增强了联系的频率和速度，而物联网则更厉害，处在随时随地随人随事随物的链接，核心在于像链条式的无缝对接和价值链接。

# 第四章
# 互联网＋新业态

## 一、互联网＋吃

### 1. 找饭店：大众点评网，还能领跑吃喝?

上海、北京、南京、苏州被称为大众点评的四大“粮仓”，而美团的优势则在二三线甚至四线城市。不过美团开始有针对性地进军一、二线城市，“农村包围城市”的策略很快奏效，美团在南京的市场份额首次超越大众点评成为第一。从交易额的差距，再到四大“粮仓”之一的南京失手，以点评起家的大众点评还能否领跑吃喝?

团购市场经过轮番的洗牌，仅剩两大巨头——大众点评和美团，然而这两大巨头却占据了团购市场90%以上的市场份额。大众点评以UGC起家，从商户点评平台转型到团购交易平台，最终到现在的O2O生活平台；而美团从开始就定位为交易平台，通过团购业务强化了美团的交易属性，这便使得O2O业务开展起来更为顺利。背景的差异导致两家有着不同的发展方式，单从目前交易数据来看，美团虽然领先一步，但大众的布局也为未来的征战留下了些许悬念。

1）布局ERP，连通用户和商家

因餐饮行业分散性的特点，导致地推的难度加大。大众点评通过入股上海石川、上海智龙、天财商龙三家ERP公司，依靠各家的商户基础和团队以及所在领域的探索性，打通了产业链上的信息流，完善其O2O生态。

各家的ERP资源，可以为用户提供更丰富的功能以及更人性化的体验。从选餐厅、到订桌、再到点菜以及外卖的服务，可以让客户从单一平台即可获得所有的服务。平台的大数据体系，可以获知用户的消费及饮食习惯，有针对性地推荐特色菜品或优惠折扣等。站在商家的角度看，ERP 可以打通数据，完善进销存系统。所有的消费信息以及交易信息都会进入到商家的系统中，通过大数据分析，对食客进行后续的精准营销，将新顾客转化成忠实顾客，这不仅有利于商家提升运营效率，也便于商家为顾客提供更好的服务，让商家和顾客之间联系得更加紧密。

2）大众微生活玩转 UGC

大众点评通过与腾讯合作，整合大众点评会员业务与微生活会员卡业务共创了大众微生活。大众点评微生活从吸引新用户、维护老用户、用户关怀三个角度进行客户管理。在维护老用户的功能中，商户可以选择给老用户不同的折扣，还可以进行消费奖励、点评抽奖等各种营销手段。大众微生活更加强调了大众点评 UGC 属性，加强了用户间的社交属性，通过平台分享使 UGC 在内容、数量和质量上都得到提升。

大众点评并没有去强调平台的交易属性，更多的则是从未来布局着手，整合商家资源，完善平台搭建，通过提供更加人性化的服务，获得客户的黏性。而美团则是通过将酒店、电影、外卖等业务单独拆分出来，单独运作，这样做虽然可以提升单个业务属性，但势必会造成美团流量的分流。大众点评虽然在市场上的占有份额仍处于落后的态势，但大平台的打造，以及在 UGC 的话语权却让未来仍旧充满悬念。

### 2. 吃早餐：巴比馒头，“包”打天下？

巴比馒头在后期的扩张中如何优化和提升加盟商的素质，同时抓紧时间优化自身，在 O2O 来临之时借着这股风把自己吹向更高峰，如何凭借自身完善的后勤管理，实现门店小而美、品牌大而强？

在 2000 年，当上海整个早餐行业处于小门店价格便宜，卫生差，大门店卫生相对好，但价格高的状态时，行业没有出现一个相对统一品牌，一家名叫“刘师傅大包”的店铺抓住机遇，改名换姓，从此一家叫巴比馒头的早餐品牌悄然出现在上海人民的视线里。可是做包子、馒头的企业也有很多，例如杭州的甘其食以打造东方经典面食品牌为己任，并扎根在杭州以及上海两地，而巴比馒头仅仅布局在长江三角，却成了国民级营养早餐品牌。提起巴比馒头很多人都会说巴比的成功之处在于其自身的牌子响以及加盟连锁规模大，拥有 1 800 家门店，形成了年销售 15 亿的公司，那么巴比馒头是如何包打天下的呢?

1）渠道为王、先人一步

2003 年是一个平淡之年，既没有 2002 年的世界杯也没有 2004 年的雅典奥运会，可是对于上海地区的包子铺来说却产生了一场不小的地震，那就是一个叫巴比馒头的连锁早餐品牌出现了。一群生意人向刘会平提出加盟的要求，正是由于这些人提出了加盟的要求，然后在短短的一年之内，上海地区又出现了上百家门店，这一年巴比馒头火了，牌子也响了，消费者也都认识到巴比馒头。伴随着巴比馒头的火热，刘会平认识到扩展渠道的重要性，也了解到加盟对巴比扩张的好处！考虑到早餐这个行业门槛较低，没什么技术难度，竞争者很容易攻占进来，势必会对巴比馒头产生影响，于是刘会平先生结合自身的优势，以上海地区连锁早餐品牌的优势进行资源整合，快速抢占优势地段。渠道为王先人一步，所以后期的竞争者想要再进入本地获得消费者的认知就要花费几倍的代价。

2）定位健康早餐，细分人群抢心智

在巴比成立之初一直以安全、卫生、美味为发展理念，经过多年的演变，巴比馒头将产品定位为国民级健康早餐，且产品围绕着以“营养健康”为核心，以走食、快、卫生、安全的特性针对那些早晨没时间吃早餐的都市白领，辅以优惠的价格，巴比馒头成功的占据了消费者的心智，形成了吃营养早餐选择巴比馒头的认知。

尽管巴比馒头在 2008 年斥资 2 000 多万成立了所谓的中央工厂对物料进行统一采购和生产，并成立了专门的冷链运输物流对产品进行配送，以确保产品的卫生、安全以及美味。可是仅仅靠这些就能确保产品安全、卫生吗? 而在巴比 1 800 家门店中，加盟门店就有 1 623 家，这么多家店如何管理?

3）攻坚战与持久战的利器：运营管理部督导科

在过去有很多的优秀餐饮企业明明有着锦绣的前途，大好的未来却在半途中死掉，不得不令人可惜，而造成这一切的原因往往就是加盟商。所以巴比馒头为了长远的发展成立了专门的运营管理部督导科，这些督导身上不仅肩负着门店巡查的任务，最重要的是对门店管理，他们的巡店检查遵循着 QSC（品质、服务、清洁）原则，对门店所销售的产品质量、产品卫生、服务、质量，确保来巴比馒头门店购物的消费者吃上健康放心的食品，这些做法极大地保证了巴比馒头的品牌形象。每个月巴比馒头也会对加盟门店安排不定期的突袭检查，这也极大地保证了产品质量以及门店卫生。

督导们在管理加盟门店的时候以门店服务为准则，每一个加盟商有事情发生时都会在第一时间向自己的督导反馈，并且在第一时间解决。这里说个例子，如巴比馒头加盟商有所需的货没订或者重复订购，那么巴比馒头的订货部会快速地把这家店的情况反馈给负责这家门店的督导，督导也会第一时间和加盟商进行沟通确认，同时也会把最终的结果反馈到订货部，把信息确定下来。正是巴比馒头完善的运营管理，“一切以人为本”的思想，让巴比馒头可以“管好人”，所以巴比馒头的团队中加盟商乐意干，员工愿意做，透过这种活力不断影响着身边的人，也感染着每一位来巴比馒头消费的人，使他们甘心买，开心吃。同时巴比馒头为了加强对加盟门店的管理，也会开展返利模式。即每家加盟店都会由自己的督导对门店进行评估，评估为 A 类的话，每个季度返 600 ~ 1 500 元不等的费用，以加强对门店的管控力度。在如此诱人的利益驱动以及完善的后勤管理前提下，加盟商对于加盟巴比可谓是十分踊跃，而巴比馒头的加盟战略不仅快速地扩大了对重要地段的抢占，更重要的是提高了竞争者在后期的竞争门槛，减轻了巴比馒头后期发展的资金压力以及竞争压力。而杭州的甘其食只做直营，到现在只有 218 家门店，在上海地区只有 7 家，这一数量远远落后于巴比馒头的 1 800 家门店。巴比馒头正是以加盟并直营战略快速扩渠道、抢占重要地段、节约和汇集资金，从而打造出国民级营养早餐的强势品牌。

也正是因为巴比馒头完善的后勤管理，使巴比馒头的加盟商，第一年投资 20 万左右就可运作起来，而且每年每家门店盈利平均会在十几万左右，甚至更高。这些都深深刺激着那些想在长江三角发展的加盟商。同样看重早餐的企业也有不少，如杭州的甘其食、早阳馒头甚至是晨光烧饼等，现在如果想要和巴比馒头竞争，就要在渠道、消费者心智这些方面投入更多的资源才可以。

笔者在研究巴比馒头的同时也对甘其食进行了了解，发现了甘其食不做加盟的原因，是担心对加盟门店失去控制力和管理力度，所以至今只有 170 家门店，而大多数门店都是在杭州本市。可是笔者又了解到巴比馒头在杭州也有 150 家门店，并且每家门店营业额也可以保持在 2 000 元/天，在杭州市场中处于主动进攻的姿态。甘其食所担心的事情，巴比馒头通过完善的后勤管理得以解决。

正是因为巴比馒头完善的后勤管理，保证了加盟门店有利可图，使消费者吃上了健康美味的食品，妥善地处理了加盟门店和品牌的冲突，使消费者产生出吃早餐选巴比馒头的认知，巴比馒头在消费者心目中建立的品牌形象，成为了在后期打败竞争者的利器，这就是吹动巴比馒头成功的东风。

**3. 叫外卖：饿了么“饱腹”之路，一个都不能少？**

通过外卖业务、高校阵地渠道、网站和 App 平台、地推和创业团队、餐厅后台和销售协同软件等五个“一”，饿了么在外卖细分领域牢牢把控了线上和线下。

俗语说鹬蚌相争，渔翁得利，而这一幕则活生生地发生在美团外卖和饿了么身上，两家公司就外卖业务不断通过“满 20 送饮料”“满 15 减 8”“满 10 减 7”等大出血的方式争夺消费市场。如今，饿了么和美团竞争已经到了白热化的地步，也把餐饮、O2O、平台、互联网思维这一类话题推上新的高度。

成立于 09 年的饿了么，持续专注外卖，借用互联网的优势，短短几年间从一个五人团队、校园发家，宿舍办公，发展到覆盖全国城市，日均订单 30 万，占领了外卖订餐市场 80% 的份额，成为估值数亿的外卖平台领头羊。可以说，饿了么培育了餐饮 O2O 这一市场。

回顾同期，做餐饮商 O2O 的也不在少数，成立于 2007 年的饭是钢，2010 年的外卖超人，2011 年的美餐网，以及时间更早的饭统网，有的已经倒闭，有的发展见好，有的在细分领域地位稳固，不一而足，饿了么则成为 O2O 外卖领域的佼佼者。相对于美团外卖和淘点点的强大出身背景，成长于校园创业的饿了么显得非常势单力薄，然而是什么促使了这家不到五年的企业成就了如此革命性的发展？

2008 年，饿了么的创业团队发现高校园区外卖订餐的痛点，并以此为机遇开展了饿了么的创业之路。在饿了么的创业之路上技术力量一直起着重要的作用。用饭是钢创始人的话来说，饿了么成功的很大部分正是源自优势互补的创业团队。2009 年 4 月，为了赢得创业资金，饿了么参加各类校园创业大赛并获冠军，也因此在校园声名鹊起。2011 年，饿了么获得首轮融资，开始飞速发展，布局北上广高校区，业务版图以惊人的速度扩张，走出高校老营盘，开始飞向全国。饿了么迅速步入发展高速轨道和初期铺垫密不可分——得天独厚的高校用户、重视用户体验的平台建设、体量庞大的商户资源，而这一切则又是通过其优势互补的团队和始终坚持业务聚焦的战略进行推动的。

1）一个阵地——得天独厚的校园用户基础

饿了么发迹于高校，并且乐于复制此道。和外卖超人、淘点点、美团等任何一个平台不同，高校区有着各种天然的优势，首先集群性强，群体素质高，对于新生事物的接受能力很强，传播速度快；其次，高校区本身就是一个外卖消费较强的市场，而且由于其人群的高度集中性，大大减轻了外送的物流门槛；最后，饿了么专注于高校区，在版图扩张时，也非常注重高校圈的复制，而外卖市场一贯则是以白领和散客为主，这种市场占领方式避免了很多竞争阻力，保证了短期内能取得快速的发展。饿了么立足学生市场，借助学生这一群体诸多的消费优势，其名气迅速兴起，并且随着一批一批学生进入社会成为职场白领，其影响力也在不断地延展。

2）一个业务——定位刚需，思路注定出路

作为一个订餐平台，饿了么对自己的业务定位尤其专一。对比势头正猛的淘点点，饿了么发展迄今也只有外送业务，而淘点点除了身兼外送，还包括预订点餐等服务。这种细分领域的定位，从根源上保证了淘点点在该业务板块上更加的明确和深入。

饿了么专注外卖刚需，定位平价。这类消费者消费需求低，只要能满足饱腹要求就好，充其量对外卖速度再有个要求，只要这个平台能让他又快又简单地解决这个问题，几乎就能博得好感。饿了么，做的就是懒人经济，依托自身的技术优势，设计了符合这些最核心特质的平台，比较轻松地就能把目标消费搞定。

3）一套系统——成就企业大动脉

饿了么有很多成功的因素，然而这其中最最核心的当属其商家后台管理系统——NOPOS，这一系统着实解决了外送商家尤为头痛的订单管理的问题。传统的订餐模式通过电话下单，商家在各个环节存在大量的信息处理障碍，人力投入加大，售后问题也屡屡出现，饭统网正是因为在传统电话订餐向互联网转型滞后而迅速覆灭。饿了么给商家的这套系统，商家直接在线管理用户订单，支持支付、互动、留言等重要的服务环节，解决了商家采购、排单以及送单的批量化管理，大大提高了效率，节省了人力和物料，高效便捷的服务也因此获得了消费者的好感，商家自然用得不亦乐乎。

与此同时，商家一旦入驻到饿了么的平台，享受到系统带来的好处，与饿了么自然形成了稳定而深入的合作关系，和其他的餐饮平台相比，创造了极高的技术和资源竞争壁垒，具有较强的排他性和稳定性，构建了丰富稳健的 B 端资源库。

饿了么的另一个软件——CRM 软件 WALLE，即销售协同软件，饿了么的地推人员可以在这套软件里寻找到自己的地推目标市场，实时知道伙伴的地推区域和成绩，而不至于和其他同事重复地推并起到激励的作用，同时还能清楚地知道该区域商家成本、预算收益值，这样也能更好地促成合作。这套软件大大提升了地推的速度和质量，也为饿了么能在众多竞争者中快速胜出添加了筹码。

基于这一套系统，尤其是 NOPOS 商家订单管理系统，饿了么还开辟了行业的新型收费方式，不收取佣金，只收取不到 5000 元的系统年度服务费，平均下来每天不到一份的外卖费，自然比传统的佣金模式更受欢迎。

4）一个团队——企业发展的灵魂军团

饿了么的核心利器在于技术，而技术源于其团队背景。饿了么的创业团队中很大一部分主力就是技术出身。管理加技术，对内，有主心骨把控技术，对外，有主心骨进行市场拓展和市场反馈，这种一内一外、一虚一实的团队组合保证了市场反馈落地化。

另外，饿了么拥有强效的地推团队，创业团队更是身先士卒，深入市场一线了解商家和消费者需求。所谓强将无弱兵，强大的榜样效应，充裕的授权机制，外加先进的技术支持，在商户平台搭建强关系合作，更能高效快速地铺开地面支持。

5）一个平台——高度匹配+用户体验

拥有技术优势的饿了么，平台无疑是其竞争力体现的秀场。外卖订餐平台最核心的一个问题便是定位，相比于同时代的其他平台，虽然平台制作精良，但是在消费定位上的流程特别复杂，而饿了么可直接对消费者的位置自动识别，消费者只需打开网站或者移动端，自动搜索附近的订餐平台，非常的懒人化。

饿了么于2012年底推出移动端，比淘点点和美团外卖都早，但其设计体验却更好。后两者都存在一定程度的效仿，但却不一定比饿了么做得好。饿了么在其移动APP上同时做了诸多的微创新，除了基本的支持在线支付，首页商家有状态小图标，比如是否支持优惠、是否支持开张等；下单后还可进行实时跟进，掌握订单动态；确定订单后可获赠积分，在晒单方面，晒单获得积分，大家参与点评，积分满还可获赠免费用餐机会或者兑换后台产品，充分满足消费者好用又好玩的需要。

饿了么崇尚苹果的技术理念，重视极致和简约，其平台的整体设计也非常简约直白，和外卖刚需的核心消费需求高度吻合，剔除了冗余的设置，全平台只有三大用处，店家信息、下单、晒单三大板块。根据食物口味设置的商家目录，设置了消费者常用的筛选条件，商家信息中只重点保留了简单的产品清单和价格，点击菜品直接弹出图片和评价，非常直观和好操作。

如今饿了么已经成为外卖市场的领军人物，掌握着大量中低端的商家和用户资源，成为投资新宠，摇身一变成万千瞩目的焦点。饿了么吸金之初就大手笔免费送出20万份免费午餐，和大众点评的合作意图明显，重在融合中高端餐饮市场，携手分众，铁定决心分羹白领市场。

### 4. 厨上门："味蕾"该如何借"烧饭饭"过冬？

2015年10月13日雷军三次连投的O2O餐饮项目——烧饭饭高调停业，与此同时创始人张志坚又力推出团队的另一个外卖品牌"味蕾"。业界不禁哗然和产生疑问，从厨师上门的高端 O2O 服务向产品上门的外卖服务，究竟是成为一次华丽转型？还是重蹈灭亡之路？

1）蓝海转红海的“过冬之法”

张志坚说：“在烧饭饭运营的 11 个月里，团队没有把烧饭饭变成一个盈利模式明晰，规模扩张的业务。”这是烧饭饭停止运营的最关键原因。目前的 O2O 企业热潮兴起，类似烧饭饭的企业风起云涌，但是“好服务”不等于“好生意”，创业最终还是回归生意本质，以盈利为导向，有清晰可规模化的盈利方式，才能成就好的创业。但是今年中国进入资本寒冬，实体经济不好，很多依托于实业的互联网企业都面临着寒冬之际，那么张志坚转变市场方向，对准外卖市场是否就是正确的“过冬”之法呢？

无论是合并之后的美大，还是拼死搏杀的饿了么，还是有强大流量基础的百度外卖，在资本的导演下，无疑都会让类似张志坚这样的创业者随时感到生存的艰难。在外卖行业已经趋近成熟，并形成了三巨头的基本格局，张志坚的“味蕾”想要在此分一杯羹，需要更精细化、靶心性服务，在外卖的红海市场里寻找属于“味蕾”的“蓝海”。

严格意义上来说，烧饭饭并不是转型，而是当断立断，提前剥离原先商业模式中不适合市场的模块。烧饭饭创始人张志坚最初时就表示，烧饭饭要做的不只是厨师上门，而是为家庭用餐提供完整的解决方案，一是卖厨师上门；二是卖新鲜食材；三是卖成品，现在集中优势力量发展优质产品模块。

烧饭饭运营 11 个月，累计了 20 万用户和 700 多个专业厨师。其接力的外卖平台“味蕾”刚上线就约了 10 000 多名早期客户，每天有近千单外卖生意。在一个数据为王的时代，这些都是“味蕾”的竞争力，但是与目前的外卖巨头来竞争，最好的办法就是避开直面竞争，寻求红海里的蓝海市场。

2）高客单价反其道而行之

外卖行业的 O2O 服务看似简单，但若想建立门槛，并不容易。目前主要是靠降低客单价来吸引流量。而要想纯粹靠低客单价吸收的流量建立行业门槛，绝非易事。外卖属于快消的行业，产品更新迭代速度快，市场又因为各平台长期的混战，被补贴和低价占领，客户已经被变相地养成只看价格和补贴，根本毫无品牌和平台忠诚度可言。所以平台想要在前期靠低价来引流，这需要强大的资金，更何况是在市场逐渐成熟的外卖细分市场，所以这种以低客单价引流然后扩网的打法不适合，正如“全国最大的移动互联网洗车服务平台”E 洗车的濒临倒闭。

只有以“高客单价”建立差异市场，就如河狸家高客单价的美业能够向深度服务延伸。“味蕾”需要做的就是建立有特色的、差异化的高客单价的外卖市场，这就意味着“味蕾”需要专注做产品。避开白领的快消外卖，“味蕾”需要做的就是更高层次的“营养餐”“健康餐”。因为据烧饭饭的市场调研报告分析，他们的主流消费人群以家里有小孩的年轻中产家庭为主，基于烧饭饭的客户资源，为其 20 万的平台用户提供专为小孩烹饪的“营养餐”，扮演小孩成长中的营养师。

另外因为原先的厨师上门服务，通过厨师的个人魅力为平台积累了很好的客户黏性，使得整个服务更加扁平化，平台离客户更近，便于对客户做到“产品极致”的服务，为家庭里的每位成员打造不同的营养餐，逐渐演变成一个家庭的营养顾问。

避开原有外卖市场的单纯产品模式，从人的角度出发，除了解决客户“懒得出门”的痛点，还解决了客户“吃什么”“怎么吃”的头疼问题，把服务的本质回归到“人”本身，打造一个“全家庭健康饮食解决方案”。

3）另辟蹊径发力 to B

外卖平台基本都是直接面对 C 端客户，迎合白领们快节奏的生活。但是目前这个路径基本已经被现有的外卖平台美团、饿了么、百度等霸占，所以“味蕾”需要做的就是根据其独树一帜的产品进行相应的渠道转变，转变为以 B 端为主。

一个创业项目能否成功，运营能力是关键。目前“味蕾”自建四个中央厨房，还和“绵绵生活”“我的食袋”两个优秀的创业团队合并，发展壮大团队力量，所以拥有强大的运营能力和主控能力，有能力来建设 B 端渠道。线上利用大平台的流量红利，和 58 到家、河狸家、百姓网等拥有大量家庭用户的大平台合作，导入其强大的流量；线下和家政公司、社区俱乐部、私立民营学校等合作，为 B 端客户提供健康外卖饮食服务等。

大多数创业的 O2O 创业项目，总是希望以一个低客单价的产品引流，然后编制一张大网，网住所有的目标客户，可是因为行业属性不同，客户属性和市场属性的易变性和高门槛，市场效果往往不尽人意。但是如果“味蕾”以高客单价切入市场，卡位外卖市场中营养餐，专注做产品，把产品做到极致，倒逼市场形成一个全家庭的饮食健康解决方案，说不定能度过这场资本寒冬。

**5. 菜到家：一亩田有机农庄，还缺什么？**

随着有机蔬菜诸多竞争对手的出现，有机蔬菜市场竞争也越来越激烈。一亩田的菜品少、价格贵、服务一般、会员年度先缴费的缺陷，令其市场前景堪忧。一亩田要真真做到成为行业的领导品牌，还需要继续深耕细作，发展和维护好消费者，那除了这些还缺什么呢？

随着近几年来食品安全的问题越来越多，人们对吃的品质越来越重视，以前一直因为价格贵和品种少而不好打开市场的有机蔬菜，最近几年发展势头良好，仅在上海就有诸如卉绿、美味七七、乐康、悠悠生活网、菜管家、蔬果园、一亩田有机农庄等提供有机蔬菜的企业和平台。其中，一亩田有机农庄创办于2008 年，宣称是中国首家数字化有机农场，农庄的三位创始人都是来自上海交通大学 EMBA 的同学，他们为了共同的梦想走在一起，从案头走向田头，只为了给消费者提供安全的蔬菜，用良心种良田。

但是，随着有机蔬菜诸多竞争对手的出现，有机蔬菜市场竞争也越来越激烈。相对于菜管家的大平台、多品种、价格优惠；相对于蔬果园的线上线下结合；相对于美味七七的大宗团购、连续不断的促销活动以及全世界范围内的供货平台；相对于卉绿的 VIP 一对一服务和货到付款。一亩田要真真做到成为行业的领导品牌，还需要继续深耕细作，发展和维护好消费者。

1）缺品牌宣传

作为一个电子商务企业，一亩田在百度搜出来的信息仅有寥寥数语。虽然在自身网站上加推了扫描二维码可以免费送菜的活动，也有官方微博，有领导人微博，但如何吸引消费者打开网页的活动还远远不够。品牌宣传，尤其是网络的品牌宣传就更加稀缺，更别说线上和线下的品牌宣传配合了。

细心的消费者会发现，就品牌本身而言，其实还有一个一亩田的农产品服务平台，而我们这里说的是壹亩田有机农场，此一亩田，非彼一亩田，由此，不由得让人猜测，一亩田品牌意识薄弱，似乎不懂得保护和宣传自己的品牌。

“一亩田农产品商务平台是中国领先的农产品商务平台。一亩田通过农产品价格信息搜索服务，帮助中国农村中小企业、个体经纪人、农村专业合作社更好地了解全国农产品价格信息、走势，提升中国农村中小企业、个体经纪人、农村专业合作社的市场竞争力，带动农村重点行业和区域经济的发展，为农民增加财富收入，带领农村开展各项创业致富项目，为企业之间提供更专业的信息贸易。”

这是搜索“一亩田”百度百科里面对一亩田的简介。

“一亩田实业有限公司中国首家数字化有机农场，公司旨在提供一种全新的生活方式和健康理念，客户以会员制方式拥有崇明壹亩田地，公司负责有机方式种植，并将所产送货上门，客户可以通过网络即时观察长势，也可在假日举家出游田间操作，使家人们在喧嚣的都市中得以体会亲近自然的田园之乐，足不出户得以享用健康安全的食品蔬菜；孩子们在游戏之外得以经历春华秋实，为童年增添绿色乐趣。种植壹亩田，成就健康，收获梦想。”

这是一亩田有机农场网上的企业简介。

不仅在品牌保护和品牌宣传方面薄弱，一亩田的品牌价值服务也相对缺乏，比如在消费者体验方面，在很多小区，送货上门较难完全实现，门卫或者保安的更换、送货人员的更换都是造成不能顺利送菜到家的原因，不管是什么原因造成的，给消费者的印象就是不能实现送菜到家，影响消费体验。再比如，一亩田的销售人员在跟进新会员的时候很执着，但一旦成交后，售后服务就牵强多了，只是定期发一些新品上市或者促销活动的短信或微信，很少主动电话联系下单或提供其他服务。

2）缺营销方法

一亩田的新客户开发主要集中在陌生电话、体验产品、老会员推荐和线下活动。相对现在层出不穷的各种新营销手段和方法，这些显得有些传统和老套，并且易引起消费者的反感。体验产品是个不错的销售方法，一亩田给潜在客户提供两份试吃菜品的方法是很好的，从心理学上来讲这是利用了人们的“受惠心理”，一般来说，人们获得了一份恩惠，就会想着回报，所以白吃了人家的就得买点人家的产品，就是这个圈套。另外，一亩田的会员卡营销，从某种意义上来讲，也是对消费者的一种变相绑架，动辄各种年卡，上万元的金额，一下子就收走了。很多消费者在消费过程中有不好的感受，也不好退卡，如今电子商务如此发达，相对于淘宝的支付宝，相对于竞争对手的货到付款，相对于菜场的便宜新鲜，相对于商超的各种有机蔬菜的货品选择，可支撑消费者一定要选择一亩田的理由越来越弱，这是很大的潜在危险。菜篮子的替代性越老越强，如果没有更新的营销手段出来维护好老客户，并且不断地开发新客户，一亩田的未来发展堪忧。

3）缺产品定位

最初，消费者对一亩田的认知有两个关键词——“有机”和“蔬菜”，所有产品最好都围绕有机或者蔬菜来完善。本来给消费者传递的是有机蔬菜的一亩田，如今在产品类别里有新鲜水果，从蔬菜到水果的产品延伸倒也无可厚非，但是否有机呢？还增加了各类粮油食品、干货生鲜、酒水饮料，还有地方特色产品，已经远远超过了“有机”和“蔬菜”两个关键词的可扩展范围。给消费者的直觉就是，一亩田也有打造平台的趋势，那么我吃的蔬菜还是你们自己种的吗？纯粹“二道贩子”的电子商务多如牛毛，没有产品定位的发展产品线是有很大潜在风险，如果消费者不能清楚地说出你的产品或者服务，那将是很麻烦的一件事情。

4）缺特色服务

如今的商业，不管是传统制造业、服务业还是零售业，特别是现今发展蓬勃的电子商务业，服务是任何行业都绕不过去的坎，没有好的服务，不管其产品本身质量多好，不管销售人员多么巧舌如簧，最终都得靠消费者来评判。消费者评判好坏的重要因素就是你的服务，以电子商务为例，一亩田能保证当天12点前下单，第二天凌晨配送，如果下午下单则只能是第三天配送，而再看京东。晚上九点下单，第二天十点就能送到，而顺丰优选也能做到生鲜食品第二天直达。据一些一亩田的老会员反映，如果下午上网订菜的话，很多品种基本上都卖完了，本来一亩田的菜品种类就不是很丰富，如果有些菜一卖完，剩下可以挑选的种类就更少了。增加产品种类和保证产品的及时供应，完善后续服务迫在眉睫，消费者对一亩田服务的不满已经越积越多，仅大众点评网就对其服务怨声载道，比如价格居高不下、绿叶蔬菜送到家的时候焉了、番茄开裂烂了、南瓜形状难看、鸡蛋破了。各种各样的对产品和服务的不满意，直接导致老顾客不继续消费，更加不会推荐新顾客了，这对本来销售渠道就单一的一亩田来说将会是很大的打击。

一亩田如果不能加强品牌的宣传，更新销售方法，不能做好产品的准确定位和有效提供特色服务，未来的路会很难走。

**6. 买零食：三只松鼠，坚果王位或将易主？**

三只松鼠自成立以来，其发展速度令人惊叹。2012 年 8 月，三只松鼠上线仅仅 2 个月便荣登天猫商城坚果类销售冠军，2016 年双 11 竟然单日热销 5 亿左右。问题是，风光数字的背后是坚果王位的宝座更加稳固，还是像当年的凡客、麦包包等品牌一样表面风光无限实则暗潮汹涌，问题多多，面临成长的烦恼而危机重重？

三只松鼠于 2012 年 6 月 19 日在淘宝天猫商城正式上线，经过几年努力一跃成为坚果类目第一品牌。其成名之路与之前的坚果电商大佬——新农哥和百草味如出一辙。

现在，新农哥坚果之王地位已易主；百草味凭借强有力的供应链优势继续排名第二，而三只松鼠后来居上，产品销量一骑绝尘，在坚果王朝称帝封王近两年。高处不胜寒的三只松鼠此时此刻也许正感到一丝凉意。

打江山易守江山难，旨在守住王位的三只松鼠正面临和遭遇哪些问题和危机呢？

1）疯狂广告轰炸，难阻松鼠热度下滑

现在打开任何网页几乎都能看到三只松鼠的品牌 Logo 在闪动，疯狂的广告投入，却无力阻止三只松鼠影响力的下降。

百度指数搜索结果显示，2014 年 7 月至 8 月，三只松鼠、新农哥和百草味的整体搜索指数分别为 1908、686 和 706。如图 2. 4. 1 所示，尽管三只松鼠整体搜索指数远远大于新农哥和百草味，但同比增长只有65%，远远低于后两者的150%和122%。并且三只松鼠整体环比和移动环比是三家中唯一一家出现下滑的，分别下降10%和4%，而新农哥和百草味的环比却出现较大幅度增长。在三只松鼠铺天盖地的广告攻势之下，其网络热度却在不断冷却，背后的深层次原因令人深思。

指数概况 2014-07-15 至 2014-08-13 全国

最近7天 | 最近30天

| | 整体搜索指数 | 移动搜索指数 | 整体同比 | 整体环比 | 移动同比 | 移动环比 |
|---|---|---|---|---|---|---|
| 三只松鼠 | 1,908 | 812 | 65% ↑ | -10% ↓ | 139% ↑ | -4% ↓ |
| 新农哥 | 686 | 461 | 150% ↑ | 28% ↑ | 440% ↑ | 33% ↑ |
| 百草味 | 706 | 220 | 122% ↑ | 16% ↑ | 112% ↑ | 6% ↑ |

**图2.4.1　三大坚果电商2014年7月至8月搜索指数动态**

2）单一销售渠道难助三只松鼠守王位

三只松鼠定位于互联网销售的第一品牌，认为网络可以缩短与消费者之间的距离，如果线下开店必然增加流通环节，会破坏产品的新鲜度，进而影响消费者体验，削弱品牌力，所以现在三只松鼠只做线上销售渠道，不考虑线下门店建设。

为了提高消费者购买三只松鼠产品的便利性，目前三只松鼠网络渠道全面覆盖天猫、淘宝、京东、1号店、QQ网购、美团、唯品会、聚美优品等各类平台，确保网购消费者在几乎所有网络平台都能购买到三只松鼠的产品，这一举动再次印证了三只松鼠重视线上渠道开发而忽略了线下渠道建设。但作为休闲食品线下门店布局的标杆企业——来伊份，其2013年实体门店销售额高达27.5亿元，这一销售数据充分说明线下实体门店对休闲食品企业的重要性。

目前来伊份、好想你等在做好线下实体门店的前提下，都开始大力布局线上销售渠道，抢占更多市场份额。其中来伊份已经建立了自己的官方商城，并且在天猫商城和京东商城开设旗舰店（如图2.4.2所示），对三只松鼠坚果之王的地位构成威胁。

**图 2.4.2　来伊份天猫和京东旗舰店**

三只松鼠全面覆盖的线上销售渠道虽然满足了大部分网络消费者的需求，却将更多不会网购或不愿网购的消费者排除在外。单腿跑路的坚果之王能跑多久又能跑多远尚未可知。

3）目标人群：得 80 后、90 后，不足以得天下

据最新市场调研数据显示，坚果等休闲食品的消费人群范围非常广，年龄跨度从 15 岁到 65 岁之间。由于三只松鼠的销售渠道现在全部集中线上，而网络消费主力军是 80 后和 90 后，三只松鼠的目标人群也一直定位为 80 后和 90 后，却忽略了 50 后、60 后和 70 后这些更有消费能力同时也是实际家庭采购决策者和购买者的广大成熟消费人群，这些人多数不会上网购物，他们更愿意到实体门店选购产品。来伊份就凭借其广泛的直营门店布局，成功吸引 80 前的成熟消费者，2013 年来伊份的线下门店销售额达 27.5 亿元，远远大于三只松鼠的 3.26 亿元。由于来伊份的产品品类远比三只松鼠品类丰富，仅从销售额方面作比较无法充分说明问题，但足可以证明 80 前的成熟消费者是休闲食品不可忽视的目标消费群体。

三只松鼠定位的目标人群更倾向于年轻化，将更多有消费能力的 80 前成熟人群排除在目标人群之外。一旦新农哥、百草味、来伊份等电商加大线上促销宣传力度，将会大大分流三只松鼠的现有消费群体，三只松鼠坚果之王的地位或将被撼动。三只松鼠在提高 80 后和 90 后目标消费者黏度的同时，需要通过创新手法不断吸引 50 后、60 后和 70 后的成熟消费人群，以此扩大和丰富三只

松鼠的目标人群，因为得 80 后和 90 后，已不足以得天下了。

4）年轻管理层：“初生牛犊”VS“羽翼未满”?

三只松鼠最初是由五名创始团队组建，到目前公司全国雇员超过 600 余人，其中来自全国的电商运营团队 200 余人，平均年龄 23.5 岁，是全国最年轻的电商团队，也是一支极具生命力和挑战力的团队。创业企业给不起高薪，能给的只有事业和理想，年轻人更可能被“忽悠”来做这样的尝试。“鼠大疯”胡厚志与章燎原是发小，胡厚志在负责三只松鼠的工厂部以前，是一名餐馆大厨，对坚果行业几乎是一窍不通。易中一与郭广宇是两个接近 90 年代出生的技术宅男，“松鼠老爹”看过他们发在派代网上的文章，直接在网上找到了他们，邀请他们加入松鼠家族。创业团队中对坚果行业有所了解的就是章燎原曾经的下属明珊珊，学习市场营销的明珊珊毕业后与章燎原在同一家公司，一年后，她不愿安于现状，向当时的上级章燎原提出辞职。然而几个月后，这位原上司将她招入松鼠家族陪他一同创业。

就是这样一个成员奇怪、对坚果行业了解不多、年龄不大的团队将三只松鼠倒腾上线。公司成立之初，年轻团队的战斗力和创造力是三只松鼠能够取得快速成长的重要因素之一，比如工厂车间在分装产品打包包裹时，为了提升工作效率，工厂部创新地将产品分为红、黄、蓝、绿四种颜色。红色为最畅销产品，黄色次之，蓝绿更次，这样保证工人在分装包裹的时候，不仅能以最短的时间找到货品，而且也不容易出错。

三只松鼠的迅猛崛起，迅速成了高速发展的明星企业，但是由于管理团队缺乏管理经验，使得三只松鼠的“试错”成本越来越高，并且部分管理层成员出现的干部心态，可能产生管理失控，由于成员太过年轻，心智不够成熟，他们恋爱生活问题都会影响到工作质量。公司的迅速发展，团队人数的急剧膨胀，面对一个日益庞大起来的松鼠家族，松鼠老爹像一个孤独的国王，辅佐他的智囊团因为年轻缺乏管理经验，不能起到分担老爹责任的作用。这种对创始人的依赖、公司面临的问题不能靠管理团队来解决的困境将是三只松鼠面临的考验之一。

4）“卖萌文化”遇瓶颈遭嫌弃

三只松鼠的任务是“卖萌”。“萌货、无节操、求包养”已经成了三只松鼠的显著符号。当初是淘宝开启“亲文化”，现在是三只松鼠开启了“主人文化”。三只松鼠的客服部叫“全球主人满意中心”，客服身为“松鼠星人”，专门为顾客“主人”递送一种叫作“鼠小箱”的包裹，拍下产品叫“领养一只鼠小箱”。起初三只松鼠就是靠这些新颖独特的创意迅速得到了消费者的接受与认可，并在消费者中获得持续不断的口碑传播，迅速、有效地扩大了三只松鼠的美誉度和影响力。

80后、90后作为网购消费的主力军，他们讨厌墨守成规，喜欢刺激和新颖的生活方式。与此同时，他们喜欢分享与表达，遇到新颖独特和超预期的购物体验会毫无保留地分享给身边的伙伴。笔者第一次听到三只松鼠这个品牌就是身边同事的极力推荐，她就是被三只松鼠这种独特新颖的“主人文化”所吸引，三只松鼠的这种创意让消费者摇身一变成为松鼠主人，购买三只松鼠产品就是对宠物松鼠的爱。笔者在前两次接触时也同样感到有趣、好玩和独特，但几次接触之后，这种“主人文化”对笔者的吸引力已经大不如前，原因或许是厌倦了这种交流体验方式，亦或许是三只松鼠在“主人文化”方面没有进步和创新升级。

3）“超预期服务”被模仿，优势丧失殆尽

仅靠产品质量好就能抓牢消费者的时代已经一去不复返，要想打动消费者，就要给他们超越预期的服务。三只松鼠成立之初就意识到超越预期服务的重要性，三只松鼠不仅把产品加工得易剥、双层包装、突出松鼠形象，还在“鼠小箱”中提供纸袋夹子，以便消费者吃到一半进行袋子的密封。此外，三只松鼠还在行业之中开风气之先地向消费者赠送鼠小巾（擦手湿巾），鼠小袋（果壳袋）、微杂志等，吃坚果的工具基本上都能在这个快递包裹里找到，解决了顾客在吃坚果过程中的困扰，这些细微周到的服务牢牢抓住了消费者的心。

起初三只松鼠凭借其“超预期服务”迅速转化成口碑，助其销量突飞猛进。然而任何一个好的营销方法都会被竞争对手疯狂模仿甚至超越，三只松鼠的“超预期服务”也不例外。现在包括新农哥、百草味等几乎所有坚果电商都会在快递包裹中赠送开箱器、封口夹、垃圾袋和湿纸巾等，这些带给消费者的已不再是当初的惊喜与感动，而变成了一种习以为常。三只松鼠在行业首创的这些妙趣横生而又周到细微的小革新已经不能再助力三只松鼠形成良好口碑。之前三只松鼠凭借“超预期服务”对竞争对手形成的优势已经荡然无存，三只松鼠若想在服务方面重新确立起竞争优势，必须在“超预期服务”方面做出改进与创新升级，重新带给消费者惊喜和尖叫。

三只松鼠若想避免王位易主之痛，必须要拿出公司成立之初的勇气和创造力，尤其是在品牌、产品、服务、渠道等方面加大创新力度，再次建立三只松鼠的先发优势和持续优势，而不是凭借着发展惯性放大“啤酒效应”，否则一些小问题甚至引爆起“多米诺骨牌”的大问题，一旦如此，将会是一发不可收拾。

如果三只松鼠能将现在面临的危机转变成产品和品牌再次升级的机遇，守住坚果之王的宝座也就水到渠成了。

## 二、互联网＋穿

### 1．淘衣服：楚楚街，O2O 电商黑马还能蹦多久？

在双寡头垄断的电商导购市场，2014 年底 2015 年初一匹黑马——楚楚街突然蹿了出来，迅速获得了消费者和资本市场的青睐，注册用户数量远远超过美丽说和蘑菇街，它是怎么做到呢？这匹 O2O 黑马又能蹦跶多久呢？

从 2008 年开始，国内很多的创业者就试图依靠淘宝大商圈进行二次创业，衍生出了各种形式的导购网站，有做精选的、有做返利的、也有做折扣和比价的，一批批起来，一批批倒下，能够活下来并且活得还算不错的只有两个：美丽说和蘑菇街，这两个品牌基本形成了电商导购的寡头市场。可就在 2014 这一年的时间里，一匹黑马突然窜了出来，并且迅速获得了消费者和资本市场的青睐，注册用户数量远远超过美丽说和蘑菇街，这匹黑马就是楚楚街。

1）谁给了楚楚街神一般的速度？

楚楚街为什么发展得这么快？楚楚街用一年的时间，用户数量就直接超过了美丽说和蘑菇街，这里面的个中缘由确实值得我们探究。

（1）楚楚街的成功是厚积薄发的过程，表面上是短短一年的时间，而实际上是经过了多年的积累。

和一般的新产品不一样，楚楚街上线前其实已经拥有了足量的粉丝，也就是说楚楚街是一个名副其实的“富二代”。

醋溜科技和大部分的创业公司一样，既没有多大的背景又没有多牛气的创业团队，起初就是在人人网、51、360 圈、白社会、139 社区等 SNS（社交网络服务）平台开发应用的公司。凭借早期做草根站长的运营和技术经验，醋溜科技的几位创始人通过开发游戏应用迅速获得了大量的用户，当时醋溜科技不仅做到了人人网公共主页粉丝量全网第一 ，而且还获得了人人网非游戏应用总安装量第一的成绩。

2011 年腾讯正式宣布开放平台后，醋溜科技又成为最早在腾讯开放平台开发应用的团队之一，并且以“十模式”为核心理念开发了一系列的娱乐应用，深受网友喜爱，如“十幅图”“十句话”“十糗事”等，通过这些应用，醋溜科技的 QQ 空间粉丝数达到了 2 000 万。就是在这样的背景下，欢乐淘（楚楚街原型）应运而生，生来就是一个白白胖胖的“富二代”。

（2）拥有可观的粉丝基础只是楚楚街快速成功的表面，差异化产品定位策略、持续打造爆款产品才是用户数剧增的关键所在。

作为电商导购的后进生，楚楚街并没有一味去模仿美丽说和蘑菇街，因为如果沿着美丽说和蘑菇街的路子走，不但无法超越他们，而且极有可能被拍死在沙滩上。所以，楚楚街走了一条自己最熟悉的路，以一款 9 块 9 包邮购产品成功切入 90 后消费群，特别是学生消费群体，很快就成为割据一方的电商导购品牌。为什么 9 块 9 包邮购能够俘获 90 后的芳心？笔者认为有两点：一是对 90 后目标消费群需求的准确把握，根据《百度 90 后洞察报告》显示，90 后的消费观跟品牌无关，重点在质量和价格；二是“9 块 9 包邮”的噱头确实能吸引不少年轻的眼球，直接使用“9 块 9 包邮”作为 APP 的名称，诉求精准，表达明确。

（3）楚楚街的成功还来自于它对社会化媒体的精耕细作及精准的广告投放策略。

做过网站站长的吕晋杰很了解目标消费群喜欢看什么样的内容，楚楚街通过在微信公众平台、微博、QQ 空间、人人网公共主页等社会化媒体上把这些内容推送给它的粉丝，让受众群体自发地向圈子内的人推荐，依靠自身拥有的几千万粉丝数成几何级扩散，很快便传播开了。同时，楚楚街还和豌豆荚、360 助手、安卓市场、91 助手、百度手机助手、小米应用商店、联想乐商店、OPPO NearMe（云笔记，只要登录后即可在手机上将通讯录、短信以及笔记、照片等同步到云端。）等各大应用商店展开深度合作，携众商之力打造楚楚品牌。

2015 年，拿到投资后的楚楚街推广策略更为任性，不仅启动了代言人计划，邀请粉丝一起选择代言人，而且还成为浙江卫视原创明星夫妻真人秀节目《一路上有你》的特约合作伙伴，一波又一波地向目标消费群发起强势攻击。

2）黑马如何变头马？

这一系列的动作，楚楚街确实干得不错，但黑马毕竟是黑马，无论是 DAU（日活跃客户）、MAU（月活跃用户）还是装机量都不及美丽说和蘑菇街。楚楚街想要从黑马变成头马，笔者认为除了任性的品牌推广外，还需要在品牌的统一性和产品的内容上下点功夫。

（1）实行统一品牌战略。实行统一品牌策略，可以集中人力、物力、财力等资源，综合塑造大品牌，同时节省大量的广告费用，增强企业信誉，有利于消除顾客对品牌的不信任感，有利于壮大企业的声势，树立超级品牌的市场形象。

在此之前，我们找了几个 90 后的小伙伴，问了几个小问题，得到的答案几乎都一样。

- 你知道醋溜科技吗？答曰：不知道。
- 你知道楚楚街吗？答曰：知道。
- 你知道 9 块 9 包邮购吗？答曰：知道。
- 你知道楚楚街和 9 块 9 包邮购什么关系吗？答曰：不知道。
- 楚楚街和 9 块 9 包邮购是一家！答曰：啊？是吗？（表情比较丰富）。

可见，楚楚街品牌与公司之间、品牌与产品之间确实存在沟通不畅的问题，对于外界来说，楚楚街至少有三种不同的声音：醋溜科技、楚楚街、9 块 9 包邮购。作为公司名称的醋溜科技本身不具有知名度，不像海尔、联想、小米等，公司即品牌。只有楚楚街和 9 块 9 包邮购两个产品名称是消费者所熟知的，那么问题来了，9 块 9 包邮购到底哪家强？这个问题比较复杂，在百度手机助手上搜索“9 块 9 包邮”，有 300 多个 APP，楚楚街的 9 块 9 包邮购如何跳出来？如何让消费者准确地找到楚楚街的 9 块 9？这时就需要一个独立的品牌来支撑整个体系，于是楚楚街开始在自己的 APP 图标上印上 9 块 9 的标识，而在 9 块 9 的 APP 图标上又印上楚楚街的标识，试图通过这种手段来实现品牌的统一。

笔者认为楚楚街的品牌统一不能只在表面上建立两个产品硬关系，而应该上升到战略层面来考虑。首先要明确是否需要楚楚街和 9 块 9 两款产品并存，两款产品有无明确的细分诉求，如果有细分需求，需要考虑的不是同时存在的问题，而是如何相互结合、转化的问题。但对比目前这两款产品的结构和功能就会发现它们基本上没有什么差别，既然是同一个产品，为什么还要分为两个 APP？这时就应该果断砍掉一个，把所有资源、精力全部集中在一个产品上，并把这个产品打造成热产品，这样品牌势能自然就起来了。

（2）深挖产品内容和服务。显然，楚楚街通过 9 块 9 的价格模式俘获了一部分消费者的心，那如何把拉来的客户留住？如何把现有的存量盘活，提升 DAU 和 MAU？笔者认为楚楚街必须要深挖产品内容和服务。

楚楚街目前提供的内容主要包括 9 块 9、值得买及品牌团三大块，这三块内容虽然经过了楚楚街小编的初选，但无论从商品展示还是二次服务方面都有很大的提升空间。比如进入值得买板块后，又分最新推荐、小编精选、排行榜三项内容，小编精选只是把小编筛选后的商品罗列出来了，商品信息依然是淘宝的原版信息，没有从客户实际需求的角度去整理和深挖这些信息，只是简单地罗列而已，特色不明显。

在商品的二次开发方面，美丽说和蘑菇街都做得不错，例如美丽说有个经典的功能名为“杂志”，类似公开的收藏夹，意见领袖把他们喜欢的商品分门别类地组织在一起，做成不同风格的主题杂志，诸如“复古风”“甜美风”“个性的”等，不仅介绍商品，还告诉那些不会搭配衣服的消费者们如何搭配衣服，这样一来，不仅能够极大地促成目标商品的销售，同时也拉动了相关的周边商品的销量；又如蘑菇街，进入到产品页面后，商品信息没有完全照搬淘宝，都是经过蘑菇街小编二次深挖过的，要么是自己的模特重新试穿，在各种角度、场所展示，要么是经过小编精心编辑过的内容，不仅淋漓尽致地展示了商品，还增加了消费者对蘑菇街的信任感，增强了消费黏性。

楚楚街作为电商导购的后起品牌，能够在短时间内一路披荆斩棘，冲出重围实属不易，但市场是残酷的，也是公正的，笔者认为只要楚楚街理清了品牌战略，深挖产品内容和服务，成为头马的日子指日可待。

### 2. 买衣服：异类 YOHO！的潮牌生意经

它有国内最优秀的潮流杂志《YOHO！潮流志》《YOHO！女生志》；有国内最大的时尚潮流达人社区 YOHO. CN；有年销售额近 5 亿元的网络零售平台 YOHO！有货；有潮范儿十足、风格各异的原创潮牌。

据统计，目前 YOHO！有货已有 30 万注册用户，基本上是在 16 ~ 28 岁区间，并呈正态分布。其中，中线峰值是 22 岁左右的用户，且男性用户居多。随着经济的不断发展，未来 YOHO！有货的用户年龄段也会相应地向后挪动，该中线峰值将趋向于 28 岁左右用户群体变化。如何锁定这群有潮流消耗偏好的人，影响并扩大用户群，考验的是 YOHO！集团整体运作与市场洞察能力。那么，YOHO！到底做了哪些策略来引领行业发展的呢？下面从内部因素方面为大家做一下梳理！

资本、团队、盈利方式三驾马车并驾齐驱，是 YOHO！成功的秘诀。当然，核心的核心在于它的商业模式和盈利模式。那么，异类 YOHO！又是如何构建这种这种独特的盈利模式的呢？

1）分众电商模式

随着电商巨头的激烈竞争，使得外部流量的价格不断被抬高。以垂直电商为例，获取一位新客户的成本，在过去五年间从几十元增长到了 200 - 400 元，这种成本的增长态势几乎淹没了客单价的增长。对垂直电商来说，如果自身造血能力弱，便只能走向花钱砸外部流量的选择，或者说这已经不是选择，而成了必选科目。造血能力的体现是什么呢？就是留住新客的能力，换而言之，重复购买率成了造血能力的指标。失去自身造血能力的结果就是：外部费用一停，成交额度就会顺势大幅下滑。

YOHO！有货是国内首个提出“分众电商”概念的潮流电商网站。分众电商是较垂直电商的划分而产生的概念。如果我们将垂直电商理解为“向所有人卖一类产品”，那分众电商则是“针对特定的一类人群贩售所有产品”。从目前来看，抓准一类人的消费心理去纵向地拓展产业链，比满足大众需求更具可操作性。YOHO！有货是极少数在电商寒冬后还屹立着的商家之一，不仅如此，YOHO！有货从2012年5月已经开始实现盈利，2013年销售额将突破5亿元，盈利4 000万元，年均重复购买率达到了44%。

能够保持年均如此高水平的回购率，YOHO！有货的窍门就是坚持“媒体+电商”的思维模式。YOHO！有货商城于2008年上线时，YOHO！集团旗下的《YOHO！潮流志》、YOHO. CN论坛就已经拥有了自己忠实的受众，有货商城的上线正好解决了潜在消费者购买潮流款服饰途径的问题。

2）低成本流量打造供应链管控

做潮流电商最核心的是两点：其一要有足够的低成本流量。为此YOHO！有货已经开始在微博、豆瓣等网站建立相应的流量据点，同时也在尝试做相应的线下活动，以及与媒体沟通，从而扩大YOHO！有货的导入量。其二，要有较强的供应链管控能力。YOHO！的供应链控制能力主要体现在买手制和原创设计师品牌上。

YOHO！有货采取买手制，由买手选取符合受众需要的单品。选择的依据即是否符合未来的潮流趋势。而某一品牌是否能够入驻，则由五人小组投票决定。目前，YOHO！有货的品牌供应商有200多家。品牌可分为四类，一是国际大牌，例如，YOHO！有货与耐克签订官方授权，但只销售耐克的极限运动和NSW系列两条产品线，而非销售耐克的所有商品；二是明星潮牌，如陈冠希CLOT等；三是原创设计师品牌，占比达到80%；四是YOHO！与各个潮牌公司的联名品牌。

YOHO！有货在供应链的控制力方面主要体现在原创设计师品牌上。在国内，很多原创设计师品牌，虽然具有较强的设计能力，但并没有能力扩大生产规模。YOHO！则会帮助一些符合潮流趋势的设计师品牌，与其深度合作，提供生产资金。在设计师品牌中，投资后采取联营模式的品牌有三四十家。因此，原创设计师品牌中，大部分是排他性合作，包括该品牌所有产品在YOHO！有货独家销售和部分单品独家销售两种模式。YOHO！曾做过测算，YOHO！有货中90%的款式仅在YOHO！有售。

3）O2O + C2B模式探索

2013年7月份，YOHO！有货联合国内外50余家潮流品牌举办的线下预售展YOHOOD，开创了潮流品牌O2O + C2B模式的先河。活动两天销售额逾2 000万元，吸纳原本处于进驻中国市场迷茫期的众多国际品牌，与他们正式签署了首例入驻合约，变现了聚合能力。

虽然电子商务近年来发展得如火如荼，但国内线上销售总额也仍只占商品销售总量的7%，就算是美国，线上销售总额也只占30%左右，这说明大量的消费仍聚集在线下。7月份活动的新客增长情况，也进一步表明了建设线下实体店的必要性在于接触和获取潜在用户群，而非粗放地促进销售。“online-to-offline”线上 + 线下一体化的导购平台，能促进潮流服装行业的发展，通过不同平台对消费者需求数据收集和反馈的整合，不仅极致提升顾客购物体验，还能提供生产备货数据参考，实现后端供应链精准协同，这样做既能扩展线上渠道，也能提升品牌覆盖规模，有利于实现营销模式转型。

YOHO！有货已有在线下开设实体店的计划，最快明年可以实现。首家店铺将开设在南京，线下实体店一旦投入运营，YOHO！集团将形成集合平面媒体（《YOHO！潮流志》《YOHO！女生志》）、网络论坛（CN社区）、互联网媒体（APP以及节目）、线下活动（YOHOOD）、实体店五位一体的线上线下一体化模式，为消费者提供潮流资讯、营造生活模式、提供潮流体验，进而消化消费需求，打造潮流产业链的闭环，精准聚合消费者，提升用户黏性。

未来，YOHO！还会进行更多尝试，可能有慈善项目YOHOPE，甚至旅游娱乐项目YOHOLIDAY等，推出潮流旅游、潮流吃喝、潮流餐馆。依靠“潮流兴趣”聚拢“潮流”的人，为这群人提供包括潮流购物、潮流资讯、潮流分享、潮流活动的生活方式，以高比例的用户黏性、品牌溢价等组合轻松实现盈利，完全打造一个“YOHOSTYLE 潮流”生态圈，而 YOHO！有货也在这个生态圈中悄然生长。这种模式不仅可以避免价格战，防止形成竞争壁垒，还能保持较高毛利率，并且拥有稳定的客户群，在寡头格局的电商市场中站稳脚跟。

### 3. 洗衣服：e 袋洗的软肋在哪儿？

《2015 第一季度中国洗涤 O2O 行业发展报告》显示，现阶段洗涤 O2O 行业总营业额仅有 8 亿元，不足市场规模的 1%。泰笛洗涤以 75% 的月订单量高居榜首，而 e 袋洗的月订单量仅为 20%，e 袋洗究竟存在什么软肋以至于被对手牵着走。

随着产业机构的升级和城市化的发展，2013 年后中国洗衣行业每年均保持着 30% 以上的发展速度。截止 2014 年，中国已拥有洗衣店 100 万家以上，年产值超过 1 000 亿元。随着消费者习惯的改变，越来越多的人通过互联网解决生活的“衣食住行”，传统洗衣行业多年来一直未发生变化，行业也一直保持着无统一标准、无透明服务流程的状态。

以 e 袋洗为代表的 O2O 的互联网经营模式打破了洗衣行业的格局，从 2013 年 11 月成立初，不到一年时间估值已经达到 2 亿美元。在镁光灯的聚焦下，洗涤 O2O 公司的窘境也暴露在人们面前。

1）用户体验饱受诟病

调查指出，在用户满意度上泰笛的用户满意度高达 95%，而 e 袋洗的用户满意度则为 65%。洗涤 O2O 行业与其他行业不同的是，其更加偏向于服务，只有做好服务才能够在行业中长久发展。

以京东商城和天猫为例，京东商城采用自建仓库模式经营，而天猫将销售渠道下放给有资历的企业，前者相对在统一调配的同时却不能够为客户提供个性化服务，也很难满足客户的购买附属请求另外自建渠道需要大量的资金投入，影响企业的整体战略实施进程。e 袋洗也是如此，中央统一洗涤的情况下，难以满足客户的个性要求。

在洗衣的标准和员工操作制度上，e 袋洗也没有健全的洗衣标准。在洗衣的标准上，e 袋洗一直试图通过消费者反馈来完善行业制度，但是 e 袋洗又在客户投诉的问题解决上屡出诟病，这样的恶劣口碑势必影响企业的成长。另外，在员工选择方面，e 袋洗大多招聘 50～60 岁之间的中老年人士，他们只是简单地接受企业的相关培训和业务操作，相对实体洗衣店的员工专业来说相差甚远，所以也是频频传出 e 袋洗将客户衣服洗坏、洗缩水、干洗变水洗的情况。

e 袋洗的亮点之处在于“一个袋子”的“海纳”容量，夏天 e 袋洗的袋子可以装 20 件衣服。20 件衣服可能需要花接近 10 天来攒，再加上清洗的两天，客户需要有 12 件衬衫（或 T 恤）才能够等待这样一个周期。以两人来算，也需要 7 天，7 件衬衫（或体恤）能完成这样一个周期。一个袋子确实好玩不假，但有时确实也玩倒了客户。

2）本土品牌形成认知

很多本土品牌已形成区域性认知，e 袋洗异地扩张需要漫长的培育期。洗衣是一个本地属性极强的服务行业，一般用户在一家洗衣店接受服务，如果没有存在严重的质量问题或服务态度问题，基本上不会更换第二家店。当一个本土品牌在当地已拥有了多年积淀，并形成了良好的口碑，而另一个新品牌在服务上与本土品牌趋于同质化，在价格、服务、质量方面没有大的突破的话，很难占据消费者的心。

3）资源互补放着不用

e 袋洗追求的是产业的前后一体化，从一键下单、预约时间、上门收取、工厂洗涤、预约送回、洗好付款的过程，全部都是由内部完成的。虽然 e 袋洗实行了自上而下的地区战略布局，但是这种垂直化的运营模式造成的是资源的浪费、第三方监管的缺失，让企业大量投入资金的同时又不能保证合格的质量。而另一边，实体店产能过剩，低水平重复建设严重。就北京而言，有超过 1 万家的洗衣店（包括收衣店），品牌加盟店、直营店、个体自然门店混杂，品牌店之间及个体与品牌、个体与个体竞争无序。一方面是大量的流量资源，一方面是大量的产能资源，这些资源上的互补恰恰是 O2O 洗涤行业的机遇所在，可以说 e 袋洗与线下洗衣店的敌友关系只在前者的一念之间。前后一体化的布局对于 e 袋洗来说，尚且需要地区市场的逐步渗透来完成。

4）开启易模式，e 袋洗变或不变全在一念

简易：不断寻找最有效的运营、管理、交易方式。建立洗衣标准、服务标

准、赔付标准。建立完善的员工培养体系，收件员程序化，从收件检查到送件签收，所有程序需要规则化，并签订有效的认证。培养专业素质的洗衣队伍，流水线工作端编号扫描，实行衣到个人的管理模式。每条流水线配置洗前检索、洗后检查人员，将客户的附加要求及时处理和反馈。公司建立第三方管理小组，及时检查合作商户的操作是否合格，客户投诉的解决情况，上下员工的操作规范情况等。增加企业与消费者的互动，包括线上互动和地区性互动，把看不见的 O2O 洗涤业务落地，拉进与消费者之间的距离，戳穿本土品牌所建立的地方性认知壁垒。

不易：通过资源的整合，优化产品、渠道、人员配置等，将企业的成本降低。

变易：面对人力、物料、交易成本的不断变化，企业也应当采取相应的变化措施来采取积极应对。

**4. 买手制：热风 Hotwind，谨防“冷风”来袭！**

从一个草根出身的鞋类零售小店，到多品牌与综合产品混合经营的全国连锁店，从热风的二次换标，到如今迅速在全国扩展到 535 家连锁门店（热风青岛乐客城店如图 2.4.3 所示）。这其中的蜕变之路，端倪出热风的野心不仅仅局限于“时尚仓库”如此简单……但在热风的发展热乎劲头上，我们要说，谨防“冷风”来袭。

**图 2.4.3 hotwind 门店**

1）“买手制度”的轻资产运营

在产品方面，热风像是一个天资聪颖、慧眼独具的选购主妇，对产品的设计稍加改动，就移花接木成热风自身的产品设计。

热风从1996年创建开始就依靠“买手模式”运营，没有自己的工厂，甚至连固定的代工厂都没有，利用的是中国庞大的服装和鞋类生产基地的资源优势，通过买手在全球搜集时尚款式和产品，然后直接向工厂下订单，实现快速反应。被买手相中的鞋子出现在热风连锁店的货架上最快只需要15天的时间。同时，热风是直营线下渠道，省去了经销商、代理商等中间环节，利润不被层层剥削，所以热风在价格上取得了优势，平价，高性价比。时尚也是热风吸引消费者的最大法宝，这似乎与目前开发商推崇的快时尚模式有异曲同工之处。每到换季时节，热风公司的经营管理层会和采购部有一次重要的沟通，确定下个季度的采购计划，主要是对流行趋势以及总体数量、预算达成基本的共识，这其实就是热风的买手数据会。

2）迪卡侬+优衣库+ZARA+NIKE=热风？

热风的聪慧不仅体现在它的买手制度上，深究热风的成功之道，你会欣然地发现它不仅“大集合”了全球追风时尚名品，更是众多成功企业商业模式的集合体。“迪卡侬的直营模式、优衣库的自选模式、ZARA的产业链快跑、耐克的轻资产运营模式”，这些成功先进的商业模式都能从热风的企业探究出来。

可见，在商业模式上，热风更像是一位纵览全局、合理分配的男主人，其将成功的模式安排在合适的位置上，从而形成热风独特的商业模式。精准定位市场与品牌，低价时尚大众化。热风无疑在中国开创了以鞋类为主兼营服装、配饰的自选式服饰超市。

据了解，热风旗下拥有四个自有品牌——hotwind、Ned. Nedy、Londo Rode、Offcos。而目前热风的门店中，自有品牌商品占比达到了95%，这一比例未来还将继续加大。

3）半小时快速调货和30天无理由退换

为了减少库存的压力，热风单店的库存数目并不多，这无疑会让消费者在店面购买鞋子时经常遇到码数不全、缺货的问题。如何安排库存调度？如何提高消费者购买产品的速度？在这两大问题上，热风充分发挥了它的聪明才智。

热风门店里每位销售人员都会配置一只对讲机，若是需要货品调度与查找，一个简单的对讲机就轻而易举地让销售人员省去了跑去柜台询问的时间。对于产品的门店调度，热风会分区域的查询附近门店是否有货，基本上都是半个小时可以送达，而在上海送达的方式以地铁为主。

热风在售后服务的细节上也做足了工夫。为了建立良好的口碑营销，提高消费者的重复消费频率，热风坚持30天无理由退换、终身保修的售后制度。这种大胆的措施，无疑会给热风带来一些滞动力，但却增加了品牌附加值，赢得了更广阔的销售空间。

4）还要大肆扩展线下渠道？

热风的迅速发展，也充分证明了“渠道制胜、终端为王”观点的无比正确性，热风是近代企业建立渠道的最大法宝。

现阶段，居民收入水平的提高、城镇化进程的持续推进，加上潮流信息在网络上迅速传播，时尚产品是未来服饰行业增长的主力，市场空间仍然很大，竞争也相对缓和，但随着网购时代的到来，人们的消费习惯也在随之改变，线上的消费数据不断刷高新纪录，而传统的销售渠道的销量在不断的下滑，商业地产价格持续上涨将加重渠道终端的资金压力，而品牌渠道下沉加速引致竞争加剧，线下门店不断出现“关店潮”。

正在此时，热风虽然在淘宝、京东等大型平台电商上都设有销售平台，但从线上的销售量与推广力度的程度来说却不高。热风选择继续向二三线城市扩张线下销售店面，其在2012年9月份门店达350家，截止到2013年10月，在全国店面数量已扩张到535家。这样的渠道扩张在近几年仍能保持消费量，但根据现代消费趋势的改变，互联网终究会取代线下渠道为王的时代，热风是否该将渠道的建立防患于未然？

5）将“买手制度”一路走到底？

“买手制度”有利于很好的发挥“轻资产”的运营模式，但是它确是一把双刃剑。

“买手制度”可能会导致：

（1）对时尚流行趋势把握不准导致存货增值风险。

（2）一味地模仿一线的时尚产品会沦为山寨品牌。

（3）粗糙地对国际时尚单品进行设计修改会降低品质。

（4）不能在产品的设计上拥有自己品牌的特色。

（5）买手将精力花在选购与订货中，无暇顾及产品质量。

（6）不能跟进消费者的反馈意见。

“买手制度”的建立让热风快速赢得了细分消费群的拥护，但在另一面又阻碍了热风向“时尚仓库”的发展。建议热风在产品设计方面：

（1）可以与知名时尚设计师合作推出一些独特设计的产品，这些产品可以跳出低价的概念，每季度推出一款明星产品。

（2）可以举行大众的设计比赛，从选手的设计中获得更多的时尚元素。

（3）可以在买手环节后组建一支设计团队，让热风的产品不只是简单粗暴的改良产品。

将热风的新产品设计在传播上进行精准的推广宣传。可以与各大时尚杂志、时尚网站、时尚节目合作，低价进行软传播。运用各种方式将热风从模仿者中脱离出来，将热风打造成为时尚的引领品牌。

6）让产品回归本质

企业想做成百年品牌很大一部分原因在于企业的产品是否一直具有吸引力。可口可乐于1886年在美国乔治亚州亚特兰大市诞生，直到今日还如此辉煌，除了可口可乐的商业模式外，它的产品一直都是它最大的卖点。

热风将它的消费人群细分在18～30岁，18～22岁还是一个追求款式的阶段，22～30岁的男女性就非常在意产品的质量了。笔者做了一个简单的小调查，找到了20位热风的顾客，大部分顾客都反应鞋子的舒适度不高。产品质量的缺陷导致细分的消费人群在不断的流逝，热风在鞋子的研发力方面是否可以建立一个研发中心，学习迪卡侬以人为本的设计理念，增强鞋子研发的科技优势？热风是以鞋类为主带动服饰产品进行售卖的品牌，但服饰的质量也是消费者考量热风的重要元素，热风是否可以对布料及剪裁进行优化，提升热风的产品价值？

纵观热风的现状，简单地分析了热风未来需面对的问题与挑战，热风在大肆扩张线下渠道的时候，可以冷静下来思考一下，是否应为公司设定“管理年”，深化内部管理、产品、研发力，主动调缓一下外延速度，以时间换取未来3~5年业绩持续增长的空间？热风，在如此成功拓展渠道的同时，也要注重渠道未来的发展趋势及消费者对产品的体验，谨防冷风来袭。

### 5. 跨电商：Lativ 米格，不做老大的电商逻辑

Lativ 米格的商业模式的出发点在于牢牢地聚焦在了“台湾地区” + “主流服饰”两个关键词上。其中“台湾地区”是 Lativ 米格商业模式的基石和出发点，几乎所有的模式设计紧紧围绕着“台湾地区”四个字来展开。而“主流服饰”则是 Lativ 米格精心营造的品牌核心价值，通过产品设计、价格区间和品牌形象打造形成了其非常鲜明的品牌辨识度。

Lativ，中文名米格国际，堪称近年来电商界的一朵奇葩。成立于 2007 年的这家服装电商企业，在成立当年的营业额仅 1 000 万新台币（约 213 万元人民币），次年营业额增幅达 1 000%，第三年营业额已经达到了 3.7 亿新台币（约合 7 900 万元人民币）。而到了 2011 年，Lativ 成衣销量高达 1 400 万件，营业额已经超过了 40 亿新台币（折合近 10 亿元人民币）。Lativ 的商业模式为什么能获得每年近 10 倍的发展，这中间究竟有多少奥秘？这是非常值得探讨的。

Lativ 的商业模式，锦坤品牌研究院认为其最大的成功关键不是其产品如何精致，不是价格如何低廉，更不是运作如何高效，而是其定位的精确和聚焦。

1）定位：以台湾地区为基石，以主流服饰为品牌基调

Lativ 哪也不去就在台湾地区，而且就满足台湾最主流的 25~45 岁的城市工薪消费人群。看上去这个人群的年龄层次跨度大，但是这群台湾地区的消费者不仅审美和消费习惯一致性非常高，更代表着台湾地区的主流消费人群的习惯。而其“主流服饰”的品牌形象，也正是建构在这群消费者身上：一方面，满足了这些消费者的需求，就代表着满足了台湾地区主流社群的需求；另一方

面，针对这群人的生活习惯和消费需求所定义和营造出的卖点和特性，也充分地体现了其“主流性”。

2）产品：台湾地区制造 + 少款式 + 低价

Lativ 也正是在满足和升华这群消费者需求的基础上，构建了产品乃至企业的卖点，使得其品牌非常符合其定位且特点鲜明。

“纯正台湾地区制造”，Lativ 承诺所有的产品都是在台湾地区生产的，一方面满足的是消费者对于质量的潜在追求（台湾地区消费者认为“台湾地区制造”是“质量可靠”的代名词）；另一方面，这一卖点暗中隐含了台湾地区的消费者对乡土的热爱情绪，这种情绪给 Lativ 加分不少。

Lativ 不追逐时尚，而是销售常年畅销款。举个例子，Lativ 的男士长袖 POLO 衫有 28 个 SKU，所有 SKU 的基础设计完全相同，只是颜色和花纹不同。这些款式每年都不会做大的调整，只在现有款式上做微调，这种类似于优衣库的产品线策略被证明非常适合台湾地区主流的中产阶级社群的混搭生活方式。这也使得 Lativ 不必每年花心思在追赶潮流上，而可以把精为放在产品质量的控制上，更重要的是这些主流款式让 Lativ 整个产业链的运作处于相对稳定的状态，减少了因为新成员、新环节的加入造成的磨合成本。

对于近年来收到连续不景气经济影响的台湾地区的家庭来说，“低价”的吸引力无疑超强。Lativ 的产品即便全部在台湾地区生产，其价格仍旧能控制得比大陆同行的价格更低。一件类似款式的女士羽绒外套价格在人民币 266 元左右，而凡客的类似产品为 299 ~ 509 元。Lativ 一件长 T 恤折合人民币不到 30 元，这个价格甚至在大陆都是非常有竞争力的。Lativ 之所以能做到如此低价，其一当然是 Lativ 产品线宽度控制得当，使得产品的采购数量稳定、经验曲线达到了较低点，也节约了很大的设计成本；但更为重要的是，Lativ 没有投放大量的广告，也没有在物流上投入大成本，没有了建店、宣传、物流三块巨大的成本费用，价格上自然更从容。

3）运营：扎根于台湾地区市场特质的运营模式

从运营模式上，Lativ 完全根据自己的定位和台湾地区的市场特征来构建起核心优势和外包业务模式，简单而言就是有所为有所不为。有所为：网站运营、营销、产品线控制和客户服务；有所不为：广告、生产、物流。

Lativ 是一家纯粹的电商企业，围绕着电商，Lativ 将大量的资源投入到网站的运作、产品质量控制、口碑营销、外包商的关系维护和客户服务上。产品的设计、价格、质量这里不再赘述。在网站方面，Lativ 的网站设计简洁明快，架构上完全围绕消费者的购物习惯展开，二级页面只有 MEN、WOMEN、KIDS、STYLE 四个，让消费者进入网站后非常方便地寻找到自己想要的商品。所有的商品页面，则用了大量篇幅介绍每款产品的每个细节，甚至还包括了如何搭配不同的服饰，非常符合当代宅男宅女们的网络购物习惯。而在页面的颜色和模特的选择上也非常精致，台湾地区的模特是其网页的主打，同时搭配长时间浏览也不会眼睛疼的渐变灰。这些细节的配置使得整个 Lativ 的网站呈现出非常亲民的风格。

更为重要的是，Lativ 在官网上详细列出了各种问题的自助解决方案，每个问题的解决方案里都会详细列明在各种情况下的处理方法，这些处理方法处处体现了台湾地区市场所需要的服务态度和服务精神。举例而言，Lativ 的退换货一栏中罗列了 10 个问题，以 Q&A 的形式帮助消费者快速检索（参见图 2.4.4）。而在一些重要问题上，比如退货需要用纸箱包装，Lativ 还通过直观的纸箱尺寸图片来协助消费者更好的处理退货（参见图 2.4.5）。

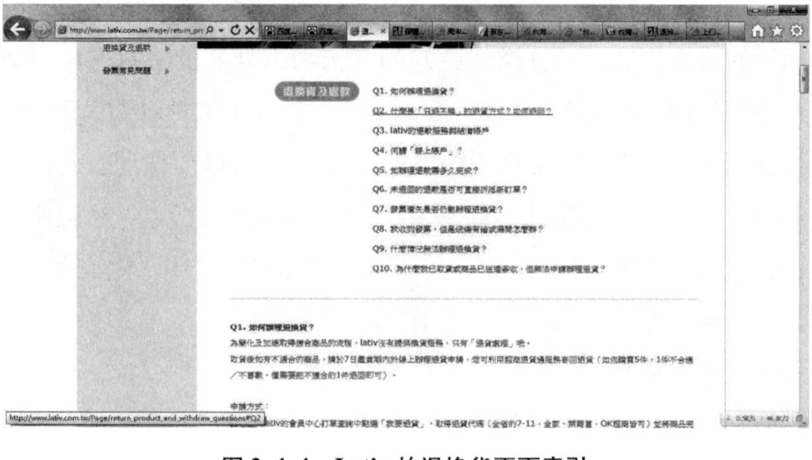


**图 2.4.4　Lativ 的退换货页面索引**

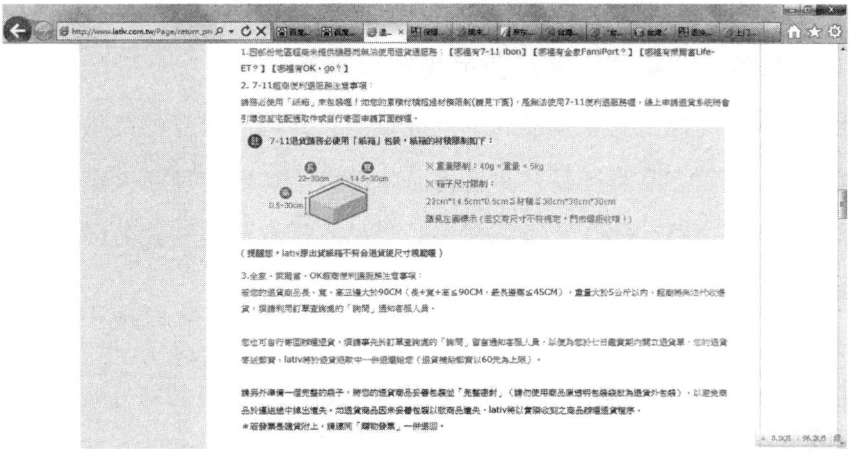


**图 2. 4. 5　Lativ 的退货纸箱规格要求**

相比之下，虽然凡客等大陆电商企业的说明也在不断完善，但更多的是站在自身角度来说明，在细节把握上和 Lativ 还有不小的差距。

Lativ 网站的运作，完全基于满足台湾地区消费者挑剔的消费习惯。相信 Lativ 在其网站运作上投入了大量的人力和物力。

在传播方面，Lativ 没有选择广告拉动的传播模式，而是选择了依靠低成本口碑传播来造就品牌的宣传模式，这又和其立足台湾地区的定位密不可分。首先台湾地区相对封闭，市场信息传播非常快；其次台湾市场比较成熟，广告更多的是起到提示的作用，而不是引导的作用，口碑的作用明显更高。在台湾地区一个比较有特色的东西很快便能传遍全岛。而 Lativ 正是借助了这种特性，着力于口碑建设，将宣传寓于产品和网站细节打造上，既节约又有效。腾讯科技报道其网站重复购买率在 80%，直接说明了其效果。

而物流外包更加体现了 Lativ 基于台湾地区的战略特色：充分借助台湾地区强大的物流网络，构建多方面的物流体系，达成速度和成本的平衡。Lativ 充分借助台湾地区强大的第三方物流系统和遍布全岛的便利商超系统做物流，岛内保证第二天就能送货到家，同时物流全部外包，不必自建 DC 仓，大大减少了物流投入。

可以说，根植于台湾地区，让 Lativ 在运营方面更大胆地外包了不擅长的部分，而专注于自己需要专精的地方。

**6. 混品类：北极绒，多品类品牌授权商？**

北极绒为了在混乱的竞争格局中突破重围，并巩固自身的市场地位，转向多元化发展，经营多品类产品，并且将品牌授权给加盟代理商以谋求更好的企业和品牌的发展之路。那么北极绒在多品类品牌授权商这一代名词下，如今是否已经获得了一个更好的发展呢？

1）北极绒＝多品类品牌授权商

北极绒在2003年初确立了迎合不同消费人群需求的多品牌战略。目前，其发展已经涵盖内衣、家纺、男装三大类共计几千个品类，销售渠道网络覆盖全国28个省、市、自治区6 000多个终端。北极绒与婷美成立暖卡联盟，有效利用暖卡的技术和品牌优势，强势组合，以北极绒为旗舰，莫代尔为侧翼，高科暖卡、NK暖卡等品牌，围绕电商、商场、超市、专卖、加盟连锁等新老领域，加强拓展和品质提升，实现业务多元化和商业模式的创新完善，通过打造品牌的核心竞争力实现品牌长青发展。因此用多品类品牌授权商来形容北极绒再合适不过。

2）多品类经营为企业带来的“福利”

从发展的角度来看，对于小企业而言，在发展初期，首先要着手于单一产品的生产，打造出自己的热产品，当企业发展壮大之后，再继续走单一产品的道路，这种模式已经很难再维持企业的发展需要，此刻应该横向发展，经营多品类产品。实施多元化经营战略不仅仅是企业发展的必然趋势，同时也能够有效地分散企业的经营风险，能够充分挖掘企业经营资源的潜能，获得资源共享带来的好处。此外实施多品类经营战略，能够确定新的经营方向，培育新的利润增长点，也能够拓展企业的发展空间和领域，帮助企业实现战略性转移。多品类产品经营可以使企业根据自身条件及外部环境的变化，在多个产品、多个市场范围内灵活地调整生产结构和产业安排，从而增强其市场适应能力，同时也有利于企业与其他企业之间的联合、协作与交流，尤其能使企业具有更广阔的生存和发展空间。

3）多品类经营同样无法十全十美

虽然多品类经营战略具有上述种种好处，但它也可能给企业带来一些风险。要想企业实行多元化经营，一定要具有特定的条件，有些盲目地实行多元化经营的公司往往会陷入更大的困境。伴随多品类经营而来的是对企业规模经济，以及企业的资金成本、企业资源等方面的影响，容易分散企业有限的经济资源，使管理复杂化，造成管理质量的下降以及企业经营管理费用的增加。

所以实施产品多元化要正确选择战略目标，要有稳定且具有优势的主营业务。企业多元化经营失败的根本问题在于片面追求规模扩张，为多元化而多元化，成功的多元化发展之路要求企业必须具备一定的多元化推行条件。稳定且具有优势的主营业务是多元化的前提，众所周知，北极绒的保暖内衣是最具优势的主营业务。充分的市场分析、正确的多元化发展方向是多元化经营的基础。

总之，多元化经营是一把双刃剑，用得好，它将为企业创造利润，用得不好就成了企业的陷阱。没有放之四海而皆准的公司经营模式，每个企业都要依据企业发展战略和现状来确定自己的发展方向，做到既要扩大规模，又要尽量规避风险，培养自己的核心产品，真正把企业做大做强。

4）做好品牌才能有更好的品牌授权

老保暖内衣企业早已出现“钙化”，管理、架构等僵化，需要重新调整。北极绒这个品牌，有的是知名度，缺的是品牌的内涵。在品牌知名度方面，南极人一点也不输于北极绒，同时红豆、恒源祥、纤丝鸟、三枪等都拥有较大的品牌知名度。所以品牌的塑造与提升才能使品牌为企业和产品的长期市场目标服务。北极绒旗下有两个品牌，一个是北极绒老品牌；一个是暖卡。所以一方面是走大众保暖路数，强化保暖功能，形成品牌依赖感。另一面，北极绒可以着力打造第二品牌——暖卡。暖卡在品牌定位上渐趋年轻化和时尚化，扩大消费群体，抓住当下年轻人这一消费群体，解决他们的顾虑，形成保暖和美丽两不误的品牌印象。

希望北极绒在多品类品牌授权商这个光环下，借其品牌内涵、丰富的产品品类、成熟的经销商体系、标准化的连锁经营模式等来发展自身，不断寻求一个更好的发展之道。

### 7. 会员制：懒人管家，真是让懒人买单吗？

懒人管家选准了高端男袜的细分蓝海市场，且有品质的保证及独到的营销方式让懒人管家迅速成为细分王。但懒人管家的品牌建设及渠道建设面临很多问题，如何将好的产品带到消费者面前，在互联网时代是极容易又不容易的事，懒人管家还需要把产品内功和渠道内功真正做到极致才可能会成为极致的品牌。

“网络上最贵的男袜品牌‘懒人管家’，如果您在穿美国 CK 和英国 Byford 的男袜，请记住，我们是他们的竞争对手”。这是懒人管家的新浪微博的简介，简洁明了的信息让我们不禁好奇懒人管家这个不通过广告营销，没有先做渠道的中高端袜业挑战者背后究竟有何奥秘？

1）懒人管家，真能管好那些懒人吗？

尽管懒人管家选准了蓝海市场，且有品质的保证及独到的营销方式，但却仍然仅为极少数人知道，这背后究竟是其市场定位的问题，还是其发展过程出了问题？

懒人管家关注中国袜业市场，在中高端市场上出了 Armani、CK、Boss 等大牌服饰推出的高端袜子，借助品牌本身的溢价，延伸市场。同时也与懒人管家定位及发展方式极其相似的爱优恩和盟狮图的发展又有哪些相似与不同呢？

爱优恩，晋江袜业品牌，立志做顶级抗菌贴身衣物。AUN 来源于英文单词的 Action、Unique、Neat，分别代表了行动、唯一、纯净。爱优恩成立于 2013 年，以纳米银改良袜业生产技术，七天防臭，更增添治愈脚臭的功能。定位与中高端商务男袜市场，均价 20 元/双。爱优恩早期的营销方式与懒人管家别无二致，送出 5 000 双袜子给目标客户群体，通过口碑营销迅速扩张。至此爱优恩和懒人管家已经开始拉开差距，同样的防臭袜，同样的定位人群，爱优恩的袜子是懒人管家袜子价格的一半，体验式营销送出的袜子是懒人管家数量的五倍。

在后续的发展中，爱优恩的官网、天猫、京东销售迅速跟进。2014 年 4 月 25 ~ 28 日，爱优恩在深圳国际礼品及家居用品展览会上亮相，以“世界首创银袜”为主题，展示最佳订制礼品，受到了海内外采购商的热情关注。爱优恩（AUN）纳米银抗菌防臭袜总裁春夏系列作为礼品的一员登上国际舞台。2015 年，借助微商营销，短短几个月发展了 2 000 多名经销商，同时电商平台也取得了销量破千万的佳绩。

对比于做技术起家的李洪波，爱优恩的老板吴家淡是电商起家。在同样的定位下，拥抱电商市场，且及时推广打出立志做中国袜业加多宝的口号。采用热产品的营销方式，并适时对接线下市场，在昆明万达等地开实体店铺。

对于和自身定位极其相似的爱优恩，懒人管家输在了渠道建设、营销推广上。另外一个典型的袜业品牌案例即盟狮图，那么盟狮图又有何值得借鉴的呢？

盟狮图专注于做男袜，做时尚界私人订制级的商务男袜。华尔街有名言：袜子反映了一个男人的修养和品位。在品牌塑造上，盟狮图有其标志性的言语“最吸引女人的是有故事的男人”“男人的袜子很少有人看到，就犹如他的故事”。优秀的广告文案，让盟狮图的气质与品位了然于心。其 Logo 也是别有深意，如图 2.4.6 所示。

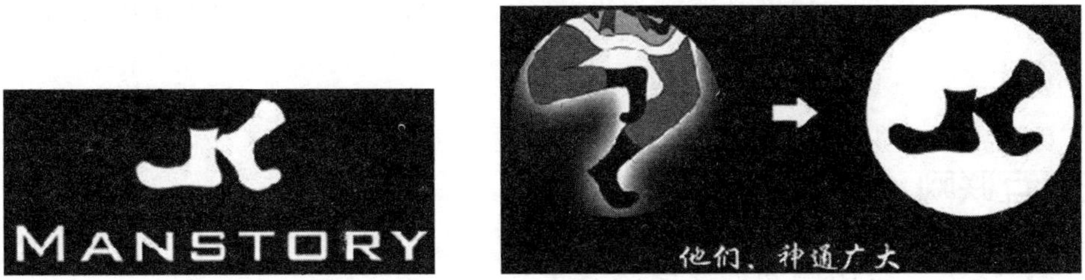


**图 2.4.6　盟狮图的 Logo 及方案**

2）懒人管家，离第一品牌还有多远？

相对于品牌塑造，懒人管家做中高端防臭男袜，但并未在中高端男袜上做文章，而在防臭上，因为不臭，所以可以懒，其逻辑让人无法理解。

对比以上两家典型袜业发展，懒人管家存在的问题跃然纸上。

（1）营销乏力，渠道没跟上。

懒人管家以其宣传上的精准定位到达顾客，获取第一批客户，通过口碑宣传实现销售。但是当市场认可度逐渐提升，懒人管家缺乏进一步的宣传造势。多样化的宣传、渠道的建设完善在产品知名度扩张后应及时跟上。

官方网站、淘宝专卖店、新浪微博、微信公众号应及时推出，并建设得更有优良的客户体验感。懒人管家几大平台均在运营中，但是销量皆反响平平，没有做足客户体验，且并未领悟互联网作热产品、病毒式营销的核心。

（2）品牌与销售产品关联性不够。

懒人管家的广告传播主要聚焦在产品上，如同踩在棉花上的感觉。如何实现提到懒人管家就想到高端棉袜，如何让消费者接触懒人管家就形成品牌记忆，这些都需要建设更强的关联性。如何实现品牌名直接对接高端商务男袜，打造有气质有风度的品牌形象，建立消费者品牌认同度，在名字、广告与及页面设计上都大有可为。

（3）产品未做到极致。

爱优恩做商务男袜，推出总裁袜。懒人管家的袜子有商务袜、运动袜、情侣袜、母亲袜。从商务袜上横向拓展，方向出了问题。深耕市场，做到商务袜极致之后，再延伸是更好的选择。

懒人管家的品牌建设及渠道建设若不能及时改进，未来的市场份额将是岌岌可危。

## 三、互联网+住

### 1. 找房：搜房网为何变身房天下?

战略转型，标识先行。中国移动、华为、联想等一干大企业，在其启动战略转型的同时，也将标识进行了更换，采用与之战略相符的标识，也将企业的新形象展示给用户。正因此道，搜房网更名为房天下，然而搜房网的战略究竟意欲何为?

房地产的“黄金10年”已经过去，现今正经历着到“白银10年”的转变，一股急需变革的浪潮急涌而至，伴随着互联网时代的到来，这种变革也变得迅速起来。在这种变革的大趋势之下，搜房网则成了领先的破局者。

2014年7月，搜房在庆祝15周年成立之际，做了两件大事，一是将搜房网原有域名 www. Soufun. com 正式更名为 www. fang. com；二是与中国最具影响力的两间房地产代理公司签署战略合作协议，正式入股世联行和合富辉煌。这两个重要的举措也标志着搜房网正式确定了去“搜”向“房”的战略转变。

1）平台一体化战略布局

搜房网在创立之初即推出“Everything home online”，然而在这次更名之后，更是整合了信息平台、交易平台、金融平台这三大平台，也正式确立了“资讯媒体平台”到“交易平台”转型，真正升级到“一切与房屋相关”的互联网服务平台。平台一体化的战略，可以极大地整合房地产资源，简化购房流程，降低中间成本，透明公开的房源数据资料，提供快速高效率的服务，让用户获得更好的购房体验。

2）产业链资源生态整合

搜房网原有的资讯平台包含土地、新房、二手房、公寓、写字楼等所有与房产相关的资讯信息，在转型为交易平台的同时，开拓了新房和二手房买卖、租房交易、房屋装修等与房产相关的产品品类，实现了房产产业链的全面整合。搜房网在针对短租项目市场，建立单独品牌游天下，通过资源的合理整合利用，创造出多方共赢的新价值。在整合产业链资源的同时，针对用户在原有模式下的购房痛点也进行了适当的改进，为客户提供更优质的服务。

3）移动端口全线发力

房地产互联网生态圈进一步成熟，搜房 PC 时代的垄断地位一直稳固，而移动时代的到来，要求搜房颠覆 PC 时代的思维模式。搜房网针对用户需求的不同开发出多款 App，包括搜房帮、租房帮、装修帮、游天下短租网等多款 App，然而这些 App 又统一整合在搜房网 App 内，这样可以有效地避免客户因为功能的缺乏及专业度不高而造成的流失，完善了搜房网在移动端口的布局。

用户在新的互联网时代越来越有主动权，越来越有话语权，因此用户体验就变得越来越重要。搜房网虽然以先入为主的态势打造了房产一体化平台，但房多多、吉屋网等网络平台，以及链家、中原等中介平台也都在积极跟进，结合自身特点打造各自的房产平台。搜房网在市场竞争如此激烈的情况下，只有专注于体验，服务好每一个用户，才能够在众多的市场跟进者中立稳脚跟，掌握房产领域的话语权。

### 2. 租房：房真真，能否驾驭真实？

随着市场的不断深化发展，房真真是否会一直这么勇敢地引领真实？政府会借助这次房真真“真实”之战来重新整顿房地产目前的混乱市场状况吗？我们也期待房真真能用自己的“真实”来掀起房地产市场的去伪存真之风，为自己的市场驰骋出一条真实之路。

1）号称找到世界上唯一那号房

“房真真”平台将根据房源基础信息建立楼盘字典，楼盘字典信息包括：房源所在区县、板块、小区、楼栋、房号、房型、面积等，形成数字化房源信息库，与实体楼盘一一对应，并将之映射至百度地图上，从根源上杜绝了重复房源的产生。此外，平台上房源共建部分，经纪人和租客或购房者作为此框架下的有力补充将完善楼盘字典的相关信息，经过“房真真”审核后上传，形成互相制约的约束机制，杜绝假房源的产生。对于经纪人，可通过楼盘字典，找到自己所拥有的房源区县、小区、楼栋、房号，将租售信息发布在“房真真”平台上。而租客或购房者可在“房真真”平台上通过筛选条件，找到满足自己所需的全世界唯一的那间房，并直接联系经纪人，以网上所见即实体所得，一一对应的方式确定自己心仪的房子。

房真真这样精确的“房源身份证识别码”和严格的房源审核机制能否让整个房地产市场往规范、真实的轨道发展呢？房真真能否“驾驭”房地产为自己驰骋出一条发展之路呢？这样的武器会不会太单薄？

2）拒绝“毒瘤”，以“真”为药

房地产的互联网思维早在几年前就有很多企业在尝试了。因为房地产是一个垂直性较强的产业，所以它的发展基于一定的数据支撑。

目前在房地产互联网思维做得较为成功是房多多。截止到2016年房多多已经在68个城市落地，与50 000余家优质经纪公司达成战略协议，覆盖全国100 000余家经纪门店，在线经纪人逾600 000人。合作开发商包括万科、绿地、保利等在内的众多一线品牌房企，合作项目达2 000多个。在幅员辽阔的疆土上，房多多自然生财有道，为此房多多上线了一系列产品，包括房源宝、房点通、客多多、房多多经纪人、房多多等多款App，这样可以更好地服务开发商和房产经纪人。通过这种多平台效应，更好地实现了“一二手联动”，并且把“一二手联动”业务规模化，这些都是房多多的有利之处。在市场全面试水过后房多多的下一步是提高平台转换率，而这一点正是房真真目前深耕细作的。所以房真真的互联网思维发展就更应该稳抓房地产未来发展趋势，不断提升平台的转化率，以3.0的口碑营销模式来为自己开辟新路径。

互联网思维化发展的房地产主要是守住两个阵地：一是不断深化市场“精需”要求；二是不断扩大市场“刚需”广度。

（1）去伪存真，深化市场“精需”。房真真平台根据房源的基础信息建立“楼盘字典”，把所有楼盘的相关信息形成数字化房源信息库，与实体楼盘一一对应，这样杜绝了重复房源，并且有严格的审核机制，避免了虚假房源的出现，与目前市场上的混乱房产信息形成鲜明的对比。有时我们在网上看到一套适合自己的房子，打电话过去询问，就发现那套房源已经没有了，然后中介或是系统就会为你推荐所谓合适你的房子，等到实际现场一看，让你大失所望，或是网站介绍和图片让你十分满意，实际一看却让你大跌眼镜。实物与图片严重不符，出现这些情况都会让网站的用户不断减少，也导致交房成功率一直很低，而房真真却是以高信用度的平台实力来不断吸引用户，增加用户的平台黏性。房源信息包括其所在的区县、板块、小区、栋楼、房号、面积、朝向、新旧程度等这样完备的楼房字典。需要寻找房子的房客可以根据这些详细的信息快速准确地找到符合自己需求的房子。这样节约了人力和时间成本，也提升了交房的成功率。

（2）广向发展，扩大市场“刚需”。2014年11月，上海房真真信息技术有限公司正式在上海股权托管交易中心中小企业股权报价系统挂牌上市。这次上市迅速扩大了房真真的企业品牌知名度，提升了其品牌形象，也加深了公众对房真真平台的认知。房真真房产信息发布平台利用其数字化科技，完整规范地制定出了楼盘字典。租售信息一房一号一价，避免了虚假和重复房源，提高了房源的真实性和交易的成功率。形成了用户、经纪人、开发商多方共赢体系。房真真挂牌上市也意味着它可以拓宽融资渠道，为其解决融资困难，抓住企业发展的新契机。房真真挂牌上市后，就可以直接进入资本市场，用自己的特色模式和发展空间来吸引风投，获得更大的资本融合和注入，为企业的下一步战略发展打下坚实的基础。还可以和多方进行深度合作。争取实现客户、经纪人、开发商的更大利益的获得，不断扩大市场的供给，满足市场的刚性需求，形成新的刚性需求，达到市场的最大转换和升级。据统计，目前“房真真”上海站已经上线，现已入库楼盘字典数据有：上海市的1万多个小区，小区内有楼栋数4万栋，有房号的房源套数40万套，为了方便租客或购房者获取更准确、真实的房源信息，“房真真”将继续完善上海市房源基础信息库，并陆续向全国其他城市扩展。

3）政企合作力挽狂澜

目前房地产市场已经有许多的负面消息，如崩盘、拐点、泡沫、降价论等。房地产市场虽然看起来蓬勃发展，但是其中存在诸多隐患。再加上我国二手房市场起步较晚，发展过于快速，导致我国的房地产市场发展不平衡。随着我国房地产互联网化的不断发展，很多房产网站开始形成一定规模的运作模式，在线房产信息的发布和数量不断增多。网站上的房源数量不断增加，交易规模也不断扩大。又因为房地产经纪机构规模小、经营行为不规范、人员素质偏低、行业诚信经营状况令人堪忧等不容忽视的问题，使得网站的房屋交易环境变得复杂，存在很多弊端，风险加大。

政府要从政策上加大对新开发楼盘和市场二手房的政策管理力度，从法律层面上杜绝假房源和重复房源的出现。加大科研力度的支持，对互联网房地产也进行更高的力度支持。地域性开放的加大推进力度，再对除上海外的其他地区也加大楼盘字典的建设。在人力、资金、技术方面对房真真平台提供必要的政策优惠，帮助房地产互联网的有效规范化，真实化。

4）“扩中介化”的逆向发展

中介是房产的中坚力量，这是不可否认的。现在社会宣扬的“去中介化”实际上是不懂房产市场的门外汉的主观论断。二手房的过户程序之复杂，如果没有房产中介，这个市场会比现在更为混乱和无序。“去中介化”派认为中介在搅浑房地产市场，并且从中牟利，笔者不否认有部分中介存在这样的现象，在市场经济的今天，我们不能去逃避市场竞争带来的恶性现象，所以笔者要宣扬的不是“去中介化”而是“扩中介化”。首先要明确一点，房地产的后续市场的潜力是非常巨大的，而能够直接把房地产后续市场的受众转化为直接消费力的群体就是与客户零距离接触的中介们，所以我们应该“扩中介化”，利用中介的第一消费市场特性来引导消费者进行房产的后续消费，为平台带来更为丰富的消费群体。

每一次的改革或变革伴随而来的都会有质疑和掌声。我们之所以对事物各执己见是因为我们真的在思考，思考这个举动会让我们生活得更好。房产是目前中国人民最在意的也是最愿意为之买单的事物，房真真平台用其自身的科技优势建立了楼盘字典，使每一处房源都拥有自己的身份证代码，不断纠正目前市场上的假房源、重复房源状况，重新给消费者带来信任。

**3. 卖房：房多多，何以卖房多多多？**

按照房多多创始人段毅的说法，用移动互联网的方式、方法、思维逻辑，重新定义中国新房和二手房的交易流程。房多多就是要帮助房产交易中的每一个角色回归到他这个角色的本质。互联网思维加剧了行业回归商业的本质。

房多多创立于2011年，目前拥有员工3 000余人，其中产品、技术团队成员占比逾20%。截止至2015年第一季度，房多多已与全国5 000余家优质经纪公司达成战略合作，覆盖全国50 000余家经纪门店，在线经纪人逾500 000人。房多多与包括万科、绿地、保利、中海、龙湖等在内的众多一线品牌房企展开合作，合作项目达1 000个，平台交易额屡创新高。房多多还推出了O2O超级平台——房商平台，向全行业免费开放所有技术和产品，借此打造开放合作、共生共赢的行业格局。

房多多是国内一流的互联网房地产整合服务平台，作为迅速崛起的行业新生力量，成功践行着地产行业O2O模式。秉承“让买房、卖房更爽”的使命，致力于为开发商、经纪公司、买房和卖房者搭建高效、可信赖的房地产营销服务平台，是提供真房源、真服务、真交易的真电商。

房多多运用先进的大数据技术把移动互联引入传统产业的核心环节，颠覆了传统房产电商的广告投放模式，重新培育行业生态结构，为经纪公司提供真实房源与优惠，为买房卖房者提供最优选择、最好服务与最快成交，带来极佳的线上线下全方位用户体验。

作为迅速崛起的行业新生力量，房多多通过移动互联网工具，为开发商、经纪公司、买房卖房者搭建了一个高效的、可信赖的 O2O 房产交易服务平台，是一家坚持真房源、真服务、真交易平台战略的房产电商。

2014 年，房多多进军二手房市场，并将此作为公司2015 年重点战略布局领域，加速推进。房多多二手房平台首创了经纪人信用评价体系，通过 100% 的真房源和海量的在线经纪人服务，房多多为购房者提供了多样化的选择和专业的服务，帮助业主实现了高效的交易。目前二手房业务已扩展至上海、北京、广州、深圳等十个城市，赢得平台三方高度认可。

2015 年初，房多多正式布局基于真实的房产交易的互联网金融，打造房多多金融服务平台，推出基于买房卖房者、开发商、经纪公司经纪人等用户需求的互联网金融服务产品。

目前，房多多已覆盖包括北京、上海、深圳、广州等在内的全国逾 50 个城市，并且仍在迅速扩张中，其创新模式与平台思维赢得业界高度认可，在房产 O2O 领域持续领跑。

房多多在发展过程中，经历了哪些，何以领跑国内房产交易及租赁市场？

房多多经历了 3 次蜕变过程。

（1）放弃既得利润，有所为有所不为。

房多多最终决定做平台，为每个角色、每宗交易提供系统支持和服务，同时定义一系列规则，以保证大家都能够在一个生态系统里面繁荣共生，而房多多保证不参与任何一笔交易。

（2）打磨产品。

传统企业想转型互联网，创始人必须把自己变成一个产品经理，这个产品经理不是让你一定变成乔布斯或者马化腾，那个需要很长时间的修炼，但是你可以变成更懂你用户的产品经理，或者把精力放在产品上，要和产品经理融在一起，通过与用户的深入接触，来了解用户的真实需求。

（3）对人的改造。

对于重度垂直的 O2O 这是最难的。一方面要依赖来自传统企业的精英，他们有经验，对行业有深刻的理解，有行之有效的做事习惯，但这些既是财富又是包袱，会阻碍企业向互联网转型。如果我们不去更深层次地思考我们到底应该给用户带来什么，如何让我们的效率能够提高，如何让整个行业的交易成本降到更低的话，我想我们所有的认知都会成为我们生存的障碍。

要改造他们、为他们植入移动互联网的基因，这样才能提高整个内部的效率，进而打造效率更高的平台，让用户体验到更好的产品。

**4. 装修房：齐家网，装修真的像喝茶一样简单？**

齐家网从2005年3月开始起步，经过8年的努力，2013年已经成为年平台交易额达200亿元的建材装修行业电子商务龙头企业，齐家网凭什么获得行业老大的位置，个中的秘诀究竟是什么呢？装修，真的可以像齐家所说的那样，像喝茶一样简单？

“让装修像喝茶一样轻松”，这是齐家人的梦想，更是齐家人的使命，这是由齐家的CEO邓华金董事长提出来的。然而，面对着新兴势力的蠢蠢欲动，老牌劲旅的攻城拔寨，整个装修市场有种山雨欲来的氛围。

喝茶是轻松的，但是并不简单！什么时间，在哪里，与谁，什么心境下，用什么茶具，泡什么茶叶，个中自有讲究。那么，作为对传统家装行业的颠覆者，齐家网都做了哪些工作，让看似繁杂的装修过程，可以像喝茶一样的轻松？

2005年3月，邓华金创办了以建材家装业务为主业的电子商务企业，即齐家网的前身上海团购网。当时的齐家网距离真正的电子商务相距甚远。成立之初，齐家网靠着在网上发布团购信息，在线下举办团购会，由砍价师集中“砍价”的方式逐渐聚拢起了最初的用户，同时，也积累了建材商家的信息，建立起较为简单的供需关系。

小试牛刀的齐家网却收获了意想不到的成绩，借着这把刚刚烧起的火，齐家网很快实现了第一次的业务拓展。2005年10月，齐家网第一个分站无锡站正式创立，成功迈出拓展全国市场的第一步。随着用户的不断拓展，使得齐家网更加熟悉了用户的不同需求，接下来的一年里，齐家网在业内率先推出家居团购服务中心。

1）拥抱互联网——创新模式：B+B2C网络购物新模式

齐家网于2007年成立了全国统一的呼叫中心平台，实现了线上、线下、电话等全方位的订购模式，不但方便了消费者，还快速拓展了齐家网的经营业务。

2008 年 6 月，齐家网率先提出了 B + B2C 网络购物新模式，即作为 B 端的齐家网，通过整合数量众多的 B 端供应商，共同建立起一个面向有装修需求的 C 端，也就是面向最终用户的电子商务平台。这个平台要求齐家网一边牵着供应商，一边牵着用户，作为一个居中调停人，齐家网在监管供应商的同时，还需要对供应商和消费者负责，至此，齐家网逐渐转型为信息中介与营销平台。

“把家的事情”交给齐家网已经不是一句口号，通过深耕家装领域，齐家网在历经 8 年的沉淀发展后，已迅速成为国内最大的家装一站式解决平台。

2）除了商业模式，齐家网更有虎虎生威的营销组合拳

（1）活动营销

齐家网曾多次开展大规模的团购活动。齐家网建立了一套成熟的团购运营模式，除了保证低价，更为保证产品质量和商家服务提供了切实有效的保障。齐家网推出了诚信服务体系，规范商家服务，为网友团购无忧保驾护航。

（2）会员卡营销

齐家网目前拥有超过 300 万的核心会员。不像大多数电子商务网站那样只提供线上虚拟会员注册，齐家网还有实体会员卡。

齐家网推出的会员卡能够让消费者享受到会员独有的优惠服务和尊贵待遇，这样可以有效地锁定消费者，增加消费者的黏性，吸引消费者再次或多次购买。

（3）联合营销

齐家网联合各大家居建材品牌做大规模的团购活动，实现双赢。同时齐家网目前已经与百度形成了战略联盟。

（4）体验营销

2010 年 3 月 19 日，齐家网旗下上海团购网在位于呼兰西路 1 号的智力产业园新展厅举行新网友体验中心落地仪式。会员可以通过体验中心体验网上订购的便利性，方便会员与建材、家居供应商进行现场沟通。齐家网新展厅集合了服务中心、体验中心、展示中心三大功能。

（5）移动媒体营销

利用手机终端独特技术，时刻展现 3D 现场效果，将齐家网下属各个品牌产品以一种最强烈的视觉冲击呈现在方寸之间，给用户最真实的视觉体验。通过

ZZSS 致尚平台的一系列活动推广及发布，成功招募与邀请到众多用户参与。

移动互联网与传统营销模式结合，低成本、高回报的提升了齐家网销售额，提升了用户黏性，获取更多忠实用户，邀请更多用户参与齐家网的各类团购活动。

**5. 网家装：爱空间，网装你我他**

爱空间之所以会飞起来，是因为他的 O2O 又或者是因为和雷军合作成了“小米家装”吗？这些都不是最关键的原因。爱空间和雷军挂钩并采取的 O2O 模式只是找到了一个让消费者信任、让同行眼热、让投资者眼红的一种借力手段，真正的原因是爱空间解决了一些传统家装行业的弊端，正是这些弊端让空间火了！飞了！那么爱空间解决了哪些问题呢？

随着爱空间这头猪的成功起飞，互联网家装成为家装业的热词。不论是装修的消费者还是互联网公司又或者是传统的家装公司，都在认真研究爱空间，尤其是家装公司希望能取敌所长，补己之短。可是在这之前笔者想说的是，在研究别人的时候你对自己了解吗？

1）有了“我”，才有“他”

这里的“我”就是消费者，每一个做互联网的公司都不会忽视，真真正正被奉为上帝的“我”，正是这些上帝才使的小米成功，奇虎 360 发迹，家喻户晓，等等。这些成功的案例都是遵循以下原则，即：加强客户体验，体验出口碑，口碑引流量，流量树风向。

（1）加强客户体验，极致、快。

爱空间的落地行动就是以直接推出“新房装修 699 元/ $m^2$，20 天”、“旧房改造 119 +699 元/ $m^2$，8 天 +20 天”这两个产品打破了传统家装行业的价格底线，爱空间成了互联网家装的风口，赚足了眼球。

（2）借力 O2O，专注好体验赢得好口碑。

为了保障自己产品的时效性，同时加强产品的质量管理并降低家装的人力成本，爱空间招募社会上的工长，把他和他手里的工人直接纳入公司体系，变成自己的正规军。爱空间通过加强其施工团队的管理，提高自己项目的时效性以及产品质量。

爱空间借助于微信、线上官网等平台集合自己的业主，如建立一个微信群将爱空间已有的业主、潜在客户凝聚在一起，通过定时发布现场施工图片让业主在一起讨论、观察自己房子装修的状况。正是这样一个借力 O2O 模式、把透明和互动结合的方法，充分节约了业主时间，让装修成为一种乐趣。通过已有用户的口碑转播，将爱空间的优越性与传统家装的劣质性进行对比，产生差异，形成一种争议性传播，以此带动更大的舆论影响。

（3）口碑引流量，流量树风向。

爱空间在 2014 年 12 月产品上市，一下子引爆北京的家装市场，第一个月的订单数就达到 595 单，三个月后达到 1 800 单，这是北京家装行业数一数二的数量。之所以有这么大的影响力就是爱空间所追求的口碑发挥了作用。爱空间使客户满意，客户乐于传播，乐于让自己的亲朋好友也享受到此种成果。而想装修的客户一定会参考自己亲朋好友的建议，爱空间就成了互联网家装中的首选。这就是口碑引流量，流量树风向。

这正是所谓的因为“我”才有“他”，但是面对爱空间这个成功家装业的大鳄，同行们也开始反击了，伴随着蘑菇装修 599 元/$m^2$，海尔的有住网 599 元/$m^2$、搜房网 666 元/$m^2$、传统家装界的老大居然之家也不甘落后，在 4 月 27 日居然快屋套餐家装正式推出新品——599 元/ $m^2$、15 天完工。但是在爱空间的口碑传播下，消费者会有多少买账的呢？

2）爱空间，拿下“他”你就是老大

（1）携流量倒逼线下，抢夺供应链。

互联网家装公司与家装互联网公司最大的差距在于线下供应链差距（资源掌控），例如居然快屋，是家装巨头居然之家旗下的品牌。而居然之家作为传统家装行业的领导者，在全国建有 107 家门店，覆盖全国的一二线城市，可谓是渠道广阔。同样居然之家依产品的多元化聚焦，一站式服务的模式不仅使其获得了中高端市场的认知，也获得了众多的合约供应商。而这些合约供应商就是居然之家纵横家装业的资本，用当今时髦的话来说就是谁控制了供应链谁就获得了生存的权利以及谈判的资本。正是因为居然之家控制了供应链，从而保证了快屋在硬件上超越爱空间，当然这些还不够，爱空间除了要抢夺资源外，还可以做到最直接的一步，即做房地产生产商。

（2）产品升级，实现产品多元化。

有住网百变加在2015年3月11日的中国家电博览会上强势推出百变加1.2PLUS，将智能家居产品标配化。而百变加明确表示产品升级价格不变，百变加之所以有这么足的底气说出智能家居标配化的口号，也借力于其身后的母亲——海尔集团。在海尔的支持下，百变加以智能家居作为突破口，绕开价格战，在市场中开辟出智能家居这个品类，成为这个品类中的领导者，满足那些追求时尚、智能、简洁的消费群体，从而在互联网家装中立于不败之地。百变加在互联网家装的软件上甩开爱空间，这对于本就是资源落后的爱空间而言更是雪上加霜。所以爱空间应该快速升级产品原料，提升产品多元化，满足更多客户的需求。

（3）城市众筹提规模，掌控行业话语权。

爱空间现在凭借着小米家装以及口碑传播的优势，其前景还是很诱人的，但是受制于自身自有工人以及规模的限制，无法及时打开全国市场，让更多的客户及时享受到爱空间的福利。虽然爱空间为了保证质量没有及时扩张，但也会在不少的消费者心智中留下“饥饿营销”的不良形象。同时也会有更多的互联网家装公司冒出来，蚕食爱空间应有的红利，所以爱空间必须加快全国战略布局，以城市为单位进行众筹、募集资金设立子公司、整合家装人员等，只有这样才可以进一步扩大爱空间在消费者心智中的地位，在互联网家装中掌控话语权。

可是值得我们思考的是，为什么百变加会在价格不变的基础上而对自身的软件进行升级呢？原因就在于海尔的智能家电扩张。海尔作为国内家电行业的龙头，也是全球大型家电的第一品牌，其业务覆盖广，产品多元化。海尔的发展看准了智能家电的市场，笔者了解到海尔智能家电已经集成一体化，那么为了尽快占据智能家电的市场，摆脱竞争者的追随，百变加就是海尔提前布局的手段。提前让市场接受海尔智能产品的优越性，增强百变加用户的体验，最后再把智能家电整体带进用户家中，形成智能家电市场的垄断。

若是爱空间依然停留在原地，依靠原先的20天、699元的老战术，不进行资源整合，那么爱空间将会被百变加在软件上限制，被居然快屋在硬件上打败，爱空间原本积累的品牌传播又迟早会被其他的竞争者取代，所以爱空间只有尽快地形成自己的供应链，提升产品多元化，增大规模，才是引领互联网家装的基础保证。

### 6. 网办公：方糖小镇，让办公空间免费

在游戏点卡盛行的年代，巨人网游推出网游免费、道具付费的模式，成功引爆市场；360凭借免费，颠覆杀毒软件收费模式，一举成为安全领域的第一品牌。互联网免费，似乎是一把利刃，能够迅速颠覆原有的行业模式，而这一模式对于实体经济是否仍可大行其道呢？

2014年底，美国纽约办公场所租赁创业公司WeWork完成了一轮总额3.55亿美元的融资，并获得高达50亿美元的高估值，这立即引发了国内跟随热。先后有万科毛大庆以工厂再包装后对外出租的模式打造的优客工场，以及SOHO中国潘石屹在望京SOHO以工位为单位的出租模式打造的SOHO 3Q。创业社区的现有模式是，办公的“二房东”将办公区域整租下来，再经过空间包装以工位形式出租给需求者，然而方糖小镇能否通过免费颠覆原有行业模式呢？

1）创业社区和创业主题咖啡馆究竟鹿死谁手

一杯咖啡，一个开放的办公区，一群充满激情的创业者，还有一群不时到访的投资人，就是这些元素让3W咖啡还有车库咖啡等一些创业主题的咖啡馆火得一塌糊涂，他们火爆的背后说明了中国创业者的与日俱增。在这里办公或是找寻投资人的创业者，需要点上一杯三十多元的咖啡即可在这待上一整天，一个月算下来大概也要将近1 000元钱，从办公成本上来说其实和创业社区的价格相仿。然而这些创业主题的咖啡馆更多的是以社交概念为主，并非专业的办公环境，所以未来还将有大部分3W咖啡和车库咖啡的追随者转移到创业社区，因为这里不但能提供创业孵化器及创业者间的沟通交流，还能提供一个更适宜办公的场所。然而这些创业主题咖啡馆只要继续做好创业社交概念，仍可以在细分市场上占据一席之地。

2）方糖小镇如何免费

互联网通过免费获取大量的用户基数来分摊掉开发成本，通过广告费以及

少部分用户的特色服务收取费用，获得丰厚的利润。然而作为实体社区的方糖小镇可通过以下两个举措做到免费办公社区，即限时免费开放办公，入股创业公司，通过免费办公模式来吸引创业团队，选择优质有前景的创业团队加入方糖小镇，方糖小镇以入股的方式为其提供一年免费的办公服务，一年以上则需评估创业团队；投资人入会费，通过优质的创业团队来吸引。两年前的3W咖啡、车库咖啡等一些创业主题咖啡馆，更多的强调的是创业孵化和社交属性。

方糖小镇创业社区与已有两年多办公社区创办经验的workface合作，共同打造一个专门为创业者服务的办公社区。然而随着这些创业社区如雨后春笋般涌现，没有强大背景的方糖小镇又将如何立足？

3）方糖小镇的异军突起

无论是方糖小镇抑或者其他创业社区，因为其运营模式的特点导致两个最为突出的问题，客源的黏合性不高和品牌的可复制性的延续。首先客源的黏性问题，因为是月租的形式，而且大多数创业者比较喜欢新鲜的事物，很容易在这里办公一个月，再到其他办公社区待一个月，因此会造成客源较高的流动量。这种情况可通过一些特色的措施，譬如免费提供专属电脑，免费使用付费设施和服务等举措来引导客户使用半年租和年租。然而这些举措只能治标不治本，方糖小镇只有真正融入创业团队中了解他们真实所需，才有可能使创业者成为忠实的方糖粉丝。另一个问题就是品牌的复制性延续问题。方糖小镇的创始人万里江说，未来要在上海开设100家店，然而这样一个快速的复制过程，是要保证方糖小镇的原汁原味，原汁原味并非是一成不变，而是需要通过方糖小镇对创业社区不断的理解和认知，并不断自我完善应用于每一个项目上的过程。只有这样方糖小镇才能保持品牌的快速复制的延续性。

创业社区这种在中国办公市场上新兴的商业模式，现在仍是一个探索前行的道路。虽然有众多的创业社区，但却没有形成一个强势的领导品牌，方糖小镇只有在这混乱的局面中尽快解决客户黏性以及品牌的复制性问题，才能快速发力形成口碑，登上办公社区第一的宝座。

## 四、互联网+行

### 1. 拼车：微微拼车，能否拼出一片蓝天？

以高智能后台匹配系统，高品质低姿态服务体系和高额度广范围安全保证等“三高”为己任的微微拼车，其在2014年10月中旬面世至今已有超过百万用户，即将开始进入B轮融资，并以越来越快的速度加紧扩张。但是随着拼车市场的逐渐火热，在群雄逐鹿、群狼伺机的环境下，微微拼车能否突破拼车市场的同质化发展而独树一帜呢？

连续17年做顺风车慈善的微微拼车CEO王永，用他的实际行动让我们看到微微拼车的不同之处。王永用17年的经验告诉我们其实可以把自己身边闲置的汽车资源拿出来变成社会和经济效益，也只有把慈善效益化、经济化才能更好地推广其发展。

于是，微微拼车选择在2014年面世，以交通状况较为复杂的一线大城市作为前期发展阵地，主打当下最迫切的通勤拼车需求，不断向外扩张。

拼车市场刚需巨大，竞争火热。群雄逐鹿却无领头之势，鹿死谁手，焉可不知。

微微拼车不光要在原本火热的打车市场抢占市场，还需在新势林立的拼车市场拼出一条血路。前方波折荆棘，微微拼车又该如何应对？它能否拼出一片新蓝天呢？

1）微微如何“战”独享——与政联盟，力推公益

“微微拼车”实行油费分摊，合乘一车的模式，我们把它称之为“共享经济”，“打车”或是“专车”则相对的称其为“独享”经济。二者的目标客户大部分都属于重叠客户，在这样的情况下微微的“共享”要如何战胜“独享”的呢？

首先，我们看到二者使用人群大都是有固定工作的上班白领一族，他们都有固定的上下班路线。以北京为例，北京搭乘公共交通出行的人群规模约有1 000万，即使只有10%的乘客从公共交通转移至打车一族，也有100万的用户规模。而据北京市交通委公布的数据显示，北京的合法出租车数量才67 000台，

非法营运与合法营运一共约13万台左右。100万的用户，13万的车辆，实际上北京每天150万人打车，而成功率只有60%，剩下的60万人除了公交地铁就只能依赖所谓“黑车”，市场的需求显而易见。据国内一线城市道路使用调查显示，高峰期时马路上的私家车上仅有司机一人的空载率高达80%，微微拼车正是运用这80%的闲置资源来创造价值。

2）微微如何“战”同质——科技为先，数字体验

目前市场上的拼车软件有微微、滴滴、AA、哈哈等二十多款。不同于滴滴、快的双巨头模式，拼车软件市场直到现在依然没有一家有巨头潜力的公司出现，而资本进入的强度也不足以支撑企业快速扩张，大多数产品都进入了同质化发展阶段：使用程序基本差不多，第一步是手机短信验证，之后选择是乘客还是车主。如果是乘客，只需手机验证；如果是车主，需要上传驾驶证正面和副本，以及行驶证正面和副本进行身份认证，确定性别、年龄和驾龄，审核通过就可以发布拼车信息了。服务内容页的大多是临时拼车、上下班拼车，同时还有部分社交软件的功能，拼车市场虽然竞争激烈却没有行业引爆点，如此困境，微微拼车该如何破局？

在中国大多数城市，行车环境复杂多变，交通拥堵，高架限速的情况实属普遍。因此对于出行者来说，以最快、最省力的方法到达目的地是核心问题。所以微微拼车可以在其后台服务程序里开发一种软件，这种软件可以自动反馈道路实况信息，然后挑选出最适合的路线行走。所以必须想方设法将车辆、人员、道路设施、后台服务以及其他数据终端连成整体，围绕着用户最关心的车辆道路安全、交通导航、日常便利以及社交娱乐等领域提供车联网服务。

而更为重要的是，微微拼车可以创造一种全方位的合乘“数字化体验”，将汽车产品与车联网服务两者完美地结合起来，并尝试以新的途径为客户创造价值。我们可以在微微拼车的后台软件里输入车辆的详细信息，然后开启要点提醒功能，软件就可以对你的车进行管家式照看，包括车险、保养、车检等信息的提醒，增加用户对产品的黏合度，形成自己的独特战斗力。

3）微微如何“战”用户——强势合作，大流导入

2015年3月，微微拼车APP在苏州站开始启动仪式，但在苏州的市场试水

却并不是那么顺利。根据微微打车在苏州的调查显示，截至目前只有10%的市民对拼车表示欢迎，25%的人能接受拼车，还有20%的人表示绝对不能接受，剩下的45%处于观望中。六成以上市民担心有偿拼车涉嫌违法、行车安全难以保障以及拼车过程容易产生纠纷等问题。并且微微拼车在拼车市场里起步较晚，相比爱拼车、哈哈拼车、AA拼车等较先起步的拼车软件市场广知度较小，那么微微拼车又该如何快速为自己增粉呢?

互联网拼车模式在中国已经进入第九个年头，但不少拼车网站与拼车应用一直处于不温不火的状态，其中最主要的一个原因就是用户基础不够。所以微微拼车要解决用户不足、接受度不高的问题，也就必须尽快地增加其用户基数。因此他们需要找一个强大的流量导入平台，这就可以采取与专业的汽车门户网站（如汽车之家、爱卡汽车、易车等）进行深度合作。

汽车之家是目前最具网站营销价值的汽车门户网站，也是会员量最大的汽车门户网站，每天的浏览量都达到近千万。而微微拼车是为方便相同路线的人上下班、节假日出游等场景而研发的一款集路线查询、拼车与社交功能为一体的拼车软件。汽车之家的浏览人群与微微拼车的目标客户有很大一部分是相契合的，所以这就奠定了二者可以合作的基础。

二者可以互设直接连接通道。在微微拼车软件里可以有汽车之家的官网连接；而在汽车之家的官网里也有微微拼车的下载软件、官网介绍。二者还可以采取业务上的深度合作。随着微微拼车软件后台成功开发汽车管家的功能后，就可以向车主推荐汽车之家上的品牌配件或是相关信息；汽车之家也可把自己强大的后台会员资源导入微微拼车的平台，帮助微微拼车规模化、发展化。

微微拼车还可以和垂直性汽车交易平台合作，如十二号公路、车享网等。互联网是一个巨大的商业合作平台，单打独斗已经不适合这个快速发展的社会，联合战略才是王道。

### 2．租车：神州租车，离第一品牌还有多远?

2015年2月6日，神州租车正式宣布在全国60大城市同步推出“神州专车”服务，并在全国范围内开展为期一年的“免费首乘”大型体验活动，这标志着神州租车正式全面进军互联网专车市场。但神州租车离第一品牌还有多远?

神州租车成立于2007年9月，总部位于中国北京。作为中国汽车租赁行业的领跑者，神州租车积极借鉴国际成熟市场成功的汽车租赁模式，并结合中国客户的消费习惯，为广大消费者提供短租、长租及融资租赁等专业化的汽车租赁服务，并提供GPS导航、道路救援等完善的配套服务。

作为国内汽车租赁服务的领军品牌，神州租车一直标榜着4A核心竞争力，即Any One：18岁+驾照即可租车；Any Time：超简手续+24小时租车服务；Any Car：超过70款选择，悉听尊便；Any Where：全国600多个网点+省会城市全覆盖。

2010年，神州租车实现了规模、品牌和产品服务等诸多方面的跨越式发展。截至目前，神州租车已经逐渐形成了融资、降价、采购、扩张、再融资的资本运营模式；另一方面，“云战略”计划也正在为客户创造更好的、愉悦的租车体验。由此，神州租车开始逐渐成长为中国汽车租赁行业的领导品牌。面对行业的白热化竞争，神州有哪些布局，如何才能稳固已有市场份额，打造绝对的市场第一品牌？

“我可不是凑热闹来的，在我们没有进来之前，竞争还不能算开始。现在我们进来了，竞争刚刚开始”。尽管专车市场的争夺早已硝烟弥漫，但神州租车创始人陆正耀仍自信满满。

作为国内第一家顺利上市的租车企业，神州租车宣布与优车科技合作，推出联合品牌为“UCAR神州专车”的专车服务。在陆正耀的设想中，神州专车希望在3~6个月内做到专车市场的老大。

作为专车市场“后来者”，神州专车的模式与滴滴快车、Uber等全然不同。“车辆全从神州租车租赁，司机是全职雇佣。”臧中堂介绍说，“优势在于，其他打车软件可能会遭遇监管瓶颈，而我们并不存在这方面的问题。”

此外，与Uber大肆宣扬其社交功能不同的是，神州专车将尽可能地保护用户和家人隐私，避免不安全因素的发生。并且神州在线下的车辆运营上已有多年经验，租车服务背后是一个安全运营体系，这是其他的互联网约车很难做到的。

神州租车称“我们继续取得强劲增长主要是由我们的短租业务及推出‘优

车科技神州专车’专车服务所驱动。”“我要重申的是，神州专车的定位在中高端，价格会比普通的互联网约车服务高。现在我们推行优惠和补贴，只是阶段性的市场营销策略。”臧中堂补充说。

或许，神州租车敢于如此大举补贴的真正原因在于其充裕的资金实力。经过近 5 个月的发展，神州专车已完成全国 60 个城市的覆盖，专车数量也超过 1 万辆。

正是依靠神州租车原本就已经具备的网络优势，神州专车得以在短时间内完成如此大面积的覆盖，远远超过 Uber 等一众竞争对手。

神州租车清晰地把握着市场方向，依靠之前稳扎稳打积累的经验和市场份额，借助资本的力量，牢牢掌控着自己的核心竞争力，神州正向中国汽车租赁第一品牌迈进。

### 3. 代驾：e 代驾，能否成为第一代驾？

目前 90% 的代驾市场被杨家军的 e 代驾占据，最近又因为完成 D 轮的 1 亿美元的融资而备受瞩目。现在问题来了，看似风头正劲的 e 代驾，能在这条高速路上驰骋多久？又能否成为第一代驾？

在代驾这样一个重度垂直的行业，拓疆移动互联网市场，就如当年第一个吃螃蟹的人，赢得的除了掌声，还有伴随掌声而来的质疑。但当杨家军在代驾市场做得风生水起时，各大平台也按捺不住了，58 同城在 2014 年也开始在代驾市场布局，妄图分一杯羹，但好像为时已晚。

对于一个移动互联网平台，最重要的就是找到这个平台上多方的利益平衡点。杨家军表示，融资完成后，e 代驾确定了三个重点的发展方向：一是产品技术，二是服务体系，三是业务拓展。围绕这三个目标，e 代驾承诺，首先不断提升产品的业务运作效率，比如构建司机线上招募体系、司机运筹体系以及司机智能管理体系等；其次在服务上将完善标准化的服务体系以及全面的客户安全保障体系，提高品牌渗透率和知名度，加强用户对 e 代驾品牌的认知。同时，e 代驾将继续强化目前的酒后代驾业务，积极进行代驾业务的衍生和拓展。除了加固原有基业外，e 代驾还积极拓展衍生业务，如代驾洗车、代接送人等。从 2011 年起始，5 年间 e 代驾平台上也只有 8 万多的注册司机，这对于一个移动互联网企业来说，是缺少发展的井喷期的。现在问题又来了，e代驾要如何才能在这个细分市场纵横捭阖？

1）前端市场的阻击，建立闭环式的客户平台黏性

痛点催生市场这是一个永恒不变的定律。一个新生事物能否活下来，就看它的存在有没有从根本上解决用户的痛点。相对于代驾的收费高，到达慢，而且客人与司机本身没有人身安全没有保障等这些痛点，e代驾要做的不是只做表面改善，而是要从根本上改变人们的生活方式，把代驾变成应酬和外出的必备生活方式。代驾往往是在饭局之后才产生的消费方式，但是“饭局”却是一个可以衍生很多应用和消费场景的词汇。e代驾可以和大众点评、到家美食汇等餐饮O2O平台进行战略合作，从消费市场的前端就为客户提供更为场景化的服务。可以为需要饭局的客户提供免费定位、餐厅推荐、客人代接等代驾组合套餐，平台为用户提供从请客到送客的一站式服务。把代驾变成一种饭局或外出标配的生活方式。只有从根本上培育了客户的市场消费意识，才能建立出一个闭环式的客户平台黏性。

2）拥抱互联网，跨界合作

e代驾目前正在加紧拓展衍生市场，如代驾洗车、代接送人等。在这样一个大数据、云计算、互联网+等概念满天飞的信息时代，我们要做的就是最大限度地去拥抱这个时代的趋势，与众多成熟的汽车后市场平台进行跨界合作，如与最近进行C轮融资的典典养车这样一个养车平台的强者形成强强联合战略。目前典典养车已经有500万注册用户，这里面需要代驾的消费人群和消费市场是非常庞大的。对典典养车的500万注册用户进行数据分析，然后针对衍生业务进行精准的效益营销，与成熟平台进行资源的相互嫁接，充分挖掘客户的每一个需求点，为平台的客户提供最大的价值和服务。

e代驾在目前这样一个细分市场里来说已经是强者，但是市场瞬息万变，要想成为第一代驾还是要充分考虑市场的需求性和消费群体的倾向性，把服务做到末梢神经最尾处。立足现有市场，延展卡位前后端市场。

### 4. 打车：滴滴、快的在折腾啥？

“Copy to China”（把美国的某种模式搬到中国来）的滴滴和快的情人节宣

布在一起后，逐步降低并取消了出租车叫车优惠补贴，但对推出的 1 号专车和滴滴专车却一直保留着较高的优惠补贴，由此可见滴滴、快的对占有专车市场的野心。然而滴滴、快的在补贴之外也在产品及营销等方面也在不断推出新鲜的手段，进而赢得用户，获得市场。

1）做口碑

靠补贴是补贴不出客户的黏性的，唯有口碑方能塑造出品牌的性格，获得客户的黏性。快的旗下的一号专车针对北京市场，拟定计划投放 100 辆校车，校车统一为美国进口的 bluebird 校车，并为每辆车配有一名客车驾龄 5 年以上的专业驾驶员和一名经过格斗特训的女乘务员，然而对每名学生仅收 12 元。对于滴滴快的来说这个项目本身肯定不是一个能赚钱的项目，其实通过此举更多的是来获得用户的口碑以及品牌安全，进行可信赖的形象嫁接。

2）做产品

滴滴、快的在出租车领域已经形成了垄断的局势，但在专车市场上，还有易到、神舟等专车与之抗衡。然而滴滴、快的并不止在努力扩大专车市场的占有份额，还通过对市场、对用户的调查，不断努力开拓细分市场，搭建出行平台。已经上线的快车，滴滴、快的给出的官方定义是“非营利性搭车服务”，免收起步费，乘客所有付费都归车主所有，软件平台不收取任何费用。从模式上来看，快车更像是“平价专车”。北京地区上线的顺风车业务主打的是“顺路”和“社交”，出行场景体现为上下班通勤、节假日返乡，代驾、班车直达等新产品也都曾上线，进一步完善出行平台的战略布局。

3）做市场

针对出租车市场的补贴，在滴滴、快的宣布在一起之后也就逐步取消了，然而针对专车市场却一直保持着较高的补贴。虽说补贴不能形成客户的黏性，但当你习惯于使用一个软件再给你一个功能相似的软件你愿意换么？一定是不愿意的。滴滴、快的依靠腾讯，将专车红包分享到微信朋友圈，搭乘专车本人以及他的朋友都可以获得红包，通过此举既可以维系原有的用户，又可以拓展新的用户。

4）做营销

一号专车上线“任性”的功能，一键呼叫豪华私人专机。这架豪华私人专机——“湾流 G450”，是目前世界上最畅销的喷气公务机之一，最多只能乘坐 14 人，从上海直飞深圳，每人次 3 500 元，座位售完即止。滴滴、快的还针对成都人民爱打麻将的特点推出一键呼叫麻友的活动，只是将专车改了个名字，价格调低了点。一系列的举动无不体现出滴滴、快的在与用户互动的路上渐行渐远。

**5．洗车：典典养车，用户为先？还是市场为王？**

典典养车所推崇的运营模式，既没有培育好汽车售后市场的高质量客户，也没有为线下商户的运营带来更为规范的经营改善，现在是继续烧钱盲目扩张市场？还是相对放缓，在现有领地深耕用户，培育用户？这是典典养车必须要思考的问题。

需求催生市场，痛点把脉市场，刚需决定市场。在中国汽车普及率逐渐攀升、汽车的销售和售后市场越来越细分的今天，众多互联网企业看到了养车市场存在的诸多痛点，基于互联网时代的信息共享商机共享，他们快速反应，心照不宣的用“烧钱”的方式先为自己在这个细分市场杀出一条血路，而这其中最具争议的就是杭州的典典养车。

典典养车自 2014 年 6 月份上线以来，一年时间内完成三轮融资。2015 年 7 月份宣布已经完成 6 000 万美元的 C 轮融资；2014 年 12 月宣布获得纪源资本领投的 3 000 万美元 B 轮融资；9 月获得 400 万美元 A 轮融资。超强快速的融资能力，财大气粗的典典养车以“一元洗车”强势介入市场，以价格战抢占市场份额。据其官方公布数据，截至目前典典养车覆盖 14 个城市，用户量 500 万，合作商户 1 万家，日均订单破 6 万单，日均订单量占商户日均订单总量 30% ~ 50% 。日前，完成 C 轮融资的养车点点更名为典典养车，除了树立独特品牌识别度外，更是推出汽车保险平台“典典车险”，进入汽车金融领域。一时间让业界各种争议和猜疑都降临到这个财大气粗的养车 APP 上。

虽然表面上典典养车正在按照自己的战略规划有步骤有目标的一步步在汽车后市场领域拓展，但是从它运营一年以来，可以看出，它所推崇的运营模式，既没有培育好汽车售后市场的高质量客户，也没有为线下商户的运营带来更为规范的经营改善。所以，现在是继续烧钱盲目扩张市场？还是相对放缓，在现有领地深耕用户，培育用户？这是典典养车必须要思考的问题。

从行业角度来看，典典养车和典典车险都没有解决行业痛点。以“一元洗车”切入养车市场的典典养车，其“免费”模式从很多商户和用户的体验效果来看，并没有培育出市场和品牌的忠诚度。争相效仿的“免费模式”单纯地催生和放大了养车市场的客户侥幸心理和免费心理，这让市场渐渐演变成只能靠“烧钱”来维持运营的模式。因为没有从根本上解决车主们的养车痛点，所以客户也只是图一时便宜，并没有改变原来的使用习惯。消费市场的惯性如果在前期没有培育出来，那么在烧钱阶段结束后，这个市场就会摇摇欲坠，甚至轰然崩塌。再者典典车险并没有从本质上驱动汽车保险的创新发展，没有触及汽车保险的两大核心——费率改革和险种创新，而是单纯地从销售价格和渠道上进行改变。所以典典养车要想以此长期保持市场占有度和客户黏度是比较有难度的。在模式背后，我们必须认知到有价值的客户是需要优质的线下门店这个载体来支撑的。典典养车目前最迫切的就是培育优质的线下市场，拉动线下商家的经济。

目前市场上各类 APP，如养车宝、用车之家、车点点、养车点点等在养车领域已经形成了群雄逐鹿的局面。大部分的平台都是固守以前的互联网思维，用强大的资本吸引线下的客户不断依附于自己的平台，等自己的平台有了一定数量的用户，然后就开始了他们所谓的盈利阶段。拥有强大功能的服务平台和雄厚的资本是 O2O 平台的优势，但是目前市场上这种一边倒的“烧钱模式”，是对新兴“互联网＋”模式的致敬，还是提前为可预见的失败模式而祭奠？笔者认为典典养车要在目前的细分市场里做好深耕存量，不要急于市场快速扩张。

**6. 买车：要买车**

要买车的梦想是希望以创新 O2O 商业模式优化汽车交易流程，提供高性价比、丰富可选的商品以及不低于 4S 服务标准的特有服务体系，改善消费者体验，提升汽车产业流通效率，通过整合厂商、4S 店、第三方服务机构等社会化资源，打造消费者最值得信赖的汽车消费服务平台。

谈及汽车电商，很多人可能会有两个印象，一是万亿级的市场规模，另一个印象应该是“靠谱吗?”。然而，从汽车之家和易车的财报来看，汽车电商市场增幅明显，越来越多的消费者开始接受汽车电商，并且体会到了网络购车的好处。同时，相关的市场参与者也越来越多，要买车就是在这样的背景下进入到汽车电商市场的新品牌。

作为新进的品牌，大家对要买车还比较陌生，因为这个品牌还处在内测阶段，品牌推广尚未开始。但如果你知道它的创始人是当年创办易迅网的卜广齐后，可能就觉得并不陌生了。这位低调的中国电商先行者，从易迅出来后“隐居”一年多，就是为了全心打造要买车平台。

要买车，成立于2014年10月，在正式创立之前，要买车通过投资区域性汽车电商，在O2O汽车营销领域进行了充分实践与探索，切实积淀了成功经验。2015年要买车全面发力，自建线上交易平台及线下交付中心，业务范围在全国覆盖超过50个城市。

可见，要买车一上来就干了一件多数创业者不愿意干的重活儿，因为从目前整个电商格局上来看，大致可以分为三类：

一类是以汽车垂直媒体为基础延伸出的汽车销售服务，如汽车之家、爱卡、易车的惠买车等；

第二类是以团购为切入点的汽车团购平台，如团车网、小胖看车团、抢车族等；

第三类是经销商自建的网络商城，如庞大汽车电子商城。

第一、第二类业务主要是充当消费者和4S店的中间人，通过量多差价获取利润，模式轻、成本低。唯独第三类是通过自建线上线下销售中心的模式，是典型的重模式，但相对第一、第二种模式来说它又具有自己的优势，比如流程可控、体验感更强等。

从要买车测试版来看，目前已完成华东主要城市的布局，包括上海、无锡、苏州、扬州、杭州五大城市。虽然下一步的计划要买车还没有对外公布，但按照它2015年50个城市的规划来看，正式上线后肯定会增加更多的城市。

倘若要买车能真正做到这一步，势必会成为汽车电商O2O模式的领军者。

但作为一个新进品牌来说，我们认为要买车 O2O 模式首先要解决的是信任问题。只有让消费者充分信任、肯定要买车的服务后，这个平台才能存在下去，才有资格谈发展，而信任不是靠一句广告语就能实现的，需要要买车线上透明的价格体系、线下周到的交车服务，以及“买车一个月无条件退货”的承诺来完成。

目前要买车做的是消费决策后的事情，即消费者决定了要购买哪款车，只是选择最低的价格时使用要买车。笔者认为，要买车未来不仅要做好平台服务，还要增加消费黏性，把消费者购车决策前的事情加进来，通过正确的引导使消费者购买到合适的汽车，不然仅靠购车交易，很难体现出要买车的价值。

**7. 修车：车易安，做平台商还缺什么？**

车易安只有把用户基数问题解决好了，才能发挥它 B2b2C 模式的组合优势，再通过整体的杀客、留客和转客营销策略，才能吸引更多的商户入驻平台，才能真正实现“用系统和数据来撬动行业”的理想。

根据公安部交管局最新公布的数据显示：截至 2014 年底，我国汽车保有量达 1.54 亿辆，仅次于美国，居世界第二位，预计 2020 年保有量有望达到 4 亿辆。随着中国汽车存量的不断增加，促使一大批围绕汽车生命周期的后市场服务涌现，包括汽车保养、维修、美容、装饰、金融、二手车买卖等。这些服务多数以垂直养车平台为主，不仅包括传统的 B2C 和 B2B 模式，还有针对所有参与方的 B2b2C 模式，车易安就是这种 B2b2C 模式最典型的代表。

车易安于 2012 年上线，是同时向用户、服务提供商、零配件供应商三方提供差异化服务的专业养车服务平台，类似于淘宝。

车易安 B2b2C 模式的核心体现在 2 个 B（B&b）及 1 个 C，b 端是指汽车后市场服务商，也就是修理厂或养护店等；B 端是指汽车零配件的供应商；C 端即车主消费者。

车易安的发展思路是从 b 端的信息化、数据化和标准化入手，为 b 端客户提供包括 SA 接单导购、CRM、进销存、员工管理及配件供应链管理在内的系统管理服务，以此来提升 b 端客户的内部管理能力和营销能力，然后打造通向 B 端的配件采购平台，实现 B2b 的资源整合，最后再将服务延伸到 C 端。车易安创始人水从芳将车易安的体系总结为两点：第一，牢牢抓住小 B（修理厂）；第二，用系统和数据来撬动行业。

据公开信息显示，目前车易安拥有 500 余家汽车服务商，在上海除了崇明岛以外，已经做到 2 ~3 公里就有一家合作商户，100 余家汽车零部件经销商使用车易安产品，车主用户数 7 万余人。但是，作为一个定位汽车后服务市场重度垂直的平台运营商来说，这些数据就显得有点儿寒酸了。

整体看来，车易安虽然通过商业模式创新获得了一些关注，但还缺乏从拉客到杀客再到留客和转客的整体的营销能力。也就是说车易安目前还面临着从如何获取流量？到如何有效促进交易？再到如何提升用户黏性和会员流转的问题。特别是在获取流量上，车易安和同行还具有较大的差距，养车无忧网上线一年用户达到 30 万，途虎注册用户数更是超过 100 万。

车易安 B2b2C 模式最终还是要落到 C 端上，无论是整合 B 端产业链资源还是提升 b 端内部管理能力都是为了服务 C 端客户，模式再好的平台如果没有流量也是没有价值的。淘宝的强大不仅是它的模式创新，更在于它拥有近 10 万的商家和 5 亿以上的注册用户数。所以，如何拉客，如何获取流量是车易安必须要面对的第一个问题，而在这个问题上，车易安面对的不仅仅是同类垂直汽车后市场服务平台，如养车无忧网、途虎养车网等，还要面对淘宝、京东等综合平台的竞争。

显然，仅靠 B2b2C 模式的创新是不够的，消费者不会因为创新模式而买单，消费者只关心自己购买的服务和产品是不是最好的，性价比是不是最高的。那么，在拉客这个环节上，车易安不仅是要通过传播让更多的人知道车易安，更关键的是要告诉目标消费者为什么一定要上你的平台，而不是去淘宝、京东或其他平台？

目前来看，车易安只有把用户基数问题解决好了，才能发挥它 B2b2C 模式的组合优势，再通过整体的杀客、留客和转客营销策略，才能吸引更多的商户入驻平台，才能真正实现“用系统和数据来撬动行业”的理想。

**8. 养车：养车无忧，养车真的可以无忧？**

汽车的普及也带动了汽车后市场的崛起和发展，作为汽车后市场 O2O 项目之一的养车无忧励志解决爱车族养车难的问题，让爱车族做到养车无忧。那么，“养车无忧”是如何做到养车无忧的？是否真正做到养车无忧了呢？

买车曾经是多少中国人的梦想，现在，买车对于工薪阶层不再遥不可及。家用汽车目前的普及率越来越高，甚至已经成为现代人生活质量高低的参照，车都已经成为必备品，也就意味着要往车上投钱，细细算计起来，养车的费用却让人难以承受，一年下来至少也得 30 000 多元钱。对于每月收入只有 4 000 的普通工薪族来说，承担起来的确有些吃力，给生活开支带来很大的负担。当然高收入阶层另当别论。

1）以 O2O 模式切入汽车后市场

近两年各种汽车后市场 O2O 项目如雨后春笋般崛起。目前，汽车后市场创业主要有以下几种模式：

第一种是加盟型，即网上商城 + 特约服务的形式，代表有途虎养车网，通过后期加盟的模式，企业可迅速扩充线下服务商的规模，并通过网上商城的销售实现盈利。这一模式存在一个难以排除的弊端，即企业无法统一线下加盟店的服务标准，导致车主的体验感难以得到保障。

第二种是以养车无忧、e 保养为代表的网上预约、上门服务 O2O，这种模式的优势在于企业无须实体店支撑，这降低了经营成本，满足了车主个性化、自由度高的时间、地点需求，但因技术门槛低而极易被复制，用户忠诚度低。另一方面，依靠烧钱扩大用户的同时利润不断摊薄。

第三种为线上 + 线下资源整合的平台型模式，代表有百车宝。平台型企业采取的普遍方式是通过整合线上线下资源，搭建线下商家入驻平台，通过这个线上交易平台，为线下汽车服务商完成用户引流的核心工作。车主可通过线上自主预约服务，并在线下完成体验之后支付，平台型企业可从中收取一定的佣金。这一模式的核心是“线上 + 线下资源整合”，优势在于平台型企业可以巧妙规避线下需要标准化收费和服务的问题。

可以预见，“互联网 + 汽车后市场”的大变革即将到来，而在这次变革中，数据生意将扮演着重要角色。汽车后市场电商将带来可持续的盈利增长，但 O2O 汽车后市场同时也是一个残酷的市场。国内汽车后市场参与者总体呈现出

“小、乱、散”等特点，至今仍未诞生规模较大的全国性企业。目前O2O汽车后市场仍然处于初期混战阶段，在商业模式多样性、盈利路径上尚未厘清，O2O汽车后市场平台宣布停业，原因均是同质化严重、盈利模式不清晰，以及资金链断裂等。

2）自身的发展壮大才有为用户解忧的资本

除养车无忧之外，博湃养车、车女婿、卡拉丁、e保养、养车宝等都是很优秀的汽车美容养护O2O平台，所以养车无忧如何和这些同类网站进行有效竞争，占据更多用户，并且在为用户提供性价比高的服务之外又能保持着自身的盈利。而一味靠烧钱扩大用户，利润会被不断摊薄，难以持久发展下去。如何不让资金链断裂，长久发展呢？最根本的是靠产品质量和服务，做好用户体验工作，吸引用户，同时扩大用户规模，寻找可以服务的各种车型的车主，不断发展壮大自身。线上线下渠道相联合，进行宣传推广传播，如微博、微信，上爱车族会关注的公众号、贴吧等，在上面进行宣传；在爱车族经常收听的电台频道上适时进行互动；合作的实体保养维修服务站也可以作为一个宣传推广点，最大程度的扩展客户。更多的用户才能带来更多的利润，才能更好地发展壮大。

3）搞清用户忧的来源，为用户解忧

其实对于广大汽车用户而言，产品的质量及养车维修的费用无疑是他们所最关注的。产品质量上主要体现在汽车的配件和养护用品上，去4S店，产品上是放心了，可是面临的是高费用。去普通维修店，费用上是省了很多，可是配件的质量又担忧。所以养车无忧从源头采购正品并以低于4S店的价格提供给终端消费者以及线下专业的保养快修服务站，以网络组合的方式为车主提供服务。

此外汽车后市场一直存在基础数据缺乏问题，典型的特点是，配件流转、交易的效率不高。究其原因，汽车的售后、配件流通是一个特殊的领域，所需要覆盖的车型超过17 000个，所需要覆盖的配件超过5 000万个品种，没有数据的支持，想高效、高质量运转，几乎是不可能的事情。即使用户想让你提供养车维修的服务，但你提供不出他所需要的汽配产品，一切都只是空谈。这就需要养车无忧从源头出发，采购到更多类型的汽配产品。

另一方面用户是将网上购买的产品拿到线下保养快修服务站进行修理，线下保养维修站收取一定的人工费，那么如何和线下合作的维修服务站进行有效的沟通，确保其为用户提供的是优质的服务，也是养车无忧所需考虑的问题。例如，用户可以在网上对维修服务站进行相应评分，养车无忧根据用户的评分给合作维修站适当的奖励来作为鼓励，同时针对评分很差的合作站可以采取取消合作的方式来保障用户的权益。产品服务到位，效率高，只有这样才可以提高用户满意度、忠诚度，让用户们真正做到养车无忧，轻松放心养车。

## 五、互联网+游

### 1. 买机票：携程的老大之累

携程作为中国领先的在线旅行服务公司，面对着众多跟随者的补贴烧钱大战。使携程这唯一一家盈利的企业也开始出现亏损状态。随着2015年李克强总理提出“互联网+”战略，携程也积极响应，作为在线旅游行业的龙头，携程也借此机会快速布局，希望能突破自己，但是等待它的又是什么呢?

1）老大的难言之隐

（1）亏损成常态

2015年5月13日，携程公布了2015年Q1财报。报告显示营收同比增长46%，但2014年同期尚有1.15亿净利润，2015年Q1却亏了1.26亿，这是携程继2014年Q4后第二个亏损的财季。亏损已成在线旅游全行业的“常态”。

（2）业务扩张和行业整合

作为在线旅游行业龙头，携程在近期开展了一系列的投资，这既是增加资本市场概念的考量，又有着提高行业壁垒的战略野心。对于同程、途牛这些后起之秀，采用左手现金股票，右手流量入口，手法强悍又刚中带柔。对于老对手艺龙采取价格战、资源比拼，最终以破敌一千自损八百的手段促使艺龙俯首。在线旅游只剩下一个倔强的“去哪儿”对携程的萝卜加大棒说出了“不!”使携程的业务扩张和行业整合的脚步停留下来，逼得携程采取价格战，可是“去哪儿”也获得了5亿美金的融资，这是携程面临行业整合的最大也是最后一场战争。赢了，突破自己改变行业生态；输了，继续烧钱。

（3）瘫痪的服务器

虽然亏损成为常态，只要打赢最后一仗完成行业的整合，携程就可以出现盈利，前景可谓一片大好。但是 2015 年 5 月 28 日携程遭黑客攻击，携程官网和客户端均出现故障，全面瘫痪，搜索功能均无法使用，页面显示 404 报错，面临数据丢失等问题。服务器瘫痪这对于携程而言不亚于致命攻击，所幸在经过 12 小时的抢修后已经恢复正常，也加强了在服务器系统方面的防护。

（4）“大拇指 + 水泥”，无线战略挺进

尽管遭受了打击，但是携程的“互联网 +”战略依然在推进，自发布了“大拇指 + 水泥”的无线战略后，几乎每一季度，携程移动端的数据都成了行业亮点。携程财报也显示，截至 2015 年第一季度，携程旅行无线应用已经拥有约 8 亿累计下载量，2014 年同期携程该数值只有 1.2 亿。另外，2015 年第一季度移动平台交易量占总在线交易量的 70%，其中，无线端交易占酒店在线交易的约 75%，占机票在线交易的 60%。此次最新财报，同样显示了携程在从 OTA 转型为 MTA 的成绩。也说明了携程 APP 的弱点——使用者忠诚度不够。

（5）收购专车，创新模式

网上流传携程收购易到，不论是收购还是继续战略投资，对两者而言都可以促进发展，在改写用车行业格局的情况下，还能为用车行业今后的发展提供一个方向。可是有嘀嘀快的的行业垄断，携程的此次模式创新是否会沦为鸡肋？

在这里笔者有必要指出一点，那就是携程 App 8 亿的下载量意味着使用群体对软件的黏性不高，且没有感情，就会出现重复下载、卸载的事件。那么如何有效地减少此类事件，并增加黏性？

2）做老大要有远见

（1）会员高等级高返利，新老会员共享季。

对每个等级的会员在重大节日开展会员优惠日的针对性活动，使每个阶级的会员有不同的体验，如普通会员每年可享受一次同城一日游，包吃、包行；钻石会员每年可享受一次省内三日游，开展每天登陆送积分、免费抽检等等活动，加强已有会员的福利，争取做到锁掉不跑掉。老会员邀请新会员注册，双方都送积分，新会员和老会员消费积分同时返等形式促使新老会员消费，增强

黏性和使用性。

（2）走线下、固商旅。

众所周知，商旅是出差密度最高的群体，那么抓住这部分群体保持不减，那么携程将在在线旅行占据一席之地。携程在线下可以大力推广和致远软件合作的致远 V5 协同管理平台，与高频词差旅的企业直接合作，提供一站式的平台服务，彻底改变目前企业内部差旅资源投入成本高、预算费用管理烦琐，员工出差订票报销审批周期长的现状，提升企业的运营效率，提高高频词差旅公司对携程的依赖性。

在此希望能提高返利来锁定老会员，由老会员发展新会员共享福利的连锁式传播，使携程能够维稳自己的流量，增强会员的消费体验，提高客单价，做到突破自己，实现扭亏为盈的局面。

**2．订酒店：还是用艺龙吗？**

在范敏时代，擅长于守的携程，在酒店业务遭遇艺龙的大反转，艺龙以釜底抽薪之战略让携程在酒店业务上节节败退。但梁建章时代的携程，却以牙还牙，先打后合，随着传奇 CEO 崔广福以及高管团队的相继离开，艺龙还是艺龙吗？订酒店还用艺龙吗？

跳出酒店预订、旅游业看行业，互利网掀起了一波波的传统行业、传统运营的颠覆模式。从服装、餐饮，到农业，到住行，那些最终能跃升到大众面前的很多巨头都离不开互联网时代的基因。而一说到酒店预订的业务，大致也可以想到四类酒店预订平台；一类是诸如携程的旅游平台；一类是如汉庭、如家的酒店自有品牌的官网；一类则是艺龙这类专属的酒店预订平台；另一类则是以去哪儿等为代表的查询类平台。无论是聚焦还是混合模式，各有其优势不足，那么在酒店预订领域，市场的花魁又最终会花落谁家呢？又或者是谁家唱罢谁家登场？

1）四类酒店预订业态，谁能争锋？

无论是携程、去哪儿，还是门票、旅游路线型的在线网站，酒店业务都作为平台的核心业务或者重要的业务布局之一。携程自成立伊始，就一直高居着整个旅游业，凭借酒店、机票两大主力业务，牢牢占据着整个行住市场。而去哪儿作为分销性平台，也成了整个在线酒店预订的主力平台之一。以2014年的数据为例，携程全年订房数量6 000万间，是艺龙、去哪儿的将近两倍。在垂直领域，艺龙和去哪儿的市场表现呈现竞争追赶的形式。而汉庭、如家一类在掌握着自己的本身资源下也逐渐加快了自有平台的建设。四类酒店预订业态，携程以强势的资源和多元的业务结构牢牢占据榜首，而在后一梯队，中间市场竞争无处不在，艺龙处境堪忧。

2）后“千年老二”的福与祸

艺龙在崔广福的领导下进行了大换血，从原来的多业务结构的重心整体转移到酒店业务，业绩也在近些年得到了逆转性的发展。但整个市场份额的数据显示，艺龙梯队的竞争形势仍然严峻，传统的资源战，仍旧疲于奔命抓市场。而整个行业的情况却是，上有铁打营盘携程，下有去哪儿？品牌自营平台，以及在线旅游的市场瓜分，前后为难，可以说艺龙这仗打得一点都不轻松。崔广福领导下的业务聚焦确实让艺龙的发展路线变得更加清晰，其核心优势就在于打主力战、攻坚战，集中所有的优势做酒店业务。但是整体看来艺龙当下除了一心整合资源之外，无论在移动端还是在本身的酒店业务上看不到更多的业务布局，而其他同一梯队的平台业务更加多元，虽然不如聚焦来得快速直接，但业务之间的互通能力、未来的发展空间都要胜过艺龙。

3）订酒店，还是用艺龙吗？

2014年，携程斥巨资收购艺龙，但双方的合作却并未被外界看好。两者核心业务都是酒店，携程重呼叫中心，主打商务、中高端，而艺龙则更注重中低端市场，以性价比取胜，两者的牵手无疑能增加该领域的市场份额。然而携程的酒店业务还没有平台引流的功能，如果将中低端市场完全倾注在艺龙方面，其平台本身的竞争力将大大折损，而从实际情况来看，携程似乎也并未纯粹舍弃。

订酒店，还用艺龙吗？线下订酒店，有如家、七天、汉庭等门店直呼，线上有携程的在线呼叫和在线预订。艺龙作为只以酒店为业务的平台，要想走得更远，唯有将该块业务做得更加极致，在与携程的合作上，更加明确彼此的平台职责，双方之间协调酒店业务的专注领域。若携程专注于中高端酒店，就应该尽可能减少中低端市场的产品数量。艺龙在丰富本身产品外，要注重产品的体验，以价格换人气的做法虽然在短期内能获得一定的增长，但绝对不能恋战。产品体验则可以囊括整个预订过程，事前的预订要具备便捷性，如在线平台的功能、使用方式；事中的酒店客服、事后的服务反馈，以概念、情感促销推广。2014 年，中国酒店业的总交易额超 3 000 亿，而在线预订的份额不超过 30%。在移动智能全面普及的今天，无线端唯一一个核心的突破点，而真想要成为在线酒店的霸主，谁不重视它则必将淘汰出局。

**3. 抢门票：自助游天下，就找驴妈妈**

细数中国旅游业，从巨头携程到细分穷游，旅游平台不一而足，但却各有千秋。以驴妈妈为例，其直白的广告语“自助游天下，就找驴妈妈”，通过自助游、驴妈妈这两个关键词，平台形象就跃然纸上了，但是真的能做到如此吗？

2008 年，中国正式发布了 3G，进入了新的移动互联时代。2006 年，国内在线旅游市场不足 20 亿，2008 年为 27. 89 亿，但在 2009 年，这一数据却呈现了爆发式增长，达到 600 多亿，整个在线旅游业进入到一个分水岭时代。2008 年，驴妈妈正式成立，短短的几年时间，成为整个在线旅游的后起之秀。在这样的时代背景下，旅游网站前赴后继，而驴妈妈却独树一帜，这其中凭的是什么？

1）大时代下的精定位

在线旅游网站爆发可追溯到 2000 年左右，平台整体倾向于信息呈现、分销平台，产品也以跟团游为主。发展到 2008 年，在经济环境、旅游市场、互联网的发展下，整个旅游市场呈现出更加年轻、多元、磅礴的市场需求状况。同程也就是在这个时候将业务重心转移到了自助游。一出生就带着自助游标签的驴妈妈，无论在品牌、业务，还是平台功能上都集中体现了其定位自助游的属性。

2）大平台下的准入口

在当时呈现了严重同质化的情况下，以自助游定位的驴妈妈成了独树一帜支持在线预订、功能化、大众型平台。同时，其他成熟的平台，如携程、艺龙等平台也逐步重视自助游的业务纷纷布局业务。自助游是自己安排旅游路线，根据消费者自由行程度的不同，可分为不同程度，而不同程度的表现就是平台的生存空间，建立在普通大众既要自由又要方便的双重条件下，无论何种自助游，都离不开门票这一环节。立足自助游，驴妈妈紧抓门票环节，最终得以锁住了整个自助游市场，成功脱颖而出。

3）大野心下的全布局

在线旅游是体验服务，表面上看是在线平台规模、品牌的竞争，实际上却是旅游路线、旅行社、地接社、旅游景点、旅游服务的线下暗战。在初期的两年内，驴妈妈采取了分销联盟的手段，与国内一批集聚知名度、权威性的景区形成战略互赢合作。所有的景区进驻到驴妈妈平台，直接对接消费者，能将更高优惠的门票反馈到消费者。而驴妈妈作为景区和消费者之间的媒介平台，则能整合吸引到更大的流量，形成平台的核心价值，这也是其能向服务型平台过渡的先决条件。

对比同程、携程的模式，驴妈妈采取的是平台佣金模式，而前两者采取的主要是自有产品差价模式。两种模式下，驴妈妈采取的是双向对抗，即平台和景区对旅游品牌的对抗；而在灵活度方面，同程、携程的发展空间则更为自主。

4）大战略下的品牌路？

以为景区提供门票分销服务为主营，未来驴妈妈的业务空间出路在哪？试图通过门票业务也衍生出自己的酒店预订业务，不同于携程亦商亦游的消费认知，驴妈妈依旧很难跳脱出旅游的范畴。其次，如何在各大巨头下妥妥生存，驴妈妈最大出路似乎还是立足旅游，寻找新的空白领域做精做强。再者，门票单额相对较低，容易成为消费附属巨头们玩票的工具，驴妈妈的门票业务还能作为平台支撑吗？从新的业务拓展角度看，驴妈妈困难重重。而立足当下，驴妈妈的发展空间仍然具备想象，从景区内部的门票、消费频次，到景区内部的新业务推广，这些都是驴妈妈作为平台定位享有的拓展领域。

如今，驴妈妈已经走过了它的第一个七年，每个企业的发展都有其成长的重要节点，节点到来之时就如同人心人情，很多事情的发展都不容易以人的意志、企业的意志发展，从而出现失控状况。无论驴妈妈的节点是否已经到来，在加速变化的互联网时代，驴妈妈总得提前做好它的新的发展升级，或是横向，或是纵向。

### 4. 自驾游：同程，如何和你一路同程？

同程被业内同行认为是最没有战略的企业，什么火就上什么，经营风格看似多变无常，但却紧跟时代。无论是从原有的旅行社分销业务转向个人旅游产品的出售方式，还是专注自助游，以及掀起的一元门票，到现在的千元游世界和高薪差评师，同程的整个发展核心都很清晰地遵循“以人为本”，但能否笑到最后呢？

成立于2004年的同程，从苏州园区走出来的国内知名的大型旅游平台。历时十多年发展，从原来的不知名的一个小网站做到如今国内在线旅游平台排行前三的地位。尤其在近年，其发展势头更是迅猛。同程到底凭借什么能在如此短期内快速脱颖而出呢？互联网是一个奇迹频出的领域，企业成功的法门也各有不同，同程又是凭借什么创造出它在旅游领域的发展神话呢？

1）走到群众中来——从B2B转向个人旅游

2008年之前，同程还是一个专注于企业旅游、分销的在线旅游平台。在当时，同程首家开启了旅游平台的网上名片制度，该制度在当时被业内誉为旅行社经理人身份证，成了整个旅游从业者的身份象征之一。同时，同程还开创了国内第一个实名注册的行业内交流网站。当时国内有大量的中小平台都集中在做类似的平台，更加注重旅行社产品的整合。而互联网的到来实现了全民互联，新技术的应用得到迅速的普及，各行各业迎来了全新的发展模式，在这场具备划时代意义的变革中，在行业内已经小有名气的同程调转船头，将业务重心转向了个人业务。

2）旅游更自由——注重自助游，转战门票

如果说旅游等同于跟团游，当传统的家庭游、中老年游的主力群体逐渐被崛起的中间年轻群体代替后，更加自由、更加个性、更加多元的旅游需求也逐步凸显。在这一阶段，国内关于旅游攻略、旅游路线等网站逐步受到大家欢迎，各类驴游论坛、线下驴友俱乐部等纷纷兴起。从企业、旅行社供应商转战到个人业务的同程，将业务重心转向了自助游当中。在整个自助游中，住、行、游成了核心三点，住（酒店）方面有巨头携程一直把控，而在行方面，消费者的可选性多样，唯独门票成了当下最蓝海、最有利的突破点。

3）全民旅游狂欢——一元门票

驴妈妈自成立开始，就定位于自助游、休闲游，同时以门票和周末出游作为平台的一大特色，区别了携程、途牛等平台。整个消费市场也呈现出更加休闲化、自主化的一个趋势。在竞争和需求的双重驱动下，同程在2013－2014年大力推出一元门票活动，成为整个在线旅游业史无前例的活动。如果说别人家的旅游优惠是一场促销，同程则把它做成了一项平台发展模式，同时引爆了大量的中间人群的出游消费需要。

4）为国民世界梦加油——千元门票

随着国内旅游路线的饱和，境外游成了新一轮的市场趋势。在过去，同程的竞争对象主要在驴妈妈，随着业务重心的转移，目前发展迅速的途牛成了新一轮的竞争对象。与此同时，也许是感受到来自同程不按常理出牌的发展模式，途牛携手驴妈妈构建协作联盟。而同程则延续此前简单粗暴、快速有效的一元门票方式，在新的出境游业务上打出了千元游世界的口号，百元国内长线游，这又将掀起一股出游热潮。

5）互联网时代下的极致体验——差评师

绑定购物已经成了旅游的潜规则之一，2015年爆出的香港导游辱骂事件一再将行业的这一情况推入新的高点，旅游体验成了当前顾客吐槽的最重要的问题之一。前不久，同程牵手万达，将携手万达线下旅行社共同打造O2O旅游业，和携程的自建线下不一样，这种资源整合、优势互补使得同程能抽出更多精力投入在顾客体验上。目前，同程更是创新性地推出了差评师一职，独创了旅游业一大新职业。

同程一路走来，经营风格看似多变无常，但却紧跟时代。无论是从原有的旅行社分销业务转向个人旅游产品的出售方式，还是专注自助游，以及掀起的一元门票，到千元游世界和高薪差评师，同程的整个发展核心都很清晰地遵循“以人为本”。从专注到人，专注到人的多元需求，以及专注到人内心的服务体验，层层递进，层层深入，同程一路走来，一直以一个拥抱用户的心态在做着这样一项服务事业。

### 5. 境外游：开元欧洲旅游地头蛇?

在“首届海外地接暨目的地营销大会”的海外地接风云颁奖典礼上，开元获得欧洲最佳华人地接社及中国出境游海外地接欧洲 10 强的两项桂冠，这是对德国开元集团的又一次肯定，也象征着开元真正打开了欧洲的旅游市场。

据了解，开元旅游起源于德国最大的华文网络媒体德国开元网，主要以欧洲本地优势为依托，与当地资源方深度合作，配合国内公司销售渠道的搭建，为客户提供覆盖欧盟 18 国连通 50 余个城市的欧洲循环大巴游、自由行、一日游、景点和活动门票、定制深度游、游轮以及包含吃、住、行、游、购、娱等全方位的欧洲碎片化旅游服务产品，主营欧洲在线旅游业务，以中高端商务旅游为主。开元的总部位于德国慕尼黑，目前在法兰克福、巴黎、北京、上海和厦门设有分公司，目前是德国乃至欧洲最大的华人旅行社之一，年发团量超过 20 000 人，年营业额近 4 亿元人民币。

短短 7 年的时间，开元旅游是如何霸占欧洲旅游市场的?

1）多方借势——站稳脚跟

（1）利用本地资源，打造核心团队。

开元核心团队由留欧十年的留学生组成，发展到 2013 年，队伍不断壮大，其中，留欧学生占近半数，熟练掌握两门外语的员工超过 2/3，大部分员工都是成熟而充满服务激情、拥有专业服务能力的年轻人。

同时，开元签约近 400 名优秀欧洲华人导游，保证为服务对象提供快速专业的向导服务，大部分接受过这些华人导游服务的旅客都在开元旅游的在线产品评价里对导游的专业素质以及服务水准给予了高度评价。

（2）强势的媒体占位，博得话语权。

2011 年在经过协商后，德国三家由华人创办的传媒《华商报》、《德中汇报》和开元网于 2011 年 12 月 17 日在法兰克福达成建立战略合作的协议，齐心合力推动德国华人传媒事业的发展，在西方社会里争取更多的华人话语权。

（3）活动营销，吸引眼球。

开元旅游积极开展和组织各种线下活动，包括组织业余留学生足球队、各种选拔赛德国赛区的比赛、在德华人的春节晚会、开元杯厨艺大赛、卡拉 OK

比赛、开元讲坛等，以促进在德华人、留学生的凝聚力。

线上的开元讲坛是由德国开元网举办，旨在为广大在德华人搭建一个理想平台，促进交流合作，营造大众积极参与、轻松互动的交流氛围；通过经验分享来学习技能、开阔眼界、结交朋友，丰富在德华人的业余生活，同时传播中国文化，促进中西交流。

开元旅游在德国举办的各种线下活动，其出色的创意和组织能力获得了在德媒体的广泛报道及欧洲华人的广泛关注。

2）联合资本——助跑

2013 年携程以 5 000 万人民币控股德国开元集团，双方的合作表面上看是携程为了补齐其在出境游业务上的短板，携程的机票、酒店等资源也可以通过开元旅游覆盖欧洲的华人市场，其实也给了开元旅游快速成长、打开欧洲市场、有利的助跑力量。

以欧洲为主要市场的众信收购开元 51% 的股份，意味着开元将作为众信旅游的欧洲中心去布局发展，在欧洲进行更大规模的目的地资源拓展。目前，开元已在欧洲进行小范围的试水，组建了波兰车行和并购了在法国的旅行社，以增强自身在当地的服务掌控优势。

与众信深度合作后，开元旅游不仅得到了资金支持，更好优化升级目的地服务和产品；更重要的是客源渠道上的支持，众信为开元旅游打开了国内客源的流量入口。与众信开展合作后，开元的销售额已经交出了好的成绩。

3）创新产品——蓄能

依托开元欧洲本地化的资源优势，开元有贯穿欧洲全线、路线选择多样且经济方便的旅游产品，并开通了出境游行程 DIY 服务。例如，欧洲大巴旅游、欧洲散拼旅游、蜜月游、欧洲夏令营、深度游等。

除了欧洲旅游的经典线路外，开元旅游也积极开拓与欧洲古镇的合作，宣传推广这些有历史、有文化底蕴的欧洲古镇。

为了实现作为众信欧洲中心的市场布局，开元加强了欧洲各国环线产品。依托开元的技术优势和落地优势，以 7 条循环线路覆盖欧洲 18 国。

4）“互联网＋风口”——起飞

“互联网＋”这个“＋”背后意味着无限的可能。开元网最初从网络论坛发展而成，积攒了一定的人气和流量后，推出了在线旅游产品。相对于传统旅行社，在线旅游充分利用了网络的优势，得到了爆发性的增长。开元网只用一两年的时间就达到了传统旅行社做五六年的成绩。

开元网推出的在线旅游业务大获成功后，逐步发展成业务全面的专业旅行社。乘着互联网这股东风，开元并不满足于已有的成绩，而是将触角伸向国际物流和跨境电商领域，这将开设一个没有边际的旅游市场，成为开元旅游腾飞的新起点。

借助于这四股力量，开元旅游不仅获得了资金支持，也打通了出境游渠道，同时在“互联网＋”的风口下将创造无限可能。开元是否能真正成为欧洲旅游市场“地头蛇”呢？

**6. 经济酒店：如家，从0到1的1是如何炼成的？**

“十年磨一剑”，10年的时间如家酒店集团成长为中国最大的经济型酒店之一。完成了从0到1的过程，面对中国酒店业不断细分的市场和层出不穷的品牌，中国的经济型酒店市场似乎已经进入了瓶颈期，作为行业老大的如家又该如何再度谋篇布阵呢？

“十年磨一剑”，10年的时间如家酒店集团成长为中国最大的经济型酒店。完成了从0到1的过程，面对中国酒店业不断细分的市场和层出不穷的品牌，中国的经济型酒店市场似乎已经进入了瓶颈期？

9年前，如家赴美上市，成为中国酒店业纳斯达克第一股，此后七天、汉庭相继登陆美股，当年的中国经济型酒店三剑客并驾齐驱，风头正劲。

如今，七天已经提前私有化退市，如家正步其后尘。这其中，固然有价值低估的因素在内，亦有经营环境的变化。

受低迷市场环境影响，如家一季度酒店入住率为79.3%，RevPAR（每间可供租出客房产生的平均实际营业收入）为人民币120元，同比下降5.5%；总收入约为人民币14.7亿元，同比下滑0.1%，归属于普通股股东的净亏损为人民币3 760万元，去年同期净利润为人民币7 490万元，同比下降150%。

面对困境，如家如何通过在逃离美股后，又能在这场竞争战中站稳脚跟呢？

1）启动多品牌战略

汉庭酒店集团更名为“华住”，7 天酒店集团更名为“铂涛”，有一个相当大的关键用意在于改变品牌在消费者心目中的固有定位，拓展空间，毕竟这两个都是从经济型向主题型向中端捞的典型。可以大胆地预测，如家为了更好地发展自己的多品牌战略，更名应该是一步典型的棋。

其实，如家已经开始了多品牌的尝试，如家酒店集团截至 2015 年 3 月 31 日，旗下拥有 5 个品牌：如家、如家精选酒店、和颐酒店、莫泰酒店、云上四季。“去如家化”，也许更名也许未必更名，不过，随着市场细分，酒店面对不同的受众客户给予品牌不同的定位，是惯常的做法，而集团的名称则对于整体品牌的渗透力和定位有着举足轻重的意义。为了提升集团品牌的档次，也较少选择经济型的品牌作为整个品牌的门面担当，所以“去如家化”，改变大众经济型酒店固有印象也符合如家发展战略。

多品牌策略不仅是中国酒店的策略也是国外品牌酒店的选择。

喜达屋集团是全球最大的饭店及娱乐休闲集团之一，以其饭店的高档豪华著称。集团的品牌包括瑞吉（St. Regis）、豪华精选（The Luxury Collection）、W 酒店（W Hotels）、艾美（Le Meridien）、威斯汀（Westin）、喜来登（Sheraton）、雅乐轩（Aloft）、源宿（Element）以及福朋（Four Points）。

希尔顿也采用了品牌多元化发展战略。希尔顿在对市场做细致分类的基础上，采用“主品牌 + 系列子品牌”的品牌多元化战略，例如，希尔顿旗下主要品牌有希尔顿、康莱德、斯堪的克、DoubleTree、大使套房饭店、家木套房饭店、花园客栈、汉普顿旅馆、希尔顿度假俱乐部等，每一个品牌都有特定主要目标市场，从而极大地提高了希尔顿在全球饭店市场的占有率。

2）建设围绕酒店和休闲旅行的生态圈

如家上线“如家优选平台”，如家内部成立独立的团队，专门负责挑选商品，通过在货源和物流上的多方合作，如家的野心也日益明显——建设围绕酒店和旅行的商品销售生态圈。孙坚坦言，“平台能否运转良好，商品选得好不好是主要因素”。如家在 2014 年赞助过一个名为“一道走”的旅游分享类文化项目，孙坚未来目标是“建成一个真正的草根型旅行、休闲文化平台，进而延伸出完整的旅行住宿生态圈”。

3）转向中档市场，加码海外拓展

酒店评论员方世宏表示，全国各星级酒店的平均房价普遍处于下沉趋势，对于经济型酒店而言利润空间不断地被压缩。与此同时，客源需求的变化也导致部分消费者逐步转向中档酒店等市场，如家势必也会进一步在中档市场布局。不过，在这种情况下，如家需要大量资金来作为转型支撑，入股 A 市是一个不错的选择。伴随着企业的不断发展壮大，中国企业向国际扩张的步伐也越来越快，相信在成功转型之后，如家势必也会进军国际市场，不过这一步还很遥远，毕竟转型不是朝夕之间的事情。

如家应充分利用现有资源、挖掘客户价值，借着退市的契机，积极地进行战略调整，寻求多种方式拓宽产品线、挖掘新盈利点，联合上游企业，建设基于 O2O 模式的体验式消费电商平台，完成酒店寻求外延式扩张的目标。

不论是哪一个品牌，想要在竞争中获得优势地位，最重要的就是要不断变革，跟上时代，清晰地发现市场的变化和给予。

### 7. 豪华酒店：开元，民企酒店头牌的曲折梦

从当年萧山的一家招待所起家，酷爱骑行的陈妙林兄弟硬是把一个三星级的小酒店做成全球酒店前十强、中国最大的民营酒店集团，个中缘由也许只有陈妙林感受最深。但从酒店发展的本质来看，如何迈过那些一个个的关键转折点也许才是关键。

纵观中外酒店业，酒店之间的竞争大致可以分为三个层次：第一层是价格竞争，这是最原始、最残酷也是危害性最大的竞争；第二层是质量竞争，这是比较理性的竞争；第三层是品牌竞争，这才是最高层次的竞争。开元，作为中国最大的民营酒店品牌，它是如何夺得“民企酒店头牌”称号的呢？在这场竞争角逐中，开元深谙品牌竞争之道：20 多年的发展，开元人一如既往地践行着“做行业典范，为社会造福”的品牌理念，步步为营。

2015 年 6 月 30 日，由中国酒店业门户网站迈点网发起的“2014 年度酒店业最具影响力品牌颁奖盛典”在北京新世界酒店隆重举行，开元凭借自身稳健

的发展与品牌影响力成为国内高端酒店品牌冠军。究其缘由，从迈点品牌指数MBI中发现，2012年，开元的品牌指数平均值为25.44，2013年的数据为31.76，2014年，其品牌指数更是上升为39.6。开元这个本土酒店品牌为何能荣登榜首？它的成绩究竟得益于哪些决策？

1）迈好“走出去”的每一步

2014年，开元的行业影响力指数为10.8，相较于其他国内高端酒店品牌，这个数据足以甩掉一大截竞争对手，而这种前所未有的行业影响力，很大程度上得益于其走向世界的“品牌经”。

2013年，开元在德国法兰克福收购金郁金香饭店，并将其改名为“德国法兰克福开元名都大酒店”。至此，开元品牌第一次走出了国门，迈向了世界，它标志着开元品牌开始迈上了国际化的道路。开元从1988年的开元萧山宾馆开始，经过25年的稳健发展，旗下已经拥有了130多家、遍布国内22个省市的高星级酒店，也成了中国最大的酒店集团之一。

这项收购是开元进军国际市场的一个大手笔，也是开元与国际一流酒店展开正面竞争充满信心和勇气的体现。随后，开元酒店REIT在香港联合交易所主板成功上市。从第一家酒店开业，到第一次走出国门，再到赴港上市成为全球第一个中国酒店REITs，“成为最好”一直引领着开元的发展，也让开元的品牌在MBI中稳居榜首。

2）改制+战略，创下“开元”奇迹

市场经济不断发展的大形势下，与国际知名酒店相比，中国本土酒店业的不足暴露无遗：投资主体缺位、产权不明确、管理制度和体系缺乏，这些问题严重阻碍了酒店业的发展。在这样举步维艰的窘境下，2014年，开元品牌的运营指数达到了21.14。运营指数代表了酒店品牌在互联网和移动互联网的运营情况。这样的数字高度揭示了开元自改制以来清晰、明确和彻底的本质转变。此外，开元在三方面完成了战略性突破：第一，在国内扩张和发展酒店业务；第二，调整发展模式，发展轻资产委托管理，逐步减轻重资产投入；第三，收购兼并内部酒店，同时加快了外部收购兼并。

2014年，开元收益26 800万元，其中酒店出租收入23 500万元，占

87.69%；商业、办公、购物、娱乐3 300万元，占12.31%；可分派收入15 400万元，占总收益的57.46%。

数字证明，改制+战略的成功，奠定了开元品牌快速、稳定成长和发展的坚实基础。开元的成功经营可谓是“中国酒店业的一个奇迹”。

3）一鼓作气，见证品牌的“爆发力”

2014年，开元媒体影响力指数和搜索指数分别为2.84和2.34。影响力的营造，需要有新的视角，新的思路。

2014年，“冰桶风”刮至酒店行业，开元酒店集团接棒公益；携手奇高科技，跨界合作开启酒店另类“O2O”；与城市名人酒店集团签订战略合作协议，实现会员共享与品牌联盟；竭诚环保，开展还城市一片绿世界环境日主题活动；由此，开元跃居全球酒店集团50强，发展势头愈加迅猛。正是这样一鼓作气的品牌“爆发力”，让开元在竞争中后劲十足，稳居最具影响力国内高端酒店榜首。

品牌影响力是核心影响力和外延影响力的综合反映，是影响力在更高层次上的提升和最集中的体现。实施品牌战略，打造品牌影响力是品牌影响力营造的关键点。

## 六、互联网+购

### 1. 百货商业：银泰的卖身?

卖谁都是卖，到底是选择“有钱任性”的万达，还是“高富帅”的阿里?银泰与阿里携手是神契合还是形转身?卖身阿里会是银泰转型的一次好契机吗?

银泰商业发布了对外公告称，原董事会主席沈国军不再连任银泰商业执行董事，并于股东大会后辞任董事会主席兼战略发展委员会主席职位，张勇将被委任为董事会主席兼银泰商业战略发展委员会主席。

张勇获任银泰商业董事会主席，预示着阿里成为银泰商业大股东的进程将提速。

其实，早在2013年，就有传闻：万达将出资82亿收购银泰。而本次合作阿里集团将以认购银泰商业新股及可转换债券的方式进行投资，总投资额53.7

亿元港币。那为何银泰会选择傍上阿里呢?

1）线上线下强强联手

互联网对传统百货的冲击，曾一度使线下店面沦为“试衣间”，而选择与阿里的携手，“一个从地面走向空中，一个从空中走向地面，双方走到一起组成‘特种部队’”。阿里巴巴集团首席运营官张勇表示，双方的终极目标是构建一套打通线上线下商业的基础体系，向全社会开放，为所有线下各大商业集团、零售品牌及零售商服务。双方都表示希望通过此次合作，实现用户在商场试穿衣服后可以用手机扫码，现场完成支付，不用再去收银台排队；用户现场没下单，离开后又想购买，可以手机下单。商场能根据用户订单收货地址匹配最近的仓库进行物流配送，当用户逛完街回到家，购买的衣服可能已经送到了。

“我们双方是你情我愿，互相投怀送抱。”银泰商业集团董事长沈国军表示，阿里此次入股银泰是基于之前的合作，双方都认识到需要加深合作关系，共同创新。

2）大数据支持，资源互通

大数据无疑是阿里对银泰最大的吸引，支付宝有6亿的用户，淘宝有3到4亿用户，从居住地址、工作单位，到消费能力、消费偏好等，都在阿里的数据库里，他们对于消费者的了解可以相当深入，可以帮银泰抓住客户的需求，并捕捉潜在的客户。而银泰方面在全国积累下的VIP客户是150万人，这个人数和阿里巴巴相比落差仍然很大，银泰寻求和阿里的合作，就是需要分享两者的客户，一旦实现，对银泰百货来说，VIP客群将呈现几何倍数增长。

银泰拥有全国众多布点的实体百货，可以为阿里巴巴O2O做最好的落地，阿里巴巴深知，零售最终端服务的是看得见摸得到的人，而不是机器；除此之外，银泰手上700万的优质商品资源，旗下淘宝网因为假货问题风波不断，货品良莠不齐、真假难辨也是电商平台难以治愈的痛点。

3）互联网的“化学反应”

本次合作机缘也源于之前阿里与银泰的多次合作，之前阿里控股银泰商业，可以说是“物理合作”，而本次在拥有共同目标的前提下携手，共同发展，将是一次“化学融合”的剧变。

阿里将靠数据帮银泰精准分析消费者的需求，预测所要销售产品关于地理差异、季节、颜色、款式等等一系列的趋势，以此为基础进货和销售，实现更高效的商品售卖。通过实体商业和数字商业的结合，实现人、货、场的结合。阿里能够真正帮助商业变成一个全渠道全流通，帮助商家更好地改善线上线下的用户管理，完成线上和线下更高效的商品购买。银泰商业的管理团队是带领银泰商业利用互联网、大数据完成商业变革，给用户带来全方位的新体验，同时把实体门店的作用发挥到极致。所以阿里和银泰要共同利用各自优势，去产生化学反应，真正去推动整个百货业态变革。

**2. 超市商业：大润发，把超商之根留住？**

大润发做飞牛网更像是打了一个幌子，做飞牛网是假，将线上线下打通，更好地去为连锁门店服务才是真，战略性地通过线上为线下去服务的方向来运营飞牛网，果真如此大润发能否留住超商之根呢？

在国家大的互联网+战略背景下，电商发展的愈发火热，但是有一个领域却始终被视为电商畏途，那就是主打快消百货的网上超市，过去，只有1号店是真正立足于网上超市这个定位。但最近一年，几乎所有零售业的线下大玩家都在往线上走，家乐福、永辉、华润零售，包括苏宁云商在内，都在2015年开始或者加速了自己的网上超市的发展。被誉为中国超商之王的大润发也在2014年加入电商行列，专门成立飞牛网，想要在电商市场分上一杯羹，并且豪言要在5年内成为电商综合平台型电商前三。

从飞牛网上线一年的运营来看，各种大促狂欢，叫板京东、天猫，主动挑起与苏宁和1号店的价格战，截流“双11”等等，这一系列的打法与其他传统零售旗下的电商平台相比，似乎更加熟谙电商的玩法。

大润发在一二线城市知名度不高，很多人甚至都不知道它的名字，但其单店销售却可以做到3.3亿元，而两个最强劲的竞争对手之一沃尔玛单店销售1.77亿元，另一个对手家乐福的单店销售仍然只有2.1亿元。如此令人满意的成绩，让人不禁要冷静下来思考，大润发实施这样的战略转型，是否真的会如构想的那样：5年成为电商综合平台前三甲，若是没能做到，是否又会对大润发实体店产生冲击呢？

飞牛网目前面临很多挑战，第一个就是流量问题，电商平台上每个顾客的获取成本差不多在100元左右，飞牛网还需要较长时间获取更多的流量并提高转化率。与此同时，传统零售转换至互联网，思维是否能切换、线上线下IT及供应链系统能否顺利对接都是挑战。并且在电商格局基本已定的情况下，如何推广飞牛网知名度，都有不小的困难。

大润发目前实施连锁门店“四轮驱动”O2O的模式来打通飞牛网同线下连锁门店，通过生鲜O2O，门店与生鲜店店商一起进货一起卖，线上线下优势共享；门店作为发货仓的O2O，每一家门店和全国五大仓都作为发货店，“线下商品线上卖”；门店电子O2O，“线上的商品线下卖”，大润发实体店SKU（库存量）只有2万种左右，但飞牛网上有近20万种，没有充足的陈列空间，就利用门店展示和体验电子购物的方式推广；此外通过“千乡万馆”计划连接起除了大润发自有门店以外的更广阔的网络。

康成投资（大润发）董事长、飞牛网首席执行董事黄明端和刘强东探讨电商时，曾提出一个问题：电商能赚钱吗？若是不能，做了干什么。直到2014年，大润发才开设飞牛网进军电商。如此这般，大润发更像是打了一个幌子，做飞牛网是假，将线上线下打通，更好去为连锁门店服务才是真。若真是这样，不盲目跟风全盘跨进电商，而是战略性地通过线上为线下去服务的方向去运营飞牛网，那么大润发必将还是中国的超商NO.1，希望大润发留住超商之根，继续阻击沃尔玛、家乐福等“外国联军”的入侵。

### 3. 专卖商业：苏宁，只能做个家电连锁商？

“买家电，上苏宁”，这是一句口号还是苏宁努力发力电商云商多年后的真实写照？近期在国家互联网 +的大战略下，苏宁云商战略转型似乎好戏连台，但总感觉又没有触及战略本质和灵魂，苏宁云商的战略转型如何才能进入快车道呢？

“买家电，上苏宁”，当你还把苏宁定位在家电连锁商，你就OUT了。2015年5月29日，苏宁的消费金融公司正式对外宣称开业。该消费金融公司将借助苏宁云商强大的数据库资源、线上平台经验以及丰富的门店优势，为消费者提供多元消费金融服务，这也让苏宁云商的战略转型进入快车道，业务规模也有望快速增长。

1）大股东强强联手

苏宁消费金融公司是全国首家大型零售商作为主要出资人的消费金融公司，由苏宁云商（49%）、南京银行（20%）、法国巴黎银行个人金融集团（15%）、洋河股份（10%）和先声再康江苏药业（6%）共同出资组建，注册资本3亿元，强大的股东背景为消费金融公司发展提供了坚实的支撑。

苏宁云商是全国民营企业500强中排名第一的大型连锁零售商，还拥有国内第三大电商平台苏宁易购，会员数近2亿，有天然的消费金融应用场景与客户群；老牌白酒企业洋河股份也拥有7 000多家经销商；先声再康江苏药业在江苏省内率先获得互联网药品交易服务资格证书；南京银行则形成了成熟的无担保个人信贷模式，提供了优秀的人力资源和成熟的操作经验；法国巴黎银行在无担保个人信贷领域拥有产品设计和风险管控经验，多年来与零售商和其他金融机构合作，有着全面国际化的运营模式，能为消费金融公司提供运营和风险管理经验。

2）苏宁的“任性付”

苏宁消费金融经营范围包括个人消费贷款、境内同业拆借、代理销售与消费贷款相关的保险产品等服务。苏宁云商表示，消费金融推出首款个人信用消费产品，取名“任性付”，该产品可以将消费金融与全品类零售流程直接对接，是以互联网+方式催化传统消费信贷产品的首次尝试。

“任性付”就是将用户在互联网上的各类行为数据加以整合，通过验证、分析、快速、分层地给予一定期限内用于先购物后还款的授信额度，具有灵活、高效、期限长等特点。“任性付”是一个跨界融合的产品，是“互联网+消费+金融”组合出来的工具，该产品能够解决消费者在传统支付过程中的问题，是对过去十多年来互联网形成消费体验的一种颠覆。比如，苏宁即将推出的分期商城，并不只是简单地在银行网站上看到的一些商品的分期那样，这个分期有可能就是海外商品的分期、尾货闪购商品的分期、国际限量发售的商品分期。苏宁在校园市场推出一系列“任性付”的产品，如针对校园群体在3C产品方面的需求，推出苏宁定制产品，给中国的校园大学生用户群带来从产品到娱乐再到金融的服务。在这个过程当中，也能实现苏宁对 90 后市场的快速覆盖。

3）零售生态圈初具规模

除了“任性付”，苏宁云商还推出苏宁云店 2.0，而“数据云”服务也即将上线。通过不断推出新产品，苏宁“O2O + 金融 + 物流”的互联网零售生态圈已初具规模。2015 年苏宁重点建设苏宁易购直营店及高信息化苏宁易购生活广场——云店。苏宁易购直营店将深入农村市场，以 O2O 模式低成本实现渠道的全面下沉。而且苏宁还将在金融业务方面计划更好地实现 C2B 产品的定制，为供应链上的商户及消费者提供包括理财、贷款、保险等在内的金融服务。在物流方面，苏宁经过 20 年的超前资金、技术投入，现已形成全国性仓储配送网络，次日达覆盖区域达 90%。

“苏宁 + 服务”的产品层出不穷，O2O 布局也正在加速完善，公司未来有望打造基于物流、数据、金融的全产业链的产品服务，为消费者提供极致体验。国泰君安认为，苏宁云商已进入转型收获期，稳定流量输出反哺开放平台发展，交易信息沉淀为互联网金融及大数据分析奠定基础。金融业务发力更为苏宁战略亮点之一，2015 年全年实现利润超 5 亿元人民币。

苏宁云商在互联网 + 的风口下，正在创造无限可能。

**4. 广场商业：万达的广场舞**

“有钱任性”的万达广场代表着广场经济的崛起，也代表着传统经济模式从商超、百货到综合广场经济的巅峰；也引领中国的传统经济从产品型到体验型、服务型的重大转变。面对万达日渐出现的危机，万达广场如何实现从重资产模式到轻资产模式？像风靡全球的广场舞一样轻盈起舞，快速蔓延。

2015 年，势必是中国经济上演转型突围大剧的一年，新旧接力、大众创业、提振指标、股市悲喜，而这一切无不是一场与时间的赛跑。逻辑也很简单：谁跑得快，谁赢。炒得热火朝天的“阿里与银泰联姻”“大众点评网与百盛携手”，无疑预示着传统重资产商业在互联网 + 风口下的弊端与转型。

现在“有钱任性”的万达广场在互联网电商的冲击下，其原有的传统零售业态已经过时了，品牌商不再趋之若鹜，一铺难求难再现，处于连续亏损的状态。

万达决定关掉 10 家严重亏损的百货，这 10 家百货占总店铺数的 10%，同时压缩25家经营不善的百货楼层。

面对万达日渐出现的危机，王健林称："中国房地产已经出现拐点，由供不应求变为供需平衡，而且这次拐点不是'V'型而是长长的'L'型，中国的房地产永远也回不到买到就是赚到的局面，躺着都能挣钱的时代已经过去"。言外之意便是，万达不能再走靠销售赚现金流，投资万达广场这种重资产的路子了。

那么万达广场如何实现从重资产模式到轻资产模式的转换呢？

1）去地产化，成为商业服务公司

众所周知，万达集团独创的集大型商业中心、步行街、酒店、写字楼等多种功能于一体的"城市综合体"商业地产模式已取得巨大成功。在全国范围内已开设111座万达广场、71家酒店，持有物业面积达2 157万平方米；建设中的万达广场也有70个，酒店69家，物业面积1 747万平方米。2015年1月，在香港上市的万达商业（03699. HK）市值超过2 200亿港元。甚至可以说，万达商业就是全球规模最大的商业地产企业。

但在新华网思客讲堂，王健林提出万达商业要转型，去地产化。他表示，转让万达商业现在已拿到地的、但在2017年以后开业的重资产项目，即使丢掉一部分开发利润和资产增值的好处，也要集中人力资源、资金追求商业租金的提升，以及做好直投以及众筹等的轻资产项目。把原来起家的基础公司变成一个商业服务公司。

2）"互联网+实业"

王健林提出，并不存在互联网思维，互联网只是一种工具，要"互联网+实业"才有前途。这种思维在2014年8月29日，万达、腾讯、百度三方宣布在香港注册成立万达电商时已初见端倪。由万达集团持有70%股权，百度、腾讯各持15%股权的万达电商，计划在5年内投资200亿元，成为全球最大的O2O电商公司。

万达电商涵盖了O2O交易平台、大会员体系、大数据体系、通用积分联盟、云计算平台等多个领域。除此以外，在成立全球最大O2O电商公司的同时，万达与百度、腾讯在电商平台方面也有所探索，2015年3月，三方共建的电商平台“飞凡网”也终于上线测试。

3）投资金融

2014 年底，万达集团以 3.15 亿美元的价格获得快钱 68.7% 的股权，将快钱揽入囊中后，快钱将成为万达集团的网上支付平台，并成为万达集团建立大会员系统、提供大数据服务的重要支持。2015 年 6 月 12 日，万达集团推出的首款互联网金融产品——“稳赚 1 号”正式上线。首期众筹 50 亿元，起投金额为 1 000 元，预期合计年化收益率达 12% 以上。“稳赚 1 号”在上线当天一小时内便被抢购一空，创造了全球众筹行业的新纪录。

4）涉足文化产业

（1）影视

万达影视传媒有限公司成立于 2009 年，业务范围包括影视投资、制作、发行、放映及后产品等全产业链业务。2012 年 5 月，万达集团以 31 亿美元（约合 196 亿元人民币）的总价格收购美国 AMC 影视公司后，万达影视成为全球最大的院线运营商，占有全球 10% 的市场份额。自 2013 年起，万达影视传媒有限公司明确表示“每年投资不少于 8 部影片”。借助其实力雄厚的资本，曾经投资《警察故事 2013》、《太极侠》、《亲密敌人》等影片。除此之外，万达影视还在青岛、武汉等地打造命名为汉秀的舞台演艺节目以及投资建设电影乐园。

（2）体育

王健林提出，足球要从青少年抓起，这是万达下决心每年输送 30 个小孩到西班牙进行足球学习的原因，他提出并购体育类企业，在体育产业方面成为世界第一。其实万达集团在体育控股早有所动作。2015 年 1 月 21 日，万达集团以 4 500 万欧元的价格收购西班牙甲级联赛的马德里竞技足球俱乐部 20% 的股权，双方将合建青训中心，并计划在中国建设 3 所足球学校。2015 年 2 月 10 日，万达牵头 3 家知名机构及盈方管理层，战胜 11 家来自全球的竞争对手，正式宣布以 10.5 亿欧元收购曾经负责分销两届世界杯足球赛的瑞士盈方体育传媒集团，成功并购盈方体育传媒集团 100% 的股权。

（3）旅游

目前世界最大的旅游公司迪士尼一年的入园人数为 1.3 亿，而万达集团的目标是到了2020年实现2亿人次的入园人数，并成为世界最大的旅游公司。在此之前，万达集团还会通过并购旅行社、旅游网站以及开发周边旅游产品加速转型。截止2014年12月，万达集团旗下的万达旅业已经并购了国内11家的旅行社，全年营收超过75亿元人民币，成功跻身2014年中国旅游集团20强，排名第15位。据万达集团副总裁莫跃明透露，万达旅业2016年要成为中国最大的旅行社集团，2018年成为全球知名旅行社品牌。

（4）儿童娱乐

万达集团旗下的儿童娱乐品牌主要分为“宝贝王乐园”（面积2 000～3 000$m^2$）和“儿童乐园”（面积7 000～10 000$m^2$）两大品牌，内容以儿童互动娱乐为主，结合儿童教育、美食等。截至2014年年底，万达集团旗下的儿童乐园已开业9家，预计到2020年开业400家，成为中国最大的连锁儿童娱乐公司。

谁说大象不能跳舞了，通过轻资产转型，万达广场此刻正在轻盈舞蹈。

### 5. 便利商业：全家的变与不变

全家便利店已成为亚洲最大的国际连锁便利店之一，服务网点遍及日本、中国台湾地区、中国大陆、韩国、泰国、美国等地，门店超过12 000家。全家迅速扩张的背后，究竟有哪些支撑？能够顺应中国改革开放以来社会、市场、消费观念等因素的变化，全家在中国市场上经历了怎样的变与不变？

又是一个美好的周末的早晨。

“亲爱的，爱心早餐来咯”，你还在洗漱的时候，男朋友已经把早餐买回来了，酸奶、三明治、豆浆、奶黄包，中西结合，同时带回来的，还有水电煤缴费的回执单和昨天下班前你在1号店上狂购的日用品和生鲜水果。

这样的场景对于生活在上海的年轻人来说，一点也不陌生，所有的这些事情，早上去一趟小区外的全家便利店就能全部搞定。

当然，今天要讨论的当然不是早上为女朋友买早餐、取快递的事情，而是能买早餐、取快递的全家。

图 2.4.7 全家便利店门店

从 2003 年 4 月上海第一家也是中国第一家全家试验店开张到现在的 13 年时间里，人们对于全家或者类似的 7-11、罗森等的印象从新鲜感变成了习以为常，已经深深地融入到了他们的日常生活中，成了他们生活方式中的构成要素之一。单纯从生活方式这个层面上讲，全家这类便利店的存在，与大型的商业中心有着同等重要的意义。而能够顺应这 13 年社会、市场、消费观念等因素的变化，全家在中国市场上经历了怎样的变与不变？

1）全家的不变——核心价值未变

全家这样的便利店核心价值何在？全家和“便利店”这个概念都是日本人创造出来的。作为便利店的全家，最核心的价值本身就是“便利”二字，而这种价值的载体，就是全家所提供的能够满足社区化生活需求的服务和商品。

城市生活需要多样化的商品与服务以满足人们的文化和物质需要，除了公共交通这一类的公共产品和服务之外，非公共产品主要的集散场所就是社区门店和城市综合体，这两种商业形态由于地缘与辐射半径的不同而形成了功能属性的差异并形成了互补。城市综合体辐射的半径大，承载的是更加多元化的需求，核心不在于便捷，在于多元和集成，而社区则相反，产品与服务都比较基础，以社区需求为核心，核心诉求点在于方便快捷。就像周末的爱心早餐，你是不大可能驱车几公里甚至几十公里到商业中心去买的——如果真的任性这样去做了，可能沦为缘木求鱼的笑话，因为可能没有你想要的早餐。而位于地铁、写字楼或者是医院的便利店，纵使消费群体的社会属性有所差异，但对于便利店的核心需求依然是便利。这种便利性，不仅仅体现在全家所销售的便利产品上，也体现在它作为社会公共事业缴费的重要网点的存在，这不仅方便了居民，也降低了公共事业管理的成本。

（1）时间便利：24 小时全年无休。店面装修简单但洁净，灯光明亮，标志明显，都市年轻人的安心之选，同时也是高校学霸的不二之选。提供体贴入微的便捷服务，深受广大顾客青睐。

（2）空间便利：网点多，全国近千店，紧靠办公住宅交通枢纽。全家在中国的便利店主要分布在住宅小区、商业街、学校、医院等场所。一号店覆盖 3 000 人，全力为顾客打造一站式的生活服务。刚进入上海的全家，采用对标战略应对好德。在离好德又比好德位置好的地段开店。黄金地段包围对手，虽然短期成本拉高，但是长久来看全家成为上海市场的巨头，空间便利产生了重要作用。

（3）商品便利：3 000 种商品，满足消费者基本所需。鲜食商品周周有新品。全家细分定位，主要销售食物、饮料，抛离传统便利店东西繁杂，类似小型超市的经营范围，迎合都市白领、大学生等人群更精准的为客户服务，深耕食品市场，同时带来了好的口碑，利于其进一步发展。

（4）服务便利：提供手机充值、代收公共事业费、ATM、预购等多种便利服务。

2）全家的变——提供价值的方式和内容

对比全家的竞争对手罗森、7－11、好德等连锁便利店，全家打造更年轻的营销服务团队。统一的店面装修、统一的码货方式、统一的制服和服务用语。

温馨的店铺形象展现，商品摆放合理、整齐，分门别类，标价醒目，令人有购买欲望。且全家店外广告很少，整洁大方。

热情待客为服务原点。贴心的家人般的感受让每位来到全家的顾客都能够与温暖的笑容相遇。店员热情且面带微笑的“欢迎光临”，及时提醒店里的优惠活动，递送食物的时候轻声提醒“小心烫”，顾客不小心打翻饮料马上清洁并更换。细节深入消费者的内心，为消费者提供了舒适的购物环境。

彻底贯彻价值创新、诚信务实、顾客满意的经营方针，提供给消费者亲切的购物环境、优质的商品、多元便利的服务与生活情报信息。优质服务既得益于全家的专业化规则的制定及培训到位，也有背后“神秘顾客”制度的支撑——管理层随时到访体验门店服务，检查商品陈设、服务质量。执行到位需要监管跟进，神秘顾客制度是优质服务推进的保证。

从 1 家到 1 300 多家的门店数量，这种成长是最直观的变化，但这只是量的变化。在质的层面，是全家在提供核心价值的方式和具体的内容上的变迁。

来个倒叙：

2015 年 7 月，全家在全国范围内的门店全面接入微信支付，且未来还会与微信有更多的合作，打造全流程的线上运营体系；

2014 年 9 月，全家接入支付宝，完成了线上支付的构建，完成了 O2O 中线上支付环节的构建；

2014 年 7 月，与一号店达成战略合作，成为其社区最后一公里物流配送的服务站点，既是新的业务，同时也是带来人流量的重要方式；

2013 年，已开始与亚马逊合作，作为其线下的配送站点。

……

当然，全家业务的调整远不止这些，例如，在门店配有阿拉订终端，能够完成产品商城、充值、旅游、演出票、电影票、金融保险、游戏点卡、缴费还款、积分礼券、彩票等各种功能。全家的市场选择策略是在沿海或发达的一二线城市，对于事物的变化有着敏锐的嗅觉和开放的态度，始终围绕为社区提供便利这个核心价值不断调整自己的业务结构，优化价值供给的方式。

一定程度上说，促成这种调整的动力既有来自主动适应变化的内动力，也有迫于环境变化的外在压力。从内动力上讲，为社区提供便利是他们的立足之本，满足消费者需求的变化是他们的自我要求。而技术与消费者习惯的变迁，又可能会导致某些业务的转移，例如，水电煤的缴费现在已经开始向手机钱包上转移，意味着这类业务在全家可能已经进入历史倒计时。

### 6. 社区商业：病入膏肓的叮咚小区还有救吗？

叮咚小区在定位、模式、推广、产品方面面临无数问题，看上去叮咚小区似乎已病入膏肓，最近业内也传出叮咚小区资金链断裂和北京、上海公司裁员70%的新闻……那么，叮咚小区还有救吗？随着大O2O、大商业、大社区的概念不断发展、丰富、成熟，叮咚小区又该如何自救和他救才能真正引领当下的社区商业呢？

“本来不想评论，垃圾得出乎我的意料”

“烂，注册使用一分钟就卸载了，没什么实际功能”

“我一般很少写差评，这回实在忍不住了”

“人家说不好用，我还不信，广告做得好有什么用啊，注册好发个图就闪退！！那还用什么啊，闪退多次！！”

……

用户评论见图2.4.8和图2.4.9所示。

图2.4.8 叮咚小区用户评论之一

图 2.4.9　叮咚小区用户评论之二

很难想象这是叮咚小区花掉 1 200 万广告费买来的用户评论。在各种 APP 下载平台上，类似的差评不在少数，至少占到叮咚小区总评的 90% 以上。

1）定位和模式不清

那么，为什么这么差的产品还受到业界的广泛关注呢？这得从叮咚小区的出生说起。

叮咚小区是一款为日常小区生活提供便利的 App 软件，它的创始人是母婴社区网站丫丫网的创始人梁昌霖，他从筹划到产品上线只花了短短的 3 个月时间，梁昌霖的理论是这样的：

“做社交，用户是最重要的，而且难攻易守，一旦占领阵地，就可以构建越来越宽的护城河，构建自己足够的竞争壁垒，在未来的竞争中保持先发优势。线下扩张一定要快，先让用户知道社区 O2O 战场是我们的，再慢慢改造产品。”

这话从一位老互联网人口中冒出来，实在让人有点无法理解，因为他忽略了市场最本质的竞争就是产品或服务的竞争。狂砸广告，好不容易获得的用户，没有成熟的产品作为依托，用户如何沉淀？这些用户终究会因产品体验太差而流失。大家都知道，互联网时代，用户、流量就是爹和妈，没有用户，如何占领阵地？又将如何构建护城河？如何建立自己的竞争壁垒？

实践是检验真理的唯一标准，从众多的负面评论中我们可以看到，叮咚小区花大价钱圈来的用户，因为极差的产品体验，正一个个流失掉了，实践告诉我们，叮咚小区的理论错了。

当然，叮咚小区之所以受到业界广泛的关注，并非它极差的产品体验，而是因为它上线不久就拿到了 1 亿元规模的天使投资，估值 4 亿元。据笔者所知，这在国内业界天使投资史上绝无仅有，叮咚小区创造了一个奇迹。

为什么这么说？我们看看梁昌霖为叮咚小区贴的三个标签——社交、O2O、生活的链接，这三大标签中的每一个都藏着巨大的商机，“钱”途似锦。社交，看看今天的腾讯 QQ、陌陌、人人网、豆瓣等社交工具或媒体，想想口水就流下来了；O2O，时下最热的概念，有谁不为其倾心；生活的链接，大众点评网、58 同城、饿了么等，不得不说得生活者得天下啊。而叮咚小区要干的却是这三者的集合，多大的市场和个人雄心啊，如此概念加上梁昌霖资深的从业经验怎能不打动投资大佬？

只要是有点专业知识的人都能看出，叮咚概念虽好，但至今除了能和社交扯上关系外，跟其他两个标签半点关系没有。并且，叮咚小区的社交功能也只是为了社交而社交，完全没有考虑国内市场环境和用户特征，只是模仿美国 Nextdoor 的模式，而且只是知道了皮毛，还没学到精髓。

因此，对于叮咚小区而言，无论是它的定位还是模式，推广还是产品都是失败的。

2）本末倒置的推广策略

为什么说叮咚小区的推广策略是本末倒置呢？先看一下叮咚小区地推团队是一支什么样的队伍。

据说，梁昌霖将他 100 多人的地推团队分成 3 支队伍，分别是空军、炮兵和步兵。空军只有 2 ~3 人，主要负责广告创意和投放；炮兵 10 多人，负责攻打据点，也就是接洽物业、商户，达成与叮咚小区的合作；而步兵人数最多，他们主要负责线下的邻居服务和小区扩展，也就是拉人安装叮咚小区软件。

为什么地推工作不是去搜集商家、做好社区服务的信息，而是用大量的人员去拉客安装 App？这也是由于叮咚小区社交软件思维导致的，因为对于社交软件来讲，它迫切需要大量的用户来构建一个交流的氛围，否则社交何处谈起？但是，正如前面所说，用户并没有把这款软件当作真正意义上的社交软件，而是社区软件，是社区软件就必须要有便利的社区服务，而叮咚小区的社区服务却无法满足用户的需求，从而导致用户不满，安装量上不去，社交功能无法实现，进入一个死循环。

3）产品设计是硬伤

叮咚小区模式有疾，疾在腠理；推广有疾，疾在肌肤；产品有疾，疾在骨髓。产品设计上的缺陷导致广告投放获得的大量用户白白流失，且对品牌造成了不可挽回的负面影响。

（1）产品之疾一：贪大图全。

注册登录后，就可以看到叮咚小区的主界面。主界面分为两个板块，一个板块是我的小区，包含了小区公告、号码通、论坛、圈子·对话、办事办证五大功能，新更新的3.6版本又新增了叮咚快送功能，构成了六大小区功能。还有一个模块是小区周边，包含了二手市场、拼车、宠物、家政、家教、叮咚小铺和活动七大功能。除此之外，还有个人中心功能和签到功能。

叮咚小区这13大功能俨然就是58同城、赶集网、饿了么、陌陌、街旁等移动软件的结合体，只是以进驻社区为噱头包装而已，并非是创新的产物，最致命的是什么都在做，但什么都没做好，如二手市场不及58和赶集，签到功能没有街旁丰富等，用过的朋友应该有所体会。

（2）产品之疾二：挂羊头卖狗肉。

叮咚小区除了小区公告、号码通、办事办证和叮咚快送外，其他功能实际上都是挂羊头卖狗肉。比如说家教功能，它提供的并非是小区周边家教机构或者个人的家教服务，仅仅是提供了一个家教的论坛，让用户自由讨论，没有验证机制，也没有评价机制，其他诸如拼车、宠物等功能也都是这样的模式。叮咚小区这些所谓的“生活的链接”的功能，实际上都是“论坛”，只不过它将这个论坛细分了很多板块而已。而小区无忧每一个“生活的链接”的功能都紧密地和周边商家服务联系起来，不仅提供电话号码，还有电话次数、价格、评价等，大大方便了小区居民的日常生活。

（3）产品之疾三：鬼城太多，板块内容更新慢。

由于叮咚错误的地推策略，导致目前很多已被激活的小区后续服务无法跟上，出现了许多“鬼城”。例如，已被激活的春申府邸小区，目前小区公告、号码通均无任何信息，只有几个零星的用户在二手市场里倒腾旧物、在宠物模块里晒晒自己的宠物照。

（4）产品之疾四：强制使用手机号码注册。

在此不得不喷的一个设计就是叮咚的登录方式，叮咚与国内绝大多数 APP 的登录方式不同，在打开叮咚小区 APP 后，必须用手机获取验证码后才可以进行体验。笔者真想问问叮咚小区的产品经理是刚从学校毕业的吗？不懂中国市场吗？这种登录方式国内开发手机软件的前辈们就已经试过了，且均已失败告终，因为绝大多数的人都不愿意在没体验产品前就直接通过手机号验证，他们不愿意将手机号码白白透露给商家。小区无忧、小区管家、彩之云等小区 APP 均采取的是先体验、后注册的方式。显然，叮咚的这个门槛流失了不少潜在用户。

（5）产品之疾五：激活小区门槛太高。

叮咚小区第二大门槛就是激活门槛。叮咚小区上线之初为了获得真实的活跃用户，没有考虑到中国小区的用户特征，把激活的门槛设置成了 100 人，后来估计认识到了问题的严重性，新版本取消 100 人限制，不管小区内有多少用户，只要签到人次达到 300 人就会激活小区，但是这仍需要相当长的时间，有的用户反映，为了激活小区天天签到，还邀请身边的朋友一起签到，好不容易激活了，进去后发现什么都没有，于是伤心地卸载了。

（6）产品之疾六：LBS 定位不准确。

总是有用户说叮咚小区 LBS 定位不准是笔者感到诧异的地方，作为一款自称为“超赞的小区生活便利服务站”的 APP，LBS 技术应该是标配。

（7）产品之疾七：小区更换不合理。

叮咚更换小区的设计被用户调侃为歧视富人的设计。因为叮咚小区是用手机号注册的，一个手机号只能登录一个小区，更换小区需要等待 30 天时间，如果一个人有两套房子，想要用叮咚小区就只有两种方法：一种是再买个手机号注册，第二种是卸载软件，你猜他会选哪个？

（8）产品之疾八：叮咚快送没有评论商家和商品的功能。

叮咚快送是叮咚小区3.6版本新上线的一个功能，主要是通过联合小区周边的超市、餐饮店推出的预订、快送服务。这个功能多少让叮咚和O2O沾上了点边儿，不过缺憾有两点，一是没有实现手机支付功能；二是商户和商品均不支持评论和打分。

（9）产品之疾九：活动板块内容太少。

叮咚活动从上线至今只有3条优惠活动，先不说活动质量好不好，优惠幅度大不大，仅从数量上叮咚就输给了同类软件一大截，再次说明叮咚没有真正了解本地社区居民的需求。

4）叮咚小区还有救吗？

前面列数了叮咚小区定位、模式、推广、产品的无数问题，看上去叮咚小区似乎已病入膏肓，事实也是如此，如果叮咚再这样继续蛮干下去，那就真的离死不远了。如果以这样的速度和方式发展下去，首笔天使投资花光后，叮咚小区一定拿不到新的投资。那么，叮咚小区还有救吗？下面的路该怎么去走呢？

针对叮咚小区目前所表现出来的问题，笔者认为叮咚小区接下来大致可分4步走：

第1步，战略思路需要转变，定位要清晰，差异化要明显。

叮咚小区必须要认清当前的处境，不能一意孤行地将小区社交作为主要的切入口，当前应该将提供小区周边服务作为重点，这个战略性思路要转变，因为小区社交起码现阶段是不适合作为切入口的，理由前面已经说得很清楚，在此不再赘述。笔者不否认小区社交，个人觉得小区社交在未来一定有比较好的发展，但是未来，不是现在。目前，笔者也不建议叮咚小区完全放弃小区社交，可将社交功能的“论坛”和“圈子”作为差异化服务区别于其他的小区APP，将小区社交变成叮咚的亮点，而非基础服务。

第2步，在战略规划的前提下，完善和提升产品设计，通过热产品战略巩固现有用户，拉回流失的用户。

在以提供社区服务为主的战略基础上，叮咚小区必须通过热产品的升级战略让各个功能模块跟上节奏，重视用户体验，取消各种前期进入门槛，如激活社区人数门槛、手机号登录门槛，先让消费者体验产品，实现注册，再对用户进行验证筛选。在小区周边服务没有完善之前，不要轻易开放小区，完成一个，开放一个，才能提升用户体验。

第 3 步，结合国内小区的特点，整合物业、商家等小区周边资源，调整推广方式。

叮咚小区既然以小区作为主要的阵地，那必须要和物业及小区周边资源完美嫁接起来，把住户、物业、商户连成一个可以持续发展的生态圈。比如可与物业进行软硬件结合，将叮咚小区变成物业发给居民的小区服务系统，变成小区周边商户给小区特制的淘宝，居民可以在系统上完成和物业、商户有关的所有活动，包括各种小区通告、维修、缴费、独居老人安全、购物等。将物业和商户作为推广攻关的重点，以优质的体验服务带动用户入住。

第 4 步，通过各种形式的小区活动，调动用户积极性、增加用户黏性。

既然要做小区社交，那就要做出自己的特色，不能只做线上的社交，要把社交延展到线下，让小区居民真正意义上实现交际交往，彻底拉近邻里之间的距离，比如，可以举办一些居民之间的互动活动，或者与商家联动搞一些限定小区住户的团购活动等。

随着 O2O、大商业、大社区的概念不断发展、丰富、成熟，笔者相信未来的社区一定会有大作为，希望叮咚小区在这条路上认真琢磨，细细品味，不要浪费了这个时代，否则真是太可惜了。

## 七、互联网 + 娱

### 1. 视频：PPTV，莫忘初心才能死里逃生

相比爱奇艺 PPS 搭上百度倒流量、优酷土豆合并攻城略地的模式不同，PPTV 搭上苏宁和联想做的局去搞电商，已经有点不伦不类，加之 PPTV 原高层团队相继退出，PPTV 早已远离初心，“作为一个互联网新媒体平台去影响这个世界”的愿景也渐行渐远。

PPTV2014 年亏损 4.85 亿，相比 2013 年 1 ~7 月亏损 6 500 万元来说，这样

的结果估计让很多人都大跌眼镜，苏宁2013年10月收购PPTV时所带来的豪言壮语，今天看来貌似成了黄粱一梦。

2004年从华中科大诞生的PPTV作为视频网站曾经创下很多个行业第一，也曾是全国首家全面覆盖网页端、PC客户端、手机端、Pad端，并率先进军互联网电视领域的视频新媒体，活跃用户超过3.4亿的行业老大。现如今，在视频行业，PPTV只能排在第七的位置，不到优酷的1/3，酷6当年被盛大抛弃的惨剧似乎在时刻警醒着PPTV。

做视频起家，如今要被视频革了命，在无数条通往成功的道路上，PPTV却不惜损害用户体验选择了电商入口这最坏的一条，苏宁当时选择PPTV，是计划打通电商和内容两个互联网环节。在原有的规划中，视频终端设备是极为关键的一款产品，早在2013年年底PPTV已有多款OTT产品推出，但随着2013年广电新政对视频终端的监管趋严，使PPTV重点发展OTT的策略落空，同时相比竞争对手，PPTV对广电的监管反应迟钝，最终导致在行业内处于非常不利的位置。陶闯提出“家庭互联网”的美丽愿景，因为没有实实在在的内容支撑，最终也变成了空架子。

但是，苏宁似乎从来就没有放弃过PPTV，哪怕这个孩子并不怎么给力，2014年12月，苏宁云商进一步增持PPTV股份到64%，更加说明了苏宁的信心。

苏宁开始清楚地意识到，目前的互联网视频行业，用户都是跟随内容走的，并没有绝对的用户忠诚度，所以做好内容也是苏宁在2015年对PPTV最大的投入，好的内容必然对应着很高的内容资金购买投入，所以PPTV将投入30亿元丰富内容，具体举措包括成立PP影业公司、投资至少一部现象级电视节目、20部可在院线播放的电影，好内容必然带来市场占有率以及高广告收入和分销收入，也能最终支撑PPTV进入更良性的循环，这是PPTV创立之时的初心，也是PPTV永远不能丢的立身之本。

其次，PPTV正在集团的帮助下，运用互联网的开放，打破东家苏宁传统门店扩张的物理极限，也帮助苏宁快速成为国内电商的三强。实现了在苏宁1 600家线下门店及苏宁易购线上商城销售的智能电视上全线预装PPTV数字娱乐服务。联想的智能电视加上苏宁占有的40%智能电视市场销售份额，全面打入“家庭”，并不是童话，这一计划显然也比单纯提供流量入口更有价值。

最后，苏宁和PPTV似乎在硬件上的发力也将成为今后非常重要的发展方向，一年内如果能够销售300万台搭载了PPOS系统的电视终端，就成功获取了300万的付费会员，仅这一项就能实现过亿的销售额，将轻松超越竞争对手5年以上的努力，在以硬件为代表的这条道路上，凭借苏宁的渠道、服务和其他资源优势，PPTV实现弯道超车大有可为。

以电视为代表的互联网硬件产品只是PPTV美好未来的方向之一，在体育、影视、旅游、综艺、动漫、游戏等各领域都已经打下了坚实的基础，在与苏宁的共同运作下，这些PPTV的优势内容都可以转化为线下生活的场景，实现“内容—场景—消费”的良性循环，完成最终的死而复生。

### 2. KTV：唱吧麦颂，KTV颠覆者

唱吧麦颂坚持做自己最擅长的领域，通过互联网的方式改造传统行业中的用户痛点，提升用户体验，同时寻找一条能够易于快速复制的规模化之路，这正是唱吧麦颂未来在O2O道路上的成功潜质，也是互联网企业能够真正地颠覆传统行业的核心所在。

自从2014年年底，北京多家钱柜KTV先后宣布闭店，全国KTV市场同步下滑、萎缩。唱吧，一个手机上的APP应用，却在这个行业最不被看好的时间节点上投资控股了一家小众连锁KTV——麦颂。唱吧麦颂KTV联合众筹客平台启用股权众筹模式，甚至放豪言称，1年内在北京扩张70家店，5年在全国开2 000家。现在仍值得探讨的问题是，唱吧麦颂以O2O来做线下KTV究竟能否颠覆传统KTV模式？

1）如何用互联网思维给KTV行业换血

一个事实是，2014年年底，多家钱柜KTV连续闭店。整个市场在萎缩的时候，唱吧麦颂用互联网思维经营KTV，在商业模式、运营策略、产品创新等方面做出不一样的东西。

市场没落的原因在于，绝大多数大牌KTV这十几年都在装潢和周边服务上加大了投入，但基于“唱歌”这项基础服务的体验做得跟20年前差不多。传统

KTV 市场存在缺乏大品牌、市场不具备垄断性、消费高、覆盖面窄、回收成本慢等缺陷。唱吧麦颂则一家店控制在 20 间包房，去掉餐食、豪华装修和豪华大包房等传统 KTV 的标配，转而主打小而精的迷你模式。

唱吧麦颂的顾客可以登录“唱吧”，扫一扫点歌屏上的二维码，加入包房的线上聊天室。投影幕布的左边是大家手机上的聊天记录，右边是歌曲 MV。点歌、点单和买单都可以在掌上完成，用户在包房里不仅可以唱歌，还可以互相 PK、打靶、弹幕、跨房间与陌生人交友。

与传统 KTV 相比，唱吧麦颂主要有两方面的用户体验优势：第一，这是让普通人消费得起的 KTV。它的价格适合广大爱唱歌的人们，而非商务人士；第二，它很“潮”，因为有了互联网，用户 KTV 享受的服务将大大改变。一个最典型的用户行为是，消费时段内所唱的每一首歌都上传到了“唱吧”的服务器，然后好的作品将被分享出去。

2）怎样做“鲇鱼”搅动竞争市场

在互联网思维模式中，所有的门店采用统一的 IT 系统，总部可以精确监管每个服务员的服务状态。能了解到每个用户下单后几秒钟内有谁在提供服务，从而提高服务品质。改善用户体验，重视了解、分析用户需求。唱吧麦颂就像鱼槽里的“鲇鱼”一样，在搅动其他 KTV “小鱼”生存环境的同时，刺激它们积极投入到竞争中来。

3）股权众筹的诱惑力

唱吧联合一家名为众筹客的平台，以北京崇文门唱吧麦颂 KTV 为首个众筹项目，作为首个股权众筹试水项目，该店拟出让 46% 的股份，募资 300 万元，其中每位投资者的众筹金额设定在 5 000 元至 50 000 元之间不等。

唱吧麦颂 KTV 给投资人加强信心的做法是，前期拿已经盈利的实体店做众筹项目，投资人可以先体验，再决定是否投资。

唱吧麦颂这么做的目的是众筹店可以吸引足够多的人来变成股东、战友、义务宣传源、资源和渠道的聚合源。众筹店带来的收益比纯加盟带来的收益要高好几倍。另外，在唱吧 KTV 的加盟方案中，不跟任何有过 KTV 店面经营经验的人玩，这是做创新模式的决心。

从目前两家试运营门店的经营状况来看，唱吧麦颂 KTV 做了一个初步的投资回报估算：每一家唱吧 KTV 的月营收平均在 60 万左右，平均每天营收 2 万，月平均利润 30 万元，平均每天每间房的营收在 909 元。按每家店面成本 600 万元算，成本回收周期控制在 20 个月，每万元回报额是 460 元。投资人每投 1 万元，按 8 年的投资期限算，每年能获得 50% 左右的回报。

传统量贩式至少要花 1 到 2 年的时候才能将收支做到平衡，达到初步盈利阶段，而唱吧麦颂则希望用 2 到 3 个月的时间就能获得营收。

4）最终的颠覆

唱吧在资产模式上，在业内一直存在着轻重资产的路线之争中快速地找到了一条折中之路，通过并购、投资、入股一些中小型 KTV，实现自己 O2O 的战略，既能在服务体验上按照自己的想法大施拳脚，又是一种低成本、低风险的解决方案。整体的原则是核心城市建设旗舰店，进行直营管理，偏远二三级地区施行加盟模式。

### 3. 足浴：康骏，足浴的战争

康骏倒闭的风波已经过去很久了，虽然成为闹剧落幕，却依旧掩盖不了当年的辉煌。华佗驾到、功夫熊、点到等的一些上门足疗、按摩的 APP 悄然兴起，回归当年，这些新兴的商业模式又能否战胜拥有 100 余家足疗门店的康骏？

1）做高端细分市场第一名

康骏养生成立于 2004 年，经过 10 年的发展，在全国已经拥有了 100 多家门店，这些门店主要开在一二线城市的商务区或高档社区，其定位高端，客户主要是针对商务人士及政府官员，康骏很快从众多按摩店和足浴店的竞争中脱颖而出。足疗行业最重要的莫过于专业技师，康骏通过 3 个月的入职培训保证了技师的专业水平，并开出比行业水平高出 20% 的工资，以保证员工的稳定性。

2）标准服务，拥抱小而美

上门帮、功夫熊、华佗驾到、点到一个个以足疗、按摩为主营业务的上门服务模式正在悄然兴起，虽然这种新鲜的模式为客户带来了便捷、低价等实惠，但回归用户本质最重要的还是专业的服务体验，这就需要技师的水平及经验了。

这些 O2O 模式的 APP 宣称所招聘的技师都是有 5 年以上的工作经验，并经过专业的培训，然而这些培训虽然短时间内不能让这些技师水平迅速提升，但却保证了技师的统一规范，保证了服务流程的标准化，这也是使用户产生黏性的重要一点。安全性却是 O2O 模式不可规避的痛点，因为要到用户家中，无论是用户安全性或是技师的安全性都是存在风险的。只有通过有效的政策，消除用户顾虑，获得好的口碑，才能赢得更多的用户。

这是一场传统足浴与互联网模式相较之战，然而互联网并非洪水猛兽，相反它更像是给传统企业插上一双翅膀，让更多的资源被整合，更高效也更方便，让传统企业获得再一次腾飞的机会。作为行业巨头的康骏因为现金流的问题倒下了，但是像康骏一样做高端足浴品牌的店面依旧兴盛，因为除了按摩之外，传统高端足浴店还可提供优雅的环境，以及社交属性，这就与新兴的 O2O 保持着差异化。对于新兴的 O2O 模式来说，分享更多的则是对于环境及客单价消费较低的中小足疗店的客群，然而这种客户争夺战则会使整个行业更加趋向于标准化、专业化，最终受益的仍将是用户，这便回归了互联网思维的本质，用户至上的原则。

**4. 美发：文峰的美发生态链**

随着波波网、河狸家、美丽加等 App 的火爆，美容美发美甲领域对传统美业进行了挤压，从价格上与传统美业展开了激烈的竞争。中小美容美发美甲门店苦不堪言，而作为国内第一批美容美发连锁企业的文峰又是如何应对的？让我们从文峰的生态链上看看它的防御机制是否完善。

文峰作为国内最早的美容美发连锁企业，已经由早期单一的美发业务转变为美容、养生、培训等产业链一体化的巨无霸企业。1995 年当陈浩在浦东开设第一家美发店的时候，不会想到文峰今天的规模。

首先，文峰美容美发店目前所涉及的业务主要是美容、美发、保健三个方面。三个业务模式相互影响、相互配合，形成了其核心竞争力。文峰采取美容美发保健抱团并进的策略，具体做法就是在客户接受初级的美发服务之后，美发师可以根据客人对美容及保健需求的判断，给客户推荐优质的美容与保健服务项目，并且享受组合优惠政策。

其次，文峰美容美发店将产品、服务、培训三合一，形成合力，与业务模式相结合。优质的产品是获客的保障，而服务又是产品的保障，是保证产品发挥效果的有力支持，培训又是提供良好服务的基础，三者缺一不可。具体做法是文峰在产业链上游建设美容美发相关的产品（如洗发水等）的生物药厂，降低成本、拓宽盈利来源；规范服务模式，并自建文峰美容美发培训学校，对外部招工与内部员工进行持续的分层级的培训，保证人员充足和内部的良性竞争，以及通过股权激励政策让优秀店长入股门店，用金钥匙拴住核心人才。

2012 年文峰建设成功占地 30.000m$^2$ 的长寿园区——总部基地，包含文峰生物制药厂、文峰医疗美容中心、文峰中医中药研发中心、文峰高级美容师美发师培训学校、五星级宾馆、食补调理高档餐厅、咖啡厅、卡拉 OK 厅等。可容纳国际国内美容学子 5 000 人，同时接纳全世界来此养生美容的客人 1 000 多名。

如今，文峰集团围绕长寿这一主题，打造了完善的产业生态链。面对如何美业的互联网 + 变化和挑战，文峰是否已经形成有机的整体，无所畏惧了呢？文峰作为一个集团型公司，面对新兴的挑战者，主要的优势体现在：

（1）会员预付卡的传统护城河仍在，保证客流和收益，短期内受 App 的影响不大；

（2）完善的人才梯队，对于新兴 App 的技师挖角，具有一定的抗衡和免疫能力。初级职员的流逝可以通过自有造血功能补充，核心管理人才由股权激励绑定，且新兴 App 的吸引力并不体现在这；

（3）多元化的业务，对于大多以美甲为切入点的 App 来讲，美发美容领域在线下消费场景方面仍然有较高的壁垒。

而可能存在的威胁主要为：

（1）新兴美业 App 挑战者对于消费者的教育，如果消费者习惯了低价享受优质的个性化服务，那么对于文峰等传统美业企业的价格体系是巨大的扰乱；

（2）文峰在高端客户服务方面的卡位缺失，使其受到传统同业竞争者，如永琪、金太子等，以及新兴美业 App 挑战者的影响使其在中端客户的争夺上，更加惨烈；

如何在互联网+的大时代背景下，有效地利用互联网手段，打造用户黏性，降低传播成本，在移动端上优化和升级文峰的业务，升级现有生态圈是文峰接下来需要思考的问题。文峰在我国第一次美业大潮中顺势而为、运营创新，占据了先发优势，成为传统美业的佼佼者，如今在又一次移动互联网的美业大潮中，其是否能够再一次腾飞呢？让我们拭目以待。

**5. 瑜伽：艾瑜珈，爱瑜伽**

随着互联网+的火热，越来越多的传统行业想方设法地要与互联网挂钩，如今你要是不搞个团购、开个微信、做个App你都不好意思跟人家打招呼。随着每日瑜伽App、随心所瑜App等应用的融资拓展，瑜伽行业仿佛也找到了互联网+的方法，然而对于大多数传统瑜伽从业者而言，这并没什么用处。

很多传统领域的老板们认为，我开个微博、微信就有粉丝效应、参与感了；搞搞团购我就是O2O了，做个App我就是移动平台了。醒醒吧，朋友们，扔了大刀换把枪你就能天下无敌了吗？针对瑜伽行业，线下的服务体验不是一个微信、App就能解决的，这些只是工具，虽然优化了传统与客户沟通和引流的方式，然而其背后的思维方式才是最重要的。而如今互联网思维除了雷布斯说的七字诀，总结一点就是场景营销。不是一定要做一个App，而是应该针对现有线下业务采用做一个App的互联网思维去优化、突破和转型。

艾瑜伽作为锦坤合作的一家三四线城市的地方性传统瑜伽SPA馆，和大部分瑜伽馆或者SPA馆一样，依靠线下门店的营收度日，面对区域连锁品牌的竞争无所适从。锦坤从内容、社交、跨界几个方面为其打造了符合互联网思维的商业模式，顺利突围传统连锁瑜伽的包围圈，而非单纯的开发一款App。

（1）打造独有的内容。互联网思维的一个重要词语叫爆品，就是你的产品或者服务内容要足够好，能解决消费者的痛点，细节让消费者感受到痒点，最后还能给你一个兴奋点。传统瑜伽与SPA会所的产品存在着同质化严重的问题，服务差异化小，瑜伽教练和SPA技师的流失一直是制约品牌连锁发展的重要原因，而打通产业链上下游的模式并不适合中小创业者。艾瑜伽在锦坤的建议下，整合自身优势，将中医理论、瑞典皇家SPA产品、瑜伽等结合起来，形成了自己独有的理论体系和产品表现，并将IP作为核心竞争力，优质内容的自传播属性对冲了人员的流失风险。通过打造独有的内容再通过互联网的传播工具如视频网站、微信平台等进行传播。明确了传播主体和工具之间的关系，而非为了使用工具再反过来凑内容。

（2）巩固社交属性营造圈子氛围。在突出服务主体从线上引流到线下和移动工具平台（如微信等）的同时，要将拉来的用户留住就需要提供增值服务，营造圈子氛围，使用户获得更多的价值并能在多个圈子中传播。艾瑜伽在线下提供了符合目标客户需求和生活方式的活动，不仅仅停留在健康讲座等项目上，还为目标客户提供穿衣、投资理财等相关的活动讲座。从瑜伽和 SPA 切入，服务一个圈子的生意与生活。

（3）跨界合作打造生态圈。在保证一定用户存量之后，为了继续拉升增量。艾瑜伽还将通过与多个互联网内容分发渠道合作，将自有 IP 的价值发挥到最大化。并可与智能穿戴、家居产品合作，开发智能瑜伽垫、瑜伽 VR 设备，合作研发 SPA 产品等，拓展销售品类，完善生态圈，为目标客户提供一站式的服务。

就是这样，艾瑜伽让你真正爱上瑜伽。你有没有觉得很眼熟？小米从手机这个爆品切入，在自有产品研发上与消费者充分互动并建立圈子，再到多方合作引入空气净化器、智能家居产品等丰富品类打造生态圈。是的，互联网思维没那么神秘，互联网 + 也从来不是开发一个 App 就能解决的。从核心出发，思路的转变才是传统企业变革的开始。

### 6. 美容：静博士，静水流深美容业

在美容行业，电商、微商、美容 O2O 移动应用平台，都在重新书写新的商业模式，旨在颠覆老模式。静博士作为浙江地区知名的大型综合性美容养生连锁机构，在线下业务多元化拓展的过程中，如何拥抱互联网，如何从美业移动平台竞争者的压力下挣脱而出，继续发挥自己的线下优势，耐人寻味。

2003 年 3 月静博士建立了第一个生活美容馆——延安店，在浙江地区推出林蛙减肥仿生健康减肥法，为 6 000 多人成功瘦身，掀起了健康瘦身新潮流。祝愉勤与祝晓晴姐妹在 13 年的时间里，把一家小规模的美容院做成了包括近 40 家直营会所、2 家医疗美容中心、1 家国医馆、1 家产品公司、1 家面对行业的

企业大学，拥有会员万人，员工 800 名，静博士美业集团初具雏形。

面对美业最大的难题，技师以及管理人才的流失，静博士痛定思痛，启动“梦想工程”与“小老板计划”，将企业和员工捆绑得更紧，为员工进行职业规划，从普通员工到静博士门店的入股店长，通过利益共享增强核心团队的稳定性；启动“水蜜桃工程”，使中国手艺人传统的师傅带徒弟模式得以新的延续，将新员工很好地融入团队，找到归属感；启动“快乐计划”和“长辈养老计划”，使团队更为紧密、快乐，代替员工尽孝道，以获取家人的支持，从根本上缓解员工的流失率。以上的一些措施，帮助静博士平稳地过渡和发展，使其在浙江地区成为无可争议的美容行业的第一名。

然而，随着互联网的发展，河狸家等新兴的美业侵入者对静博士等传统线下的美容连锁机构从价格、客户和技师三方面进行了降维打击。从 PC 互联网到移动互联网，新兴的互联网企业将人与信息以及人与技师等直接关联在一起，对传统门店有了巨大的威胁。主要体现在以下 5 点：

（1）商业模式上的颠覆。运营主体更为轻量级，基于 App 的 C2C 对接和 O2O 信息导流；

（2）员工管理的挑战。河狸家等企业对目标区域美业门店的高薪技师挖角；

（3）门店管理的拖累。随着门店的不断扩张，员工人数的上升，内部管理成本逐年升高，同时也成了河狸家等破坏者的重点供给环节；

（4）技师对工作价值的认知。“解放美容师”、弹性工作空间，完全在移动线平台上自己做老板，对有一定经验和客户认可的技师而言，价值观的冲击会更大；

（5）客户对美业价值的认知改变。资本发起的补贴战，1 块钱按摩、5 块钱美容，社会对美容的价格和价值体系的认识可能会发生颠覆。

静博士认为，虽然这些依靠互联网起家的新兴美业破坏者快速崛起，但是其发展模式更多的是依靠资本补贴，这不是长久之计，并且美业的线下服务是不可替代的，传统企业利用互联网思维对现有业务进行升级改造是一条逆袭之路。静博士要做一次真正有价值的改革，为互联网化和门店整体进化找到解决方案，一次革命，双面作战。

首先，静博士确定了三大战略转型：由面子工程向里子工程转；由技能服务向人文关怀转；由美容行业向大健康产业转。提出了互联网+时代的战略定位：专业主义+互联网行动。

其次，静博士推出了喜鹊来了App，喜鹊上门提供O2O服务。静博士拿13年总结出的3个爆款项目，资深美容师上门服务。喜鹊到店就是打造门店智慧运营系统，对会员进行互联网化运营，包括预约、积分、结账、优惠、分享等，线上玩法和线下服务相结合。静博士用“喜鹊来了”招揽新客，吸引更多年轻客户，与河狸家们正面PK，再利用已经成熟的线下连锁体系留住、转化客户，打造天地一体的模式。

对于传统美业来讲，互联网转型是一个结合自身优势，在关键节点与竞争对手抗衡的动态博弈。静博士多年的线下连锁体系如同一处活水，从源头化解危机。

### 7. 电影：格瓦拉，影迷俱乐部？

格瓦拉，少了个“切”字，就从伟人变成了一个卖电影票的。相信绝大多数消费者只有在想看电影的时候才会想起格瓦拉，但是，格瓦拉真是只是卖卖票那么简单吗？

其实，格瓦拉一开始的定位就是一个集在线购买电影票、查询电影及影院相关信息，查询话剧、剧院、酒吧、健身、运动、KTV等方面休闲生活信息的网站，只要和生活休闲娱乐相关的，都可以在格瓦拉上找到你想要的信息。电影票，只是一个切入点罢了，只不过这个切入点现在做得风生水起。

在2010年的千团大战中，格瓦拉是电影票在线选座这场大战中最早进入战场进行厮杀的，而他们第一个根据地就选在了上海这个电影市场非常成熟和发达的地区。无论是业务的切入选择还是市场的选择，都足以看出格瓦拉创始团队深厚的功力。从2010年之前的纯内容提供商到2010年在线选座的华丽转身，全年1 700万的营收也确定了格瓦拉的战略方向。但是，在2014年下半年格瓦拉遭受到BAT等大佬的围剿，这似乎让格瓦拉吃到了苦头，猫眼、美团、卖座无一不是背靠大佬，然后祭出超低价的大杀器来抢夺流量和市场份额，最先起跑的格瓦拉似乎在后期没了竞争格局上的优势。

如何深层次地做足电影市场，形成完整的 O2O 闭环，格瓦拉和哇啦的双驱动模式似乎起到了不可替代的作用。众所周知，在电影选座市场，消费者是绝对的价格导向型，单凭票务这单一业务是绝对无法抓住消费者的核心诉求的，最终的结果肯定是消费者跟着价格走，消费黏性根本无从谈起。

格瓦拉 + 哇啦不仅完成了 O2O2O 的完整闭环，还是票房 + 口碑的双轮驱动引擎。

对于格瓦拉来讲，用口碑和内容作为增加用户黏性的主要驱动力，哇啦很好地扮演了它在这个闭环中的重要任务，是目前格瓦拉充满竞争力的关键，以在线选座为核心，吸引用户，积累规模，再从原本当用户取票后服务终止的模式后又挖掘出了一条路，借助影评和“哇啦”这两大 UGC 板块，为用户抒发观后感提供社区和树洞，由此再借着类社交的互动促使用户回到网站和移动端。最终，用户既是内容的消费者，又是内容的生产者，同时还消费了服务——而这无疑是整个行业里能把 O2O 落地的最为踏实的一个结局。

在这样的结构下，格瓦拉 UGC 内容在电影垂直领域占比 24%，仅次于豆瓣电影，已经远远超过时光网的 11%、猫眼所占据的 0.8%。行业内更为完整的闭环路径、内容爆棚的 UGC 版块、更符合快速评论与交流需求的 UI 设计，让格瓦拉不至于在夹击战中陷入萧条。已经完整包办了放映之外的多重服务的格瓦拉，在每个阶段都能带来有效的影响力后，它早已成了一个以“在线选座”为核心的观影解决方案，格瓦拉进一步贯彻了“把对的内容给对的用户”的理念，而由此产生的用户黏性无疑就是格瓦拉最坚固的壁垒，格瓦拉影迷俱乐部这个称号才更加名副其实。

### 8. 美甲：河狸家，能否美甲一方？

“雕爷牛腩”失利之后，雕爷再放大招推出全球首家上门美甲服务的 O2O 平台，号称已成为中国最大的美业 O2O 平台，单日破万单，市场估值 10 亿美元。这种高速成长的背后是投资人大量资金的拉动结果，那么河狸家真的能够美甲一方，傲视群雄吗？

（1）找准定位，“西服不能配短裤”。河狸家一直将客户群定为中高端，月收入15 000元以上的白领女性，这也不能责怪河狸家的高层次定位法则，毕竟这种消费模式无论从经济上还是观念上，就只有中高端的白领女性更容易接受。所谓“西服不能配短裤”，既然客户走高端，那自然手艺人也应该是行业中的精英群体。但实际的情况是，因为业内精英的美甲师不缺少客户源，而且外出接单虽然全部归个人所得，但相比店内高频次的客户量，收入还是逊色不少。虽然河狸家对外声称2 000人的精英团队，但是其中的水分肯定是存在的，不乏作假充数、实体店“卧底”的情况。

（2）随性消费，“单独邀约毕竟少”。美甲属于随性消费，例如，一些女性逛街，顺便做个美甲，这种消费习惯往往是不定时、不定向、不定人的。所以单独邀约美甲师上门服务的人群占少数，这也可能会是未来河狸家的市场瓶颈。

（3）全面体验，“种类齐全才真格”。打个简单的比方，我们日常消费咖啡的时候，会有外带咖啡，这就是快捷消费；也会选择到咖啡店去坐下来喝咖啡，这便是体验消费。如果星巴克的门店变成了只销售外带咖啡的话，相信很多人喝咖啡的热情就会消退。因为任何一种生活习惯和行为的产生，都离不开身心的体验。体验永远是消费行为中很重要的一个部分，客户体验也是商家服务差异化的体现。河狸家相对实体店铺的劣势在于，其产品种类不全，缺少专业先进的工具。但是从另一个角度来说，河狸家的资源高度集中有利于产品的研发、简化操作流程等。

（4）黏性不强，“逾越平台触高压”。河狸家的运营模式在用户的平台取舍之间挖下了一个大坑。美甲师上门服务后，在短短的一个多小时内，会和客户进行交流，建立一定的感情基础。那么觉得服务好的客户自然会留下技师的电话，如果河狸家取消平台的补助以后，那么客户很有可能会直接越过平台与技师直接沟通。这种模式会导致客户黏性不强，实用平台的频次降低。

（5）资金抛洒，“承诺免费何盈利”。按照雕爷的设想，美甲业务只是河狸家在美业的一个切入点，未来将会有更多的美业业务出现。这好比摊饼，有大锅才能摊大饼。美团就是小锅摊大饼的最佳例证，起初业务拓展太宽导致后续资金压力很大。而滴滴打车和快的打车在市场上稳扎稳打，直到每日的士单量稳定，才开始拓展专车业务。显而易见，河狸家美甲业务的切入是整个业务的关键，如果河狸家运营不当，不能够吸引更多的融资，很可能会进入狭隘的圈子，并且不断循环。

美业产品的购买众所周知，雕爷是做阿芙精油走上成功道路的，雕爷对美业产品的感情可见一斑。河狸家可以通过与技师合作，以给予技师一定返点的形式进行推广，同时，可以对用户进行数据采写，后台进行精准的产品广告推送。

淘宝起初承诺客户 10 年不收取店铺费用，但是在淘宝拥有一定的用户量之后，随即退出直通车、关键词统计、页面模板等增值业务。当这种竞争的平衡被增值业务打破，很多用户不得不选择购买。但是，河狸家作为 O2O 平台，技师能够直接接触客户，长此以往能够积累大量的老客户，这种增值业务更会助长技师绕过平台服务客户。同时，这种增值业务对平台的新技师会是一个投资性的进入门槛。

除了河狸家显而易见的足不出户、简化流程、一对一的私人化服务等明显核心优势外，当然还有众多的不利因素。如果河狸家能够解决“定位实施吻合”“诱导消费者消费习惯”“解决多样化客户体验”“完善平台预约机制”“寻找合理盈利模式”，那么河狸家美甲一方，真正独领美甲平台的愿景也只是时间的问题而已。

# 第五章
# 互联网 + 新产业

## 一、互联网 + 工业

### 1. 工业 4.0 如何嫁接互联网？

产业链上的各个企业相互协作、工业机器人被放出“笼子”与人并肩干活，批量生产的商品也能满足不同客户的个性化订制……这些曾是“工业 4.0”描绘出的未来图景和挑战，但随着 2015 年汉诺威工业博览会拉开大幕，不少企业直接用成果亮出答案。

1）从闷头研发到跨界合作

汉诺威工业博览会是全球最大的工业技术博览会，被称为“世界工业发展的晴雨表”。在“工业 4.0”的推动下，许多公司不再闷头研发产品，开始跨界合作，尤其是与互联网嫁接成了常态。

微软公司首次亮相工业展，就联合工业机器人制造商库卡展示了一段生产环节，机械手臂将一段软管插入洗碗机背面的小孔中。以往，这类工作无法由机器人完成，其一成不变的运动轨迹很容易损坏器件。如今，新型机器人加装上感应装置，通过微软的云计算平台，其运动数据及在车间感应到的信息，能够即时上传到云端。

无独有偶，菲尼克斯也携手电子机械技术公司威图 Rittal、工程解决方案供应商 EPLAN 建起一张智能设计生产网：一个零件从虚拟的设计方案到工厂生产流程，进而成为产品，不断会有数据产生，将其生命周期里所有数据按照统一标准收集整理，并附着在产品身上成为“个人档案”，期望通过跨部门和跨体系的合作，使工业生产未来能变得可视化。

2）从“笼中人”到人机协作

在“工业4.0”的构想中，与人协作的智能机器人将有重要戏份。YuMi 听起来像“玉米”，这款拥有双臂的工业机器人能在电子工业等诸多领域实现小件装配，从手表到手机、平板电脑等都能胜任。人机协作时能完成更为复杂的操作，而 YuMi 的编程又非常简单，即便不懂技术，也能很快上手操作。

在汽车制造等流水线上，传统工业机器人都在“笼子里”工作，而 YuMi 能和工人并肩工作。精确的视觉系统、触摸感应传感器以及集成的安全组件，确保它不会给工人带来危险。

锦坤辅导服务的上海小巨人企业技美科技历时 3 年研发的人机协作型机器人即可实现机器自动换手臂、自动更换工装夹具、自动实现产品自动化的装配和检修。

3）从批量生产到私人定制

家中随处可见的灯具开关也能个性化订制吗？德国塑料加工注塑机制造商阿博格（ARBURG）已通过创新技术实现了：在平板电脑上打开控制软件，选择心仪的图案，无线发送确认信息到3D 打印机，5 分钟后，就可以拿到私人定制的开关。他们的目标是通过互联网和3D 打印机的完美配合，批量生产的产品也能在未来实现私人定制。

专家乐观地认为，3D 打印技术为新型商业模式和跨企业间协作创造了无限可能。譬如，分包商未来可能无须向下游的制造商出售成品，只需提供3D 打印的数据及原材料，制造商即可将所需部件打印出来。

### 2. 沈阳机床的智能工场

2015 年上海展示的沈阳机床“i5 系统智能机床”完全颠覆了人们对传统制造业的概念，这种机床可以通过手机了解其运行情况，并且手机就可以控制。智能机床作为基于互联网的智能终端，实现了智能补偿、智能诊断、智能控制等智能管理等功能。智能管理能够实现“指尖上的工厂”，实现传递和交换机床加工信息。

1）“指尖上的工厂”

自2007年开始核心技术研发，沈阳机床连续5年累计投入研发资金11.5亿元，i5数控系统研发团队成功攻克了CNC运动控制技术、数字伺服驱动技术、实时数字总线技术等运动控制领域的核心底层技术，并于2012年诞生了世界上首台具有网络智能功能的i5数控系统。i5是指工业化、信息化、网络化、智能化、集成化的有效集成。

2）“中国制造2025联盟”

在中国制造业与信息化深度结合“中国制造2025”这一发展方向的引领下，沈阳机床与战略合作伙伴进行深度合作，共同打造代表着具有工业化、信息化、网络化、智能化、集成化等特征这一当今最前沿的工业4.0应用技术的高端智能制造的示范应用基地。

北京展会期间，远东传动、襄阳轴承、烟台西蒙西等5家客户与沈阳机床达成共建智能工厂的战略合作意向，他们成为与沈阳机床共建智能工厂的战略合作伙伴。作为首个“中国制造2025”率先落地项目，沈阳机床在“中国制造2025”道路上迈出重要一步。

沈阳机床将开展产业发展及战略咨询，以战略合作伙伴拥有的设备、市场、人才和技术为开发平台，以沈阳机床的专业智能装备为基础，进行技术攻关和开发合作。沈阳机床针对行业进行深入技术研究，为战略合作伙伴提供包括柔性自动化加工单元、精益生产、工装夹具等的全套工业解决方案，实现人、机、物有效互联，基于“i平台”“WIS车间管理系统”等智能化应用，将“智能制造”在战略合作伙伴的工厂落地，以“智能制造”引领未来。

依靠i5智能机床独一无二的WIS智能车间管理系统，用户车间里的操作系统与办公室里的办公电脑联网，然后完成各种联网功能，就可实现智能工厂的信息互传。如果车间的一名计划员要让工人在机床A上加工零件B，他只要在车间办公室里的电脑上使用WIS软件，建立这样的计划（称为“工单”）即可。操作工人在机床上岗后，在操作系统上看到任务后，他选定自己的工单，操作系统帮他把该用的程序切换过来，他就可以运行程序。加工过程都被系统记录下来。身处千里之外的管理人员只要将手指在电脑或手机上轻轻点滑，就可以通过网络向 i5 智能机床下达指令，并从用户下订单开始最大限度地跟踪、追溯到订单的各种信息，比如生产、设备、产品、物料、生产质量、生产过程、刀具等。

2015 年初起，沈阳机床优尼斯公司已经开始在全国 i5 智能机床用户中进行 WIS 车间管理系统的组建及对接联网工作，截至目前，全国各大区域已有近 20 家客户的 200 余台 i5 智能机床完成了“i 平台”对接。

未来，沈阳机床还要继续加大与战略性客户的合作力度，重点推行以 i5 智能机床打造新生产模式的商业模式创新。沈阳机床未来的目标是用 3 年时间实现两万台 i5 系列智能机床网络互联。通过“i 平台”延伸推出金融、租赁、再制造等创新服务模式，创造出空间巨大的多种商业模式，将供应商、合作伙伴、用户甚至更多的社会智慧凝聚在一起。

沈阳机床的智能工场，作为拥抱互联网的传统机床行业的先行者，指引着中国工业 4.0 践行的方向，具有划时代的意义。

## 二、互联网 + 农业

### 1. 互联网弥补了农业的短板

互联网已经从工具、渠道、基础设施，进入互联网经济时代，互联网正在改变各个行业、政府乃至社会，尤其是一些相对落后的传统产业，借助互联网之力实现产业的跨越式发展和变革成为可能，尤其是农业。

的确如此，农业已经成为中国经济新常态下重要的经济增长点，从李克强总理在政府工作报告中提出制定互联网 + 行动计划；国家农业部曾提出鼓励电商推动农产品流通；新闻联播大幅播报“互联网 + 农业”等一系列信号来看，农业新一轮改革浪潮来临，移动互联、大数据在农业产业链中的应用将加速。

互联网和具有庞大体系的农业结合，必将出现很多新思路、新玩法，也将有大量互联网、信息化，以及其他行业的企业跨界而来，我们认为以原有农业企业为主体，以下几种新的经营模式，能够针对目前大多数农业企业现状，弥补短板，推进企业快速发展升级。

1）物联网技术下的智能化种养殖

联想佳沃进军农业以来，一直在做的一件事，就是农业工业化，让农民学会标准化种植。物联网技术下的精准农业将有效解决农业工业化种养殖的问题。现在，精准农业已经在一些规模化农业企业得到应用，尤其是一些已经具有良好市场基础的高端农产品。

需要特别注意的是，这种种养殖模式下，全程可追溯成为非常容易执行的解决方案。由于种养殖全过程都处于物联网监测和控制下，同时可进行全程数据采集，目前消费者最关心的安全问题就有了可靠依据。如锦坤服务的康品汇的有机果蔬就全部可通过扫描二维码实现全程追溯。

2）集散供应链下的物流交易

互联网信息的扁平化、透明化，正对应于传统农业的产业链长、信息不对称的特点。传统的层级批发模式带来的成本高企、物流损失、交流信息不畅等问题，都可以通过互联网技术快速解决。

未来农产品互联网物流交易将出现集散供应链下的两种物流交易模式。

（1）一种是基于互联网技术和物流配送系统的大型农产品交易集散中心，这种集散中心将集储运、批发、交易、拍卖等多种功能，依托互联网数据，实现实时行情交易。现在，海吉星是以全品类农产品批发交易为核心，涵盖加工、配送、仓储、物流、进出口贸易、通关、商检、标准化拍卖、金融等增值服务的综合服务平台。

（2）另一种是以大宗交易为主的批发销售电商交易平台。农产品的大宗消费习惯必将催生以大宗交易为主的电子交易平台，如锦坤辅导服务的上海大宗农产品交易所已成为农产品行业比较受欢迎的大宗交易平台。

3）电商平台下的产供销一体化

目前市场上农产品电商按照销售额可划分为四级梯队：阿里巴巴处于第一梯队，市场规模处于行业领先地位；京东、一号店和中粮我买网为第二梯队的代表，其中京东在第二梯队中规模最大，年交易额已超百亿；第三梯队销售额为1亿~10亿元；第四梯队的年销售额在1亿元以内。虽然目前阿里巴巴一家独大，第一、第二梯队平台都属于全国性销售平台，但由于农产品无法避开的销售半径特性，垂直电商、区域电商将不断涌现，并形成特色盈利模式。

未来农产品电商平台将出现四种：第一种，依托原有互联网优势扩张到农产品领域的电商平台，如京东；第二种，传统批发市场转型形成的农产品电商平台，如被誉为农批市场转型电商标杆的重庆香满园电商平台；第三种，有实力的农产品企业自主打造的垂直农产品电商平台，并逐步扩张品类，如泸州老窖商城；第四种，个性化高端产品形成的小而美轻模式，如一亩田。

4）互联网众筹下的农业融资

互联网农业金融是互联网与农业融合的重要板块，对农业企业来说最直接的收益在于，互联网为其提供了更灵活、更多样性、更能吸引投资的农业众筹。

农业和互联网融合，绝不是简单的加法，而是通过产业的融合和创新，以最新的互联网行业之长，补最传统的农业之短，甚至是创造全新的产业模式，农业企业家们要在充分了解自身实力的基础上，挖掘与互联网的最佳切入点，实现企业升级。

### 2. 光明全产业链起个大早赶个晚集

作为国内第一个尝试全产业链打通的企业，光明的全产业链战略却被后来者中粮居上了。如今，光明集团开始通过收购、兼并等等一系列的发展战略来奋起直追，也被指越来越像中粮集团，那么光明的全产业链发展是否能助力光明集团，获得他所期望的效果呢？

1）光明集团全产业链的探索之路

光明食品集团作为一家以食品产业链为核心的现代都市产业集团，将全产业链发展作为产业转型方向，目前还处于起步阶段。

（1）全产业链发展不仅仅是竞争策略，更需要使命感和文化理念的内在支撑。

全产业链发展是解决食品安全问题的一个比较可行的方向。光明使命就是一个安全食品的使命，保障供应的使命，整合食品资源的使命。光明的这个愿景和使命指引着集团的全产业链发展更多地关注食品安全，更多地关注保障供应的担当，更多地关注企业长远发展的布局和效益。

（2）全产业链发展不仅仅是产业链的延伸，更需要产业链的协同及价值提升。

通过全产业链建设，不仅在同一产业链的上游和下游延伸形成协同效应，同一集团内多条产业链之间的各个环节，如服务品牌、信息系统、物流运作、风险管理、财务资源等，共享有形无形资源，形成紧密的全产业链网络，扩大整体竞争力。目前光明食品集团正按照聚焦核心主业的战略思想，着力打造“8 +2”的产业布局，努力形成核心主业的全产业链。“8 +2”就是乳业、糖业、肉业、米业、菜业、品牌食品、现代农业、分销零售，以及地产物流、金融等。

（3）全产业链发展不仅仅是国内市场的拓展，更需要全球资源的整合配置。

全产业链发展不能仅仅链在国内市场，更应该链到国外，应该“走出去”掌控更多国内紧缺的资源，满足国内消费者日益多样化的需求。基于这种背景和趋势，光明食品集团近几年来先后在新西兰、澳大利亚、英国、法国进行了一些并购项目，同时还有一些项目在积极推进。

（4）全产业链发展不仅仅是响亮的口号，更需要踏踏实实、实事求是地稳步推进。

坚持分阶段推进方式，大致分三步走：第一阶段，强化各个业务公司的专业化水平和能力；第二阶段，推进集团内部相关产业的协同，形成产业链协同发展的模式和经验。目前主要探索集团产业协同发展的“内循环”方式；第三阶段，以集团相关产业为龙头，形成产业链发展的“外循环”，带动和吸附更多的产业和资源，这是全产业链战略未来的重点。从产业推进路径来看，坚持“先易后难、先集中度低后集中度高”的操作思路。

2）光明集团全产业链的实施之路

全产业链最重要的环节是两头：上游的种植（养殖）与下游的营销，重中之重，是上游的自给。全产业链模式使得上下游形成一个利益共同体，从而把最末端的消费者的需求，通过市场机制和企业计划反馈到处于最前端的种植与养殖环节，产业链上的所有环节都必须以市场和消费者为导向。

（1）光明集团先后兼并上海蔬菜集团、接受牛奶集团持有的光明乳业股权、启动海博股份重组、收购广西凤山乳业等。为了优化公司财务结构，光明集团还成立了财务公司，涉足金融业务。

（2）证券化也是光明食品集团改革方案的内容之一，通过证券化来提高混合经济的比重，而海博股份重组是光明食品集团提高资产证券化率的重要一步。

（3）光明乳业以3.82亿元人民币认购新西兰Synlait乳业公司新增普通股，并获得后者51%的股权，还成功收购了澳洲著名食品企业玛纳森75%的股权。收购也并不是一帆风顺的，法国酸奶制造商优诺的竞购失败也反映出了光明食品集团国际影响力较弱，缺乏国际化运营经验。

（4）光明乳业下属公司——荷斯坦牧业获注逾11亿资产打造全产业链。荷斯坦牧业拟向牛奶集团下属的多家公司收购其奶牛养殖业务相关资产，具体包括存货、生物性资产、奶牛养殖涉及的生产设备等，拟收购资产评估值为11亿元。光明乳业致力于将公司打造成全产业链发展的乳品行业领先企业。

目前，光明集团乳业以光明乳业为主体，再加上牛奶集团的养牛业、饲料业，形成比较完整的乳业产业链。糖业目前已经控制糖源150万吨，销售350万吨，全国市场占有率达到25%。下一步要强化产销联动，优化业务结构，在稳定市场份额的同时努力提高发展效益。肉业以梅林股份为支撑，形成生猪养殖、种猪、生猪屠宰、肉食加工的全产业链，做大爱森、苏食、梅林等优质肉类品牌。米业的小包装大米在上海市场已经是第一位，未来还要进一步建好基地，聚焦品类，做大单品规模，加大收购兼并重组力度。上海蔬菜集团承担了上海70%的蔬菜批发供应，经手总量达到300多亿。此外五四公司的工厂化菌菇、都市生活配送等都逐渐形成了规模。

3）光明全产业链，起个大早赶个晚集？

全产业链经营模式被越来越多企业所追捧，有实力的大企业在做，很多的中小企业也在做。食品企业在搞全产业链发展，非食品企业、房地产业、纺织业也在搞全产业链发展。然而从运作要求来看，并不是每一个企业都具备实现全产业链的资源禀赋，更不是每一个企业都具备实施全产业链战略的能力。大公司竖向集成，构建全产业链，如果形不成垄断或市场主导的话，往往很难在成本、速度上跟中小型对手竞争。过度扩张产品线和延伸品牌，可能会持续造成下游品牌在营销、渠道、物流、服务等方面的短板增多，企业难以继续生存发展。

光明食品集团作为全产业链生产企业，旗下拥有的品牌资源众多，集中在食品领域的有光明乳业、冠生园、大白兔、和酒、金枫等。不过光明食品集团却面临着不同品牌资源发展不均的状况，目前所有品牌中光明乳业的发展较为良好，而其他品牌资源均有待进一步开发，例如收购而来的全兴大曲、已经具有良好市场基础的冠生园、大白兔等。

“全产业链”模式对于现阶段中国企业做大做强、提升影响力具有一定合理性，但中国企业决不可盲目跟从，“全产业链”模式也存在弊端，第一，“全产业链”模式资金风险较高；第二，“全产业链”模式的管理协调成本较大，管理效率低下；第三，“全产业链”模式未必能够实现对产业链的有效控制；第四，“全产业链”模式导致企业资源配置分散、核心竞争力不强。所以，必须清醒地认识到这种模式存在的问题和弊端，光明应从自身实际情况出发，需好好思量，全产业链的发展对企业是否是利大于弊，以避免自身陷入困境和危机。

### 3. 阿里为什么害怕赶街？

赶街所做的工作不能只被称为农村电商，更应该被称为农村互联网 +，它不仅仅是买和卖，而是整个农村的生态可持续发展的农民电商体系 + 农业物流体系 + 农村信息村村通渠道三合一，为政府提供优质高效的“三农”信息网，这也许才是阿里为什么害怕赶街的真正原因。

如果以后要给 2015 年的创业圈打几个标签，那么除了全面繁荣的“O2O”以外，“农村电商”也一定会是其中之一。

1）“赶街”模式

2013 年，浙江赶街电子商务有限公司在遂昌成立，“赶街”在当地方言里就是“赶集”的意思，江浙沪的消费者们只要通过赶街网下单，第二天就可以立马收到新鲜的遂昌土产，哪怕是生鲜农产品，如土鸡、土鸡蛋、土猪肉，隔天内也能安全、新鲜地送上门。

“简而言之，赶街做的就是在网上帮农民把农产品卖出去，再帮他们把需要的消费品买进来”。

赶街模式的关键节点是村级服务站，重要支撑是后台系统，竞争优势是产品服务，核心是双向多赢的商业模式。村级服务站指在每个村设置一个服务站，由本地人担任站长，利用乡村熟人社会天然信任的优势，帮助乡里乡亲代买代卖，提供便民服务。

赶街网以“县服务中心＋村服务站”的模式突破了电商在农村难以推行的一系列瓶颈，成功实现电商在农村市场的落地，旨在帮助村民解决供销难题。

赶街所做的工作不能只被称为农村电商，更应该被称为农村互联网＋，它不仅仅是买和卖，而是整个农村的生态可持续发展，这是赶街模式的真正内涵。

2）如何解决“网货下乡”

在农村发展电商会受到物流、硬件设备、上网条件和文化技能等各方面限制，“网货下乡”业务与遂网相比要困难很多。那么赶街是怎么解决这些问题的？

（1）硬件环境：在每个村建立一个服务站点（依托村里的商业小店或卫生所），为服务站点免费配备电脑，并与电信合作解决上网问题；

（2）上网技能：在每个村里找一位年轻人，培训成村里的服务员（兼职），通过返利模式让年轻人帮助村民在赶街网上进行代购；

（3）物流配送：目前绝大多数物流只到县一级（部分到达大镇），因此赶街网在县级建立运营中心站点（总仓），与物流公司对接，然后自建从县城到农村的二级配送物流，使网购商品顺利到达村民手上。

（4）售后服务：凡是在赶街网上购买的商品都提供平台担保，若存在质量问题可进行退换货。

3）“赶街”有无未来？

号称欲打造中国最大的农村电子商务网络的“赶街网”发展时间虽不长，但拓展农村电子商务市场的力度惊人，效果明显。于2013年5月诞生后在短短一年半时间，赶街网就在浙江完成了2 000多个农村站点的建设，覆盖村民超过

200 万人，其中 200 多个覆盖了全国 5 个省区。另外，赶街网现在的月交易规模达上千万。

“赶街网”通过“农货宝”和“屯亲”两个平台轻松实现农产品网上销售，而这正是各级政府关注的焦点，也是政府愿意投资的关键。此外，“赶街网”为当地农村青年就业和创业提供了大量机会。同时，通过赶街网实现的经营税收都将保留在当地，这种既解决就业难题又创造政绩的项目，理所当然受到地方政府的关注。

从竞争能力看，由于赶街公司与各级政府商务部门签订了合作协议，并获得当地政府的高度肯定，获取了大量的政策支撑资源。

4）阿里为什么怕“赶街”？

据统计，2013 年我国农村人口 6.29 亿，农业总产值 10.2 万亿元，全社会零售商品总额 23.4 万亿元，其中纯农村 3.19 万亿，含县市镇 9 万多亿；农村总产值与包括县及镇商品零售总额合计约 20 万亿元。即使获取其中 1.1 万亿交易额，也能打造一个农村新“淘宝”，谁还会无动于衷？

综上所述，赶街 借互联网、大数据，通过政策与市场双轮驱动，在培育产业化创新、形成新的经济增长点、改善民生、实现精准脱贫，更借农业部门支持之势、农村创富之势、农村渴求服务之势、内在驱动力之势、生态食品需求之势等，借势发力，顺流而下事半功倍。

因势而动，顺势而为。一旦覆盖整个农村市场，随时提供某个细分市场免费促销活动，提升影响力；建立虚（服务）实（产品）结合，合纵连横，系统完整的生态体系。为农村电子商务跨出国门，服务世界农村，奠定坚实的中国大后方。

总之，赶街不仅是一个产品物流体系，更是一个信息的村村通渠道，充分整合农业信息资源，为政府提供优质、高效的“三农”信息。

## 三、互联网 + 建筑

### 1. 中国建筑离智能还有多远

连续 13 年蝉联世界首富的微软创始人比尔盖茨，对智能家居情有独钟，从

1990 年开始，花了 7 年时间，耗资 6 000 万美元，建造了一幢智能化豪宅。但现实生活中，对大多数人来说，这种梦幻般的生活是触摸不到的。但它向我们预示了一个令人向往的未来，那就是智能建筑和家居时代正在向我们走来。

中国经济经过 30 年的高速发展，居民的生活水平和消费能力有了很大提高，新需求的增长以及信息化对人们传统生活的改变，让许多人尤其是先富起来的一部分人，对智能家居的需求日益强烈。以深圳红树西岸为例，红树西岸是深圳百仕达地产斥资 3 000 万美元与美国 Honeywell 及韩国 LG 共建的顶级智能社区，它是国内首个真正意义上的智能化社区，也是亚洲最大的智能化住宅小区。

一般来说，智能系统包括安全防范系统、智能家居系统、信息服务系统、物业管理系统，有 20 多个子系统。其智能家居系统以霍尼韦尔“家庭网关”为核心系统，联接了网络家电、紧急呼叫、门禁、灯光控制模块、火警探测器、红外探测器、电子门锁以及触摸屏操作终端，整合了空调控制、信息家电控制、安防系统、煤气阀控制、灯光控制、窗帘控制、场景联动控制、可视对讲、物业管理以及远程通讯等系统。

我国目前已掀起了智能化小区建设的新一轮高潮，智能小区和智能家居如雨后春笋般不断涌现，但却也面临诸多问题。

1）概念炒作多，标准被滥用

有资料显示，目前国内智能化建筑已经达到 8 000 多幢。其实这些所谓“智能建筑”只是引入了智能化的某些元素（比如可视对讲、防盗报警和三表远程抄送等），严格说来，还不是真正意义上的智能建筑。

国家建设部于 1999 年 12 月颁布了《全国住宅小区智能化系统示范工程建设要点与技术导则》，对智能小区提出了 3 个星级标准。一星级为“普及型”，二星级为“提高型”，三星级为“超前型”。但在实际操作中，许多开发商滥用这个标准，只要稍微沾有一点智能化元素，就大肆炒作，甚至标榜为“三星级”“五星级”。许多开发商仅仅将智能家居作为提升楼盘品质和卖点的手段，并未认真考虑如何利用智能化为业主带来安全、便利和舒适，再加上控制成本的需要，也不愿在上面投入太多的资金，因此往往采购和选用质量没有保证的产品。由于没有严格的、统一的标准，智能家居还没有成熟就被炒得焦煳，智能家居的未来被提前透支。

2）高处不胜寒，叫好不叫座

包括顶级数字家园在内，尽管国内智能家居比起盖茨的豪宅相差甚远，但在大部分中国人还买不起普通住房的情况下，智能家居只能是少数人的奢侈梦想。

站在产业的角度看，国内楼宇对讲产品近年朝网络化、数字化、智能化方向快速发展，许多厂商推出了智能家居产品。但后来许多厂商又发现，智能家居市场的启动并不是一件容易的事，赢利还得靠“走量”、靠传统的对讲产品来支撑。一些家电和 IT 企业，投入不菲的资金开发出智能家居系统，却大多只能停留在“体验”阶段，无法实现产业化。

3）缺乏人性化，业主不愿用

众所周知，现在手机的功能越来越强大，尤其是智能手机。但实际上，除了一些喜欢摆弄的年轻人外，许多人对手机的一些功能并没有使用或者不会使用，因为太复杂，玩不转。其实，智能家居又何尝不是如此。

由于智能家居融合了多个系统，功能强大，因而操作起来十分复杂（尽管许多厂家宣称自己的产品是简约化设计、傻瓜化操作）。尤其是有些系统，设计过于繁杂，缺乏人性化，导致许多用户，尤其是家中的老人用不好或者干脆不愿用。

4）维护跟不上，设备成摆设

还有一个更重要的问题，就是系统的运行和维护。在开发商开盘售楼时，智能家居一般不会有太大问题，都处于最佳状态，但使用不久就会出现问题，售后维护跟不上，已经成为智能家居的“硬伤”。

智能家居系统绝不是单纯的一次性投入问题，后续维护和维护费用支撑很重要。智能化设备的使用和维护相当复杂，需要有专业化的管理和维护队伍，也需要强大的技术支撑。深圳红树西岸智能化系统的运行和维护由项目集成商直接负责，用户在使用中如果出现问题，可致电物业管理处，由物管处联系集成商派人进行维修，算是比较好的模式。很多引进智能化设备的小区都是由物业名下的 IT 部门或者维修班进行维护和管理，面对复杂的系统，有时很难胜任，因而导致智能系统的许多设备成为中看不中用的摆设。

或许是因为市场需求和用户规模不同，才让国内厂商热衷于在产品功能的开发上费尽心思。由于市场竞争激烈，许多厂商为了赢得用户的青睐，就在产品设计上一味迎合或诱导客户的需求，寻找卖点。因此，国内的楼宇对讲产品，设计功能越来越强大，不再局限于对讲和开锁，而是与侦烟感知器、瓦斯侦测器、防盗报警器、红外、门磁探头等结合，从而发挥防盗、报警、紧急求助等综合功能，同时还具有了信息发布等功能，门禁系统也逐步嵌入到对讲网络及设备上。不具备联网报警功能的楼宇对讲产品，似乎再也跟不上时代了。

**2. 万科的互联网阴谋**

万科作为一个有着强危机意识的企业，已敏锐感觉到中国房地产市场已进入“下半场”，持续多年的圈地捂盘、野蛮生长的暴利时代即将结束，迎来关键的转型节点。未来房地产行业会不会出现类似小米的搅局者，以互联网思维模式打破旧秩序，威胁甚至取代以万科为代表的行业模式。万科，作为国内房产支柱企业，在互联网大潮来临之际，是被互联网颠覆还是引领呢？

1）万科的互联网想象

万科为代表的房地产企业，如果真的进行互联网思维改造，会以怎样的方式进行呈现？这里，可以对未来作一定程度的遐想。

（1）媒体表现

- 数十年的品牌积累，已经塑造了万科的品牌形象，企业大了，虽然也有部分区域出现过问题，但依旧能快速解决，口碑在地产行业而言，依旧表现不俗。
- 万科的人爱爬山、爱骑车，这是比较好的亲民形象。
- 万科在松山湖有自己的产品研发中心，这是专业的体现。
- 万科 PC 开创了国内地产工业产业化先河。
- 万科的物业很好，细节很到位，哪怕冬天，也会在入户门上帮业主加上门把套，防止客户直接接触冰冷的门把，令人感动的细节。
- 万科的超小户型创新，令人惊讶和赞叹。
- 万科总是敢于在楼市不好的时候第一时间降价。

- 万科企业总是低调的，以积极的形象面世。

以上，仅仅是部分人所知道的现状，而更多的则是万科是否敢于通过互联网的方式去喊出为互联网而生，或者以更为低调的方式让互联网用户去感知并且向往。

事实上，万科作为房地产企业，其已经在行业中领先，同样在互联网领域，万科就可能成为这个行业的规则制定者，而这个规则就是利用互联网使用者习惯，遵循互联网的社会规则，基于传统行业产品本质，使用互联网技术，用极致的态度创新改造本行业产业链的规则，快速地形成口碑传播，达到符合互联网用户认同的颠覆性改造。而这种思维也并不是一成不变的，随着时间的推移也是会自我进化的，跟市场规则一样，不符合市场需求的，自然会被淘汰。

（2）产品及配套表现

互联网思维的万科，利用专业的房产建筑理念，犹如当年世博会的万科馆、以及绿色环保的总部大楼一样，除了满足普通居住属性以外，应该根据不同的群体，在产品上做到极致，并领先超越同行，当然，前提是建立在成本可控上。

万科提出了城市配套服务提供商，从四季食堂，到快递代收，还有万物仓，不得不承认，万科已经开始布局，这些都是线下享受的服务，也是互联网界一直讨论的 O2O 最后一公里的问题，万科用自己线下的方式，已经解决得很好。

（3）互联网平台的表现

全国的万科业主都是万科的宣传利器，但传统思维下，除了简单的邻里关系和营销老带新优惠等举措，万科在互联网平台的表现依旧不够。

互联网平台是一个虚拟化的社区，除了简单的营销之外，我们可以看到从上学、恋爱、结婚、买房、买车等人生重大节点，互联网的分享精神，形成了互联网的社区生态，这就是一个虚拟的城市，而整个万科拥有的新老业主就是互联网的种子客户，万科除了专业的《万科周刊》和服务业主的万客会，能否直接建立一个基于 PC 互联网和移动互联网专属于万科业主的互联网平台？当然，这里面存在一定的口碑风险，但好处自然也不言而喻。

（4）产业链及生态

除了房地产业务之外，在衣食住行、娱乐等方面，万科掌握了自己业主的最后一公里，这里面又有无限的遐想空间。互联网思维的房地产，一定不是简单的为了卖房子，真正的互联网思维是改造房地产，应该是对于产业链的拓展，但对于普通公司而言，也是巨大的挑战。

2）万科互联网思维的改造

万科互联网思维的改造，应该分为长效渠道和短效渠道。把握“最后一公里经济”，不仅仅是表现在线上电子商务，也会体现在线下，即所谓O2O。

3）互联网思维改造后的万科

- 万科的产品代表了追求极致性价比及居住品质。
- 拿到性价比更好、位置地段更好的地。
- 万科有针对业主的专用电商平台，物业提供免费送货上门服务。
- 邻里关系更加和谐，未来的人居环境更加优秀，百万买房，千万买邻。
- 互联网技术提升居住舒适度，比如根据可穿戴设备，在回家路上，智能家居发挥作用，调节光线、温度、做饭。
- 万科房子一房难求，但更多的三四线城市也会有万科的身影，因为互联网的传播，传统的广告已经不是主流宣传通路了。
- 每个小区都有属于自己的APP，解决衣食住行的相关问题。
- 成为城市的配套服务提供商。

经过互联网思维改造的万科，除了房子本身的价值之外，各类配套服务提升了品牌和项目的附加值，项目的竞争属性会加强，品牌号召力会加强，项目价值会进一步提升，但一切，还是要回归到产品的本质。如果房子是电脑的硬件主机和显示器，而互联网思维改造提供的更是电脑里面丰富多彩的软件，开发企业在其中扮演的是运营商，提供带宽和各类服务。

万科未来5年内，其管理的社区大概会有500～600个，100万住户，近800万的人口，差不多相当于一个超级大都市的规模体量。如果线上把这些社区用互联网串联起来，充分盘活社区的用户和数据资源，形成一个庞大又精准的家庭用户信息数据库，线下再配套完成青年公寓、养老公寓、绿色楼顶花园这样的实体改造，并快速完成规模化、连锁化的全国性网络布局，那么万科蜕变或孵化出一个横跨“地产+物业+金融+中介+家政+电商”等领域的超级平台和商业公司，万科的品牌影响力会经过互联网的扩散让更多人认知。

互联网思维并不是高不可攀，而经过互联网思维改造后的万科，会更加健康，也会有一个更好的品质去面向市场，衍生和打破既有的模式和产业链，在合理的互联网思维改造下，万科将迎来第二次生命。

## 四、互联网+医疗

### 1. 互联网技术会革了医疗的命?

随着技术进步，德国病人前往医院看病问诊恐怕很快将成为“往事”，取而代之的是，他们坐在家里，面对一台电视机，完成全部治疗。

眼下，全球各地一批又一批初创企业蜂拥进入医疗领域，掀起了一场数字革命。

1）新应用专注于细分医疗保健

据报道，最新的医学应用系统，可以让病人在家里进行自我康复训练。整套系统主要包括一部特殊摄像机、一台电视机和一条装有多个传感器的胸带。一个虚拟人物可以通过系统指导病人进行锻炼，纠正其动作。系统还允许医生和治疗师通过互联网视频进行连接，与病人实时交流。

互联网巨头公司谷歌等纷纷瞄准这一领域，开展大规模投资。市场不再局限于一些精巧的小玩意儿，如保健腕带、蓝牙牙刷等。新应用专注于真正的医疗保健，从生孩子到治疗癌症。

眼下，许多公司正利用信息技术的突飞猛进，尤其是智能手机的迅速普及，推动数字化医疗的进步。智能手机上已有数以千计的健康保健类的相关应用。比如，有的用于测量血压，有的分析孩子的生长发育状况，有的可以检测孤独症……甚至有一款应用声称能预测女性下一个排卵期，以便进行生育安排。

2）智能手机应用将优化医患关系

在线医疗的新时代正在到来，将为医生和病人带来诸多便利，但同时也引发一系列问题。比如伦理问题：一旦出事，谁来负责？数字化服务到底是将使治疗变得更加透明，还是让病人陷入数据海洋从而更加困惑？而眼下最迫切的问题恐怕是：在线服务费用由病人支付，还是纳入保险体系，是由保险公司全部或部分承担？

但有一点是明确的：智能手机应用程序将改变医生和患者之间的传统关系。

3）新一代患者陆续涌现

事实上，新一代患者已经出现。他们在博客中讨论疑难病症，将 X 光片上传到社交网站，在脸谱上组建医疗讨论群等，这些早已稀松平常。而且，大量医生在调查中表示，他们曾通过网络查找特定病例数据，从而避免了误诊。

为了适应新型问诊关系，一些初创企业致力于为医生打造舒适的网络办公室，开发的应用软件有点类似 Skype，但功能却要强大得多。医务人员每月支付 100 元，即可利用公司平台进行网络问诊，这对于吸收新病人非常有效。而且还可以拿起话筒为病人提供咨询，但如果能看到彼此那感觉肯定会很好。搭建的虚拟问诊空间相当逼真，甚至有候诊室，病人在咨询之前必须在此等候。平台还为病人提供体检服务，病人可以不必车马劳顿，医生也能随时随地办公。

4）未来优良医疗服务离不了移动互联

在医药领域，进行大量数据分析并非什么新鲜事。IBM 超级计算器“沃森”能在 3 秒钟内搜索 2 亿页学术论文，为某个特殊病例寻找所需信息。

但是，智能手机持续收集的有关数据真的能让病人更加健康吗？诚然，从医学角度来说，那些统计行走步数、测量心跳、监测卡路里燃烧量的健身腕带和智能手表等确实没有多大意义，但今天的智能手机，功能已今非昔比，它们能监测血糖水平，加一枚小小芯片可以充当脉搏血氧计，加一个火柴盒大小的附件还可以测心电图。

### 2. 丁香园，能否撬动医疗的生死大山？

得医生者得天下。去年腾讯 7 000 万美金注入丁香园，说明了各路大仙对丁香园目标用户定位的认可，同时，77% 的用户占有率，即全国 260 万执业医师，丁香园的注册执业医师就有 200 万，事实也证明了丁香园确实在医生 P2P 这个领域是当之无愧的老大。

随着腾讯与丁香园的联姻、阿里巴巴入主中信 21 世纪，支付宝钱包牵手未来医院和百度推出健康云平台之后，BAT 三大巨头已全部涉足医疗行业。众所周知，移动医疗是一块巨无霸型的蛋糕，任谁都不可能一口吞下，但是这只被放在风口上的“猪”到底能飞多高，从目前的政策、行业、技术、消费环境看来，这只“猪”还没有做好起飞的准备，移动医疗移不动的情况随处可见，更多的是停留在概念层面。虽然移动医疗的优势是方便、高效，降低繁琐程度，提高工作效率，极大地改善了用户体验。但移动医疗重点还是在于医疗，而非移动。移动医疗的核心是患者安全，任何互联网企业在做这一业务的时候，一定不能脱离这个核心。因为疾病本身具有不确定性，在未与医生见面之前，在手机上简单发几个文字、几张图片，这会把医生和患者都置于一个充满风险的环境下。在任何信息采集不完全的情况下，去为患者做出任何的建议，风险是高于收益的。

所以，丁香园另辟蹊径去做医生这个细分群体的社交和内容，算是成功捍卫了传统医疗的科学性和移动医疗的核心诉求——患者安全。如果医疗移不动，那就索性不动。2014 年，随着丁香园门诊计划的出台，是其走出了布局大健康的第一步，也为行业发展指出了一个新方向。按照丁香园的规划，开设全科诊所，主要为愿意多点执业的医生提供诊疗服务平台，让医患双方最终在线下完成就诊过程。丁香园的主要收入来源将从之前的广告收入、服务收入和销售收入构成升级为广告收入 + 服务收入 + 销售收入 + 实业收入。从线上到线下远比线下到线上困难得多，但是丁香园的规划为未来互联网医疗提供了非常具有参考价值的一步。

在目前的环境下，国家医改的继续深化、多点执业的可能以及日益增长的医疗服务需求，都是丁香园发展线下诊所的重要保障。同时，2014 年在线上积累的资源也会在这个时候被最大化地发挥出来，而且，丁香园的这种模式可以通过 O2O 的方式较为全面地为中国庞大的人群服务，不断地扩大用户基础。

机遇与风险共存，丁香园的诊所计划，一下子把竞争对手从互联网企业变成了传统的医疗机构，尤其是公立医院。在外部环境有阻碍的情况下，丁香园必须进一步拉高服务的标准和用户体验，才能吸引到客户。

当然，对于丁香园这样的转型能否获得成功还未知，但是它对整个医疗行业的转型思考的意义是非常巨大的。商业模式单一、复制度高的医疗转型是必然的，也许丁香园就是撬动这个万亿产业的那个小支点。

## 五、互联网+教育

### 1. 教育产业化让渡于教育互联网化

毫无疑问，中国社会在形态上已经进入信息化时代，无论是网民数量还是网络经济发展的速度，均堪称世界第一。而当李克强总理在《政府工作报告》中先后8次提到互联网、移动互联网等新兴行业，并且提出了“互联网+”这个新概念后，更是每天引来上百万网民的点赞。

可以说，互联网+在中国的迅猛发展，不但提升了一个又一个传统行业的层次，也给每一个人带来了机遇、希望与挑战。

那么对于中国教育领域，互联网+又意味着什么呢？那就是教育内容的持续更新、教育样式的不断变化、教育评价的日益多元，一言以蔽之，中国教育正进入到一场基于信息技术的更伟大的变革中。

1）互联网+课程

互联网+不仅仅会产生网络课程，更重要的是它让整个学校课程从组织结构到基本内容都发生了巨大变化。正是因为具有海量资源的互联网的存在，才使得中小学各学科课程内容得到全面拓展与更新，适合中小学生的诸多前沿知识能够及时地进入课堂，成为学生的精神套餐，课程内容艺术化、生活化也变成现实。

记得互联网尚未发达之时，觉得要讲清景泰蓝的制作程序那简直难如登天，唇干舌燥地描摹景泰蓝的模样，说明每道制作工序，讲课的老师说得不像语文课，倒像工艺制作课，学生却始终如坠十里云雾，糊涂一片。

如今，互联网上有的是图文并茂的景泰蓝制作流程，更有大量景泰蓝实物彩照，还有CCTV10精心制作的《手艺Ⅱ——景泰之蓝》，教师甚至可以不发一言，学生对景泰蓝的方方面面就能了如指掌，。

除了对必修课程内容的创新外，在互联网的支持下，选修课程的开发与应用也变得天宽地广，越来越多的学校能够开设出上百门的特色选修课程，诸多从前想都不敢想的课程如今都成了现实。

2）互联网 + 教学

互联网与教学结合形成了网络教学平台、网络教学系统、网络教学资源、网络教学软件、网络教学视频等诸多全新的形成，这些不但帮助教师树立了先进的教学理念，改变了课堂教学手段，提升了教学素养，而且更令人兴奋的是传统的教学组织形式也发生了革命性的变化。

正是因为互联网技术的发展，以先学后教为特征的“翻转课堂”才真正成为现实。同时，教学中的师生互动不再流于形式，通过互联网，完全突破了课堂上的时空限制。学生几乎可以随时随地随心地与同伴沟通，与老师交流。

在互联网天地中，教师的主导作用达到了最高限度，教师通过移动终端能即时地给予学生点拨指导。同时，教师不再居高临下地灌输知识，更多的是提供资源的链接，实施兴趣的激发，进行思维的引领。

由于随时可以通过互联网将教学的触角伸向任何一个领域的任何一个角落，甚至可以与远在千里之外的各行各业的名家能手进行即时视频交流，因此，教师的课堂教学变得更为自如，手段更为丰富。当学生在课堂上能够获得他们想要的知识，能够见到自己仰慕的人物，能够通过形象的画面和声音解开心中的各种疑惑时，可以想象他们对于这一学科的喜爱将是无以复加的。

3）互联网 + 学习

互联网 + 学习创造了如今十分红火的移动学习，但它绝对不仅仅是作为简单的即时随地可学习的一种方式而存在的概念，它代表的是学生学习观念与行为方式的转变。通过互联网，学生学习的主观能动性得以强化，他们在互联网世界中寻找到学习的需求与价值，寻找到不需要死记硬背的高效学习方式，寻找到可以解开他诸多学习疑惑的答案。

研究性学习倡导多年，一直没能在中小学真正得以应用和推广，重要的原因就在于它受制于研究的指导者、研究的场地、研究的资源、研究的财力物力等，但随着互联网技术的日益发展，这些问题基本都能迎刃而解。在网络空间，学生对于研究对象可以轻松地进行全面的多角度的观察，可以对相识或陌生的人群作大规模的调研，甚至可以进行虚拟的科学实验。

当互联网技术成为学生手中的利器，学生才能真正确立主体地位，摆脱学习的被动性，自主学习才能从口号变为实际行动。大多数中小学生都将有能力在互联网世界中探索知识，发现问题，寻找解决的途径。

互联网不但改变着教师的教学态度和技能，同样也改变了教师的学习态度和方法。教师不再以权威俯视学生，而是真正蹲下身子与学生对话，成为学生的合作伙伴，与他们共同进行探究式学习。

4）互联网＋评价

在教育领域里，网评已经成为现代教育教学管理工作的重要手段。学生通过网络平台，给教师的教育教学打分，教师通过网络途径给教育行政部门及领导打分，而行政机构也通过网络大数据对不同的学校、教师的教育教学活动及时进行相应的评价与监控，确保每个学校、教师都能获得良性发展。

换句话说，在互联网＋时代，教育领域里的每个人都是评价的主体也是评价的对象，而社会各阶层也将更容易地通过网络介入对教育的评价。此外，互联网＋评价改变的不仅仅是上述评价的方式，更大的变化还有评价的内容或标准。例如，传统教育教学体制下，教师的教育教学水平基本由学生的成绩来体现，而在互联网＋时代，教师的信息组织与整合、教师教育教学研究成果的转化、教师积累的经验通过互联网获得共享的程度等等，都将成为教师考评的重要指标。

总之，当互联网＋第一次纳入国家经济的顶层设计，就意味着互联网＋时代的正式到来，教育只有顺应这一时代的需求、持续不断地进行革命性的创造变化，才能走向新的境界。面对互联网＋时代给出的新机遇新挑战，每一个教育工作者都必须坚定信心，解放思想，聚精会神，锲而不舍，全力打造出领先于世界水平的“网络新教育”。

### 2. 沪江网，能否超越新东方？

新东方的俞敏洪曾经说过一句话：“谁把网络教育做好了，谁就是新东方最大的对手！”

2014 年的双十二，沪江网一天的销售额突破 650 万，创下互联网教育单日营收之最，几乎所有人都已经感受到，用户为王的时代已经来临。我们回过头来看，是什么原因让阿诺的沪江网完成了吉尼斯纪录般的创举，这其实是 2014

年整个沪江做的最重要的一次业务拓展，从一家 B2C 垂直服务于人群还不够大的教育网站转向海量的基础教育平台——把更多精力放在基础建设上，包括海量用户处理经验的技术、品牌、运营等。

而一直以来，新东方仅仅把好未来看成自己优能产品的强劲对手，一直想在全学科领域刨好未来的根基，消化掉自己在少儿英语领域里的客户群，一直未遂。新东方的崛起依赖考试培训和口碑传播，如今它努力的方向似乎在理想主义的带动下进入了一个漩涡，一方面想用素质教育给家长洗脑，从 K12 到出国培训都沉醉在现有的成果里；另一方面信息传播又没有跟上，自我防御式噤声，甚至对外辩解都要等领导先说。俞敏洪应该不会再为没有收购新东方厨师学校而夜不能寐了，这位中国合伙人的消沉不禁让人唏嘘。

互联网教育是细分垂直领域里面道行最深、组成最庞杂的一个业态。就互联网业态而言，电商、团购和视频等行业公司都差不多。比如，团购大家抄创意，抄出了百团大战。不是大家脑子里想不出新东西，而是这些地方变化少，复制很难超越。沪江作为互联网教育互动性最强的产品，一直对用户的需求把握的非常精确，比如沪江的课程只显示板书的内容，而从来不会把老师放在屏幕中，这是因为老师的外貌其实是学生最不关心的要素，这样同时也能为用户节省很大一部分流量。

当 2014 年新东方和腾讯强强联手，YY 豪掷 10 亿发布品牌 100 教育的时候，阿诺似乎并不是非常紧张，按照他的意思就是，这些互联网大佬根本找不到互联网教育的精髓，况且沪江还有 8 000 万高黏性注册用户在这撑着呢。

其实新东方在线上的业务拓展不会对沪江网造成直接的威胁，新东方先天的互联网基因不足，使得它在面对互联网产品前沿设计和传播规律时显得力不从心。而线上线下的渠道之争，又让新东方陷入左手打右手的尴尬，掣肘上行之路。过强的线下教育，常常让线上教育处于尴尬的位置。沪江在整个竞争环境中，相比弘成、正保这些传统网校又在互动、开放、共享方面先行一步，比起传课、多贝等长于技术的新新教育形态则多了一份教育积淀。未来沪江的挑战或许是如何将更多免费用户转化成收费用户，毕竟相对于它庞大的用户量，收费用户还不到 1/10。

## 六、互联网+金融

### 1. 互联网让行长们睡不着觉了

“如果银行不改变，我们就改变银行”，马云的话言犹在耳，随着阿里余额宝横空出世，百度百发、腾讯理财通的相继推出，互联网金融时代的大幕正式拉开，它以摧古拉朽之势来袭，传统银行面临着被改变、被革命的局面。

这是个最好的时代，我们有幸见到发展凶猛的互联网如何深刻地影响着人们的衣食住行，将一切不可能变为可能。购物、社交、搜索、音乐、游戏、旅游……互联网几乎变革了人们所有生活方式。

从此种意义上讲，作为人们的需求之一，金融的变革也是必然的，是不以人的意志为转移的，只是时间节点来得比想象中要快很多。2013 年，阿里余额宝引爆了互联网金融市场，加速了传统金融的变革。

2013 年 6 月 13 日，余额宝正式上线，这款金融与互联网跨界融合的产物迅速引发全民理财的热潮，也引起了银行巨头的恐慌。全民理财的市场容量究竟有多大呢？我们来看个数字，2014 年 7 月 1 日，在余额宝上线一周年之际，天弘基金发布余额宝二季度末规模数据显示，截至 2014 年 6 月 30 日，余额宝规模已达 5 741.60 亿元。这只是互联网金融产品的牛刀初试，以后其爆发力将会超乎想象。

我们应该感谢这个时代，以及引领这个时代变革的马云们。

一个毋庸置疑的事实是，以余额宝为始，百度百发、理财通等这些互联网金融产品，正以全面进攻之势在传统金融服务领域里开疆拓土，攻城略地。银行巨头已经感受到威胁，他们惊呼“狼来了”。不过，如何正视“狼来了”的问题，不但考验着银行巨头们的智慧，而且还关乎着一个“旧势力”的生死存亡。

这并非危言耸听，正如前招行行长马蔚华所言：“在互联网时代，面对新的商业规律和游戏规则，过去的做法和熟悉的管理办法已经不再灵验，所有行业和企业都应该做好颠覆与被颠覆的准备，于是，加快创新变革变得至关重要。金融业互联网金融的产生和发展，正是互联网时代下最大的金融创新。”后银行时代已然来临，与其被革命，还不如主动求变，传统银行应该做的就是以开放的心态拥抱这个新时代，并进行变革和创新。

以前金融业非常垄断，再加上一系列因素造成的信息不对称，老百姓对其感到相对陌生，借贷需求很难满足。而互联网时代，信息不对称因素不复存在，这就为互联网颠覆传统银行提供了机会。这是传统银行的危机，他们需要恐慌，如果他们还在怀疑互联网的能量，等待他们的无疑是被无情地抛弃。只有认清互联网对金融的巨大影响的事实，他们才能勇于变革和创新。

2013 年，被称为中国互联网金融爆发的元年；2014 年，我们不妨称为互联网金融倒闭银行变革的“后银行时代”开启之年。现在谈银行将被彻底颠覆为时尚早，一切都还在路上，不过，该来的迟早会来。

### 2. 付费通凭什么叫板支付宝？

付费通作为上海最大的生活费用的在线查询及支付服务平台，在与支付宝在公共事业账单通道业务分手后，闪婚“银联”，在全国范围内开展合作，双方将重点在全国范围内协力发展水、电、煤、通讯等公共事业缴费业务，打造线上线下一体化的便民缴费服务平台。那么付费通凭什么叫板支付宝？未来的发展又将如何？

2014 年，在各家巴不得和支付宝合作的时候，付费通凭什么叫板支付宝取消合作？付费通是由上海市政府部门牵头、联合各家（现已达到28 家）公用事业出账机构及银行单位共同设立，为上海市民家庭提供水、电、煤、手机、电话、宽带、数字电视、车辆通行费等多种基本生活费用的在线查询及支付服务。付费通是中国首家且是目前唯一已建成的 EBPP 平台。可以这么说，在互联网金融飞速发展的今天，国家将普惠金融作为互联网金融主要调节社会金融矛盾的工具的时候，付费通的政府背景和技术支持可以使其在全国范围内打造成以公民生活缴费、公共交通设施充值缴费、社保公积金等与政府便民服务及社会保障服务相挂钩的更值得信赖的流量入口平台。而用户数据对于一家互联网企业来讲是最重要的资产，为了保证自己的核心竞争力以及考虑未来的战略发展布局，付费通不甘心只做支付宝背后的朋友，是时候站出来了。

在移动端，付费通推出了付费通手机 APP，帮助居民随时随地的缴账单，微信公众服务号“付费通账单查缴”，包租婆 App，涉及房租支付业务。付费通正在通过多种途径与 C 端客户接触。从付费通目前的产品服务发展趋势来看，其正在围绕居民的生活场景进行逐步的匹配和覆盖。从早期的水电煤到房产税、物业费以及诉讼费，再到交通票务、社保基金等，正逐步地围绕公共事业缴费业务完善产品与服务。

未来，付费通将从长三角起步，逐渐建设一个覆盖全国的 EBPP 服务体系，并借助政府规划推进电子账单之力，逐步改变上海乃至全国账务行业生态。而面对目前第三方支付市场的现状，各家都通过合纵连横的方式提供了公共事业缴费服务。市场占有率上来讲，付费通并不占优势，在离开上海这个大本营之后，付费通还能再次向支付宝叫板吗？

在业务对外扩展过程中，品牌是不可逾越的鸿沟。支付宝的“支付宝，知托付”，简单的广告语可以让用户知道其定位是什么，对于第三方支付消费者最在意的就是安全。而且支付宝十年如一日，一直在反复传播自己的传播点，结合其他营销活动使其品牌核心竞争力与消费者需求紧紧地联系在一起；而付费通的宣传点变化太快，从“有支付改变生活”到“让生活轻松一点”，传播点的不一致造成传播混乱和传播沉淀成本过高。另一方面，支付宝不仅仅在线上传播，在线下的高校、交通枢纽、社区、便利店等均有传播活动，引导目标人群在场景下使用支付宝，切实体验便利性提高转化率；而付费通的传播更多的是停留在线上的一些优惠活动，且相关的软文报道也很少。

另一方面在业务结构上，支付宝的公共事业缴费、理财、旅游、信用卡、AA 收款等业务也都做得很好，这些业务的开展是支付宝的长尾收入，是建立在自己用户的层面上，满足用户的需求，增加用户体验、用户黏性的；而付费通除了核心的公共事业缴费以及新增的几项业务之外，长尾还不够，在拉卡拉、财付通、快钱等第三方支付工具的服务品牌不断扩展的情况下，细分市场正在被不断的压缩。

财付通如果想要再次叫板支付宝，在品牌传播、业务模块拓展的选择和时机等方面都需要做升级，这也是财付通在互联网金融的快速发展下获得用户红利的凭证。

### 3. 宝付支付，黑马有多黑？

互联网金融被提升为国家战略以来，整个行业取得了飞速发展。传统金融借用互联网技术插上了“低门槛、高效率、平台化”的翅膀。众筹、P2P 这些新兴产品的火爆催发了许多新的行业黑马。而从大局已定的支付行业起家的宝付支付，是否能成为下一匹黑马？

在金融天猫的规划下，PPmoney 在 2014 年年末正式启动“债权 + 股权的双向重度垂直渗透模式”，相继上线安稳盈、小贷宝、典当宝、“加多保”（应收账款保理产品）、企余宝、日利宝等多款产品，业务领域涵盖小贷、典当、应收账款等多个民间资本领域。

而在 P2P 市场的信用风险问题越来越严重的时候，拉卡拉在布局完支付与电商之后，下一步又将征信作为重要的战略发展方向，考拉信用成为战略武器。

我们可以看到，在互联网金融快速发展的今天，越来越多的企业在巩固初始业务后，根据自身定位和优势资源均快速拓展新的业务，在几个重要互联网金融的细分领域进行战略布局，伺机获取政策、互联网投资增长的红利。

作为以支付起家的宝付支付来讲，其已经在支付领域取得了良好的成绩，综合实力可以排到业内第八。在资金托管、认证支付、网银支付等基础第三方支付服务业务上，大家区别不大，宝付支付主要将自己的核心竞争优势集中在 365 天实时清算和行业解决方案上。

宝付董事长郑秉煌认为：支付行业的发展必然会经历 4 个阶段，首先是价格战，然后是清算战、金融战，再是行业战，目前已走过价格战的阶段，正在清算战、金融战等阶段进行竞争，宝付支付推出的“实时清算整体解决方案”正是契合了目前的行业状况，不仅满足了用户对清结算一步到位的需求，同时还将用户的资金能效放大，资金利用率成倍增长，加速业务扩张；宝付支付自身也通过实时清算整体解决方案，发挥了 T +0 业务的杠杆效应，使宝付支付的实时结算能力放大至十几倍，大幅度缓解了资金面的压力，通过“实时清算整体解决方案”使用户与宝付支付达到了双方共赢的效果。宝付支付抓住了商户对资金快速结算的需求，在业内率先推出以支付工具结合快速清算 T +0 到账的策略，并将“实时清算整体解决方案”作为宝付支付的核心商业模式落实贯彻，使宝付支付的市场规模在近两年来保持了高速的增长势头。

宝付支付网络的商户主要集中于互联网金融、网络游戏行业以及部分航空票务企业。大概40%的P2P行业企业都是宝付支付的客户。在目前来说，宝付支付在互联网金融行业的支付市场份额在行业内位居前列。宝付支付为了向互联网金融行业提供更高效实用的行业解决方案，为了满足金融行业的商户完成同卡进出的需求，实现商户的用户充值和提现为同一张卡，控制风险，宝付支付提供同卡进出的解决方案，是否使用同卡进出功能是由商户控制的。

为了应对行业的多元化竞争，宝付以支付业务为基础，在夯实基础、突出特色的同时，近期也将发力互联网理财。宝付支付将联合慧生钱，在宝付支付的移动端App——宝付钱包中推出票据理财服务，宝付向互联网金融的多元化迈出了坚实的一步。结合其优势的实时清算服务，宝付支付并将为投资者与中小商业客户带来新的体验和更灵活、更便捷的服务。黑马的成色不是看其模仿了什么，而是看其为优化和升级投资者体验和推进普惠金融的发展做了哪些努力，宝付支付将成为业界的又一匹黑马，得以快速发展。

## 七、互联网+城市

### 1. BAT为什么要抢滩中国城市群？

李克强总理的一句互联网+，不仅深受各领域的企业欢迎，政府部门也积极响应总理的号召，寻找自身互联网+的着力点，在政府找寻的依靠中，BAT无疑是中意的人选。这不，微信才开始布局城市服务不久，高德也积极展开了与政府的牵手活动，推出高德交通信息公共服务平台，而在此前，百度早有预谋，与北京市政府以及服务商等打造“北京健康云”。BAT三家此次在牵手政府方面又走在了前面。随着互联网的发展，未来互联网+政府的新模式是大势所趋。

1）阿里巴巴：高德与政府共管理城市交通

高德联合北京、广州等8个城市的政府交通管理部门以及北京交通台等权威媒体机构，共同推出“高德交通信息公共服务平台”。该服务平台依托于高德交通大数据系统——“高德交通大数据云”进行研发，同时也是“高德交通大数据云”系统与相关交通机构进行数据合作对接之后发布的首款产品。

据了解，基于高德提供的实时交通信息和交通大数据能力，该服务平台为相关交通机构提供“城市堵点排行”“热点商圈路况”“权威交通事件”“堵点异常监测”等交通信息分析，并提出智能出行躲避拥堵方案。目前，该平台已向北京、广州、深圳、天津、沈阳、大连、无锡、青岛 8 个城市的交通管理部门以及各地广播交通台等媒体机构开放。未来，该平台还将扩大服务范围。

高德推出 LBS + 战略，能够提供覆盖“工具 + 数据 + 服务”全系列的 LBS 能力。LBS 是移动互联网区别 PC 互联网的最大变量。移动互联网领域的下一波创新产品，例如 O2O、智能硬件、公益环保等都离不开 LBS 的支持，LBS 开放平台将成为这股热潮的重要支撑。通过与政府达成合作，LBS + 开放平台，可以掌握用户习惯，聚点大数据，高德似乎在谋划一张很大的网。

2）腾讯：微信与政府共建城市服务

2015 年，微信城市服务落地广州，“城市服务”入口将把包括交通、医疗、社保、公积金、旅游、金融等分散的生活服务功能在微信上集合到一起，市民足不出户，就能获得便捷高效的服务体验。基于公司积累的海量数据基础及成熟的云计算能力，腾讯已专门定制了一套基于互联网 + 的智慧解决方案。目前，上线的城市有广州、深圳、佛山、武汉、郑州、重庆、上海等多个城市。

微信与各地政府就互联网 + 达成全方位、深层次的战略合作，将共同探索和推进互联网 + 在各个城市领域的应用，为民生发展和产业转型寻找新风口。此次微信城市服务的推出；一方面，加速了微信在移动互联网领域入口的布局，另一方面，也深耕了与政府的合作，实现了落地。但是，未来在医疗、交通等细分领域的进一步发展还有许多难题需要突破，微信需要做好足够的准备。

3）百度：百度与政府共谋城市健康

一向反应有点迟钝的百度，在与政府合作方面却走在了前面。在互联网 + 概念还未被提及之时，百度就已经与北京政府展开合作，将同智能设备厂商和服务商联手打造“北京健康云”。

百度认为，在“移动互联网 + 云计算 + 大数据”时代，创新的方向是“软件 + 硬件、线下 + 线上”结合在一起的创新，这也是百度的方向。

北京官方表示，北京市经济和信息化委员会组织百度等相关参与企业制定了“一、十、百、千万”战略目标，即建设一个统一的健康云平台，并在三年内覆盖千万市民。

**2. 享 WiFi 能走多远？**

对于享 WiFi 来说，必须要弄清楚自己的价值主张是什么？然后再看以什么方式传递你的价值主张和实现你的价值主张。如果享 WiFi 继续用现有的所谓的 O2O 的方式来拓展疆域，结果只有一个，那就是死。

我们吃饭、购物、游玩、上班都离不 WiFi，我们是多么希望一出门，就能连上免费的 WiFi，在公交车上、在地铁上、在机场，哪怕是我们走在大街上，都有一路的 WiFi 享不停。正是基于这样一种刚性的需求，使得越来越多的创业者进入商业 WiFi 市场。

为什么免费 WiFi 需求如此强烈呢？笔者认为主要是由于移动互联网的发展和电信运营商流量资费高之间的矛盾所致。根据 CNNIC 最新的数据显示，截至 2015 年 6 月，中国网民规模达 6.68 亿，近九成用户使用手机上网，手机等移动终端已经成为大家主要的上网工具了，可以说我们的生活已经离不开移动互联网了。但技术发展带来方便的同时，高昂的流量费用却让很多网民无法接受。如果按照联通 0.0003 元/KB 的单价来算，每 MB 约为 0.31 元，那 1G 就得 314.57 元，难怪李总理也出来说流量费太贵了。有矛盾就有商机，于是很多企业就以此痛点为切入口，开启了免费 WiFi 服务的商业模式。

目前，市场上的 WiFi 阵营大致可分为三类：

一类是以电信运营商为主的，如中国电信 Chinanet、中国移动 CMCC、中国联通 ChinaUnicom。

第二类是目前在市场上已经拥有一定地位和用户的 WiFi 服务商，如迈外迪、WiFi 伴侣、WiFi 万能钥匙等。

第三类是一些区域市场发力的 WiFi 服务商，这类企业很多，但知道它们的人却很少，如广州的享 WiFi、上海的开开会、北京的众享 WiFi、南京的 e 路 WiFi 等。

笔者比较关注第三类的这些创业团队，虽然他们中的大多数现在都缺少投资者就又或者在模式上、营销上、品牌上存在一些问题，但这些团队仍在努力探索，攻城略地，说不定某一天就会冒出一匹黑马来。

就拿广州的享 WiFi 来说吧，享 WiFi 是广州指点传媒于 2012 年推出的专注在线下渠道做移动应用、游戏推广与分发的平台，主要以建立自有 O2O 渠道为业务发展核心。

从盈利方式上来看，享 WiFi 相比传统的商业 WiFi 来说具有一定的差异性。

传统的 WiFi 盈利方式无非两种，一种是通过免费向消费者提供 WiFi，积累用户数，然后通过投放广告、用户流量来获得收益，属于服务输出型，例如，我们经常在机场、车站、酒店附近使用的 WiFi 多数是这种方式；另一种是技术输出型，就是通过向商家提供 WiFi 设备、技术和管理方案获取收益，这种方式在餐厅、大型商场等用得比较多。

享 WiFi 的盈利方式是通过要求用户安装“安卓装机大师”（现已改名叫“享应用”）来换取免费的 WiFi 流量，然后为 APP 开发者提供 APP 线下推广方案来获得收益。也就是说它主要的收入来源应该是 APP 的开发者，而不是传统的广告厂商和线下商家。

其实，从享 WiFi 的盈利方式来看，它应该属于一个互联网行为，所有环节都可以直接在网上进行。但享 WiFi 在实际推广中却选择了所谓的 O2O 渠道，通过与手机连锁卖场、门店、运营商 4G 营业厅，以及人流集中的车站、工厂区、校园网点的合作来完成免费 WiFi 热点的布局。

如此一来不仅使得享 WiFi 从一个轻装上阵的互联网企业变成了一个有包袱的企业，而且还出现了非常要命的问题，那就是享 WiFi 的价值主张到底是什么？是“享应用”的装机量还是享 WiFi 热点的数量？

从价值利益上看，“享应用”的装机量直接关系到享 WiFi 的收入来源，没有装机量享 WiFi 就什么都不是。享 WiFi 的热点是什么？是网民的需求，是提升“享应用”装机量的一种方式，但又不是唯一的方式。

### 3. 微信城市生活的阴阳谋

正常的“微信，是一个生活方式”，“首在微，重在信”，古人云：“言而无信，不知其可”，“微”在你的手机上，“信”在你的信誉上。

微信已经成为人们生活中不可或缺的一部分，睡觉之前做的最后一件事是浏览朋友圈，早上醒来第一件事也是刷微信，甚至朋友之间已经不再交换电话号码而只保留微信号了。微信对于人们来说已经不仅仅是一种通讯工具，更成了一种生活方式。微信看似只是一个社交平台，但是背后却隐藏着不为人知的秘密，让我们一起来探索它背后的故事吧！

1）社交平台到全生活平台的转变

微信作为人们连接彼此的一个通道和平台，它运用朋友与朋友相互联结构成社交弱关系向强关系转化的桥梁。在移动互联网时代，利用热点新闻事件引起网民的持续关注，例如，娱乐新闻，互联网时代造神更加容易，新神偶像层出不穷，娱乐正在改变中国。微信用这种方式将成功的移动互联网产品融入了我们的生活工作，快餐式的信息获取方式，使得人们越来越懒得思考，也没有时间思考。

今年 Facebook 的活跃用户已经超过 10 亿，而微信的用户也已超过 6 亿，其中有 1 亿是海外用户。

2）微信商业化的转变

（1）微信游戏

近期微信团队也在加紧测试微信游戏和微信产品的贴合度，天天连萌和天天爱消除将会是先上线的两个游戏，也将会是腾讯移动游戏平台的一大发力。

（2）广告带来的行业冲击

如果说移动游戏是微信商业化的第一枪的话，那么朋友圈广告无疑是第二枪。微信商业化进程的展望，常常用“森林理论”来做判断，从微信新版本的功能布局以及商业化节奏来看，依托微信红包、摇一摇、附近商户等全新的 O2O 模式当然很重要，基于微信产品本身的商业潜力的挖掘，是微信团队考虑的重点。

与关注度相比，微信朋友圈的商业化显得格外低调，广告以信息流形式呈现，当用户刷新朋友圈时，广告的创意信息会像一条普通消息一样出现在朋友圈中。虽然打压了自媒体和营销号，但是从数据显示上可以看出用户还是对这些公众号是有需求的，所以订阅号应运而生。微信广告确实会与传统广告不同，更多的是根据性别、年龄、爱好、地理位置等一些用户标签进行精准匹配，用算法为用户个性化定制广告，从而达到相应的效果。

（3）微信电子商务

5.0 是为电子商务和 O2O 量身打造的一个版本，扫一扫和微信支付将电子商务的渠道完全打通，也为微生活和线上线下购物公众号准备好了坚实的基础。

## 八、互联网+社区

### 1. 社区商业，最后的热土？

与几年前社区营销的红火相比，今天的企业似乎更多的是体会到了社区营销的艰难，但同时又有更多的企业越来越尝到社区营销的甜头，并由此构建自己区别于对手的商业模式。是社区变了，还是社区的消费者变了，或者还是我们的企业没有与时俱进？抑或是作为营销者的老革命碰到了新问题……

面对一座座拔地而起的新社区，面对一群群消费力惊人的新业主，既诱惑又困惑，社区里究竟蕴藏着怎样的财富？你是否想好了如何俘获他们的营销模式？

锦坤品牌研究院认为，社区商业会成为广场商业、电子商务之后的第三投商业巨潮。

但面对这样的巨大机会，企业又该如何才能搞好社区营销？社区营销与曾经众多的消费品企业趋之若鹜的小区营销又有何异同之处呢？如何推进新商业环境下的社区营销才能真正实现分众性、锁定病毒式、集客内聚型发展呢？

随着中国社会经济与房地产行业的蓬勃发展，目前城市中绝大多数人口已经按照自身居住的业态形成了一种社区化的生活方式，而“社区营销”恰恰是在这样的大环境与背景下诞生的。近几年来，由于传统分销渠道竞争的日益加剧，进行渠道创新往往成为一些企业出奇制胜的法宝。在城市中，星罗棋布的社区蕴藏着巨大无比的潜力。因此，“在社区中营销”已经逐渐被一些企业视为一种全新的分销方式，并被越来越多的企业所关注。

只有不断地创新，企业才能永远保持旺盛的生命力。中国企业营销正处在创新与变革时期，传统意义上的“社区营销”为了适应中国新一轮的营销创新，其自身也必须做出一系列的转变，才能够满足企业与消费者不断变化的需求。

1）社区角色：从企业销售渠道向传播渠道转变

从中国近几年的商业发展来看，企业的销售渠道正在急剧细分化，仓储型超市、连锁超市、便利店、网吧、火车站、机场等渠道的出现，正是渠道细分化的结果。

目前在市场中，企业对渠道资源的争夺往往最直接地表现在对零售终端的支出上。为了有效地掌控渠道，使得众多企业在终端的促销、产品陈列、宣传费用都在以几何级数递增。除了这些常规支出之外，企业还要向终端交纳品类进场费、店庆费、DM 宣传费、促销人员管理费等各种名目的附加费用，让厂家苦不堪言。

社区的兴起，使企业清醒地认识到这个投入小、见效快的新型销售渠道。因为在社区内营销，只需向物业公司交纳少许的费用即可（有些情况下甚至无须交纳费用）产生不错的销售效果。作为销售渠道，社区更多地承载了促销的渠道功能，也就是说社区营销可以帮助企业在短期内提升产品销量。

但随着认识社区企业数量的增加，更多的企业不断进入社区，在这一渠道的竞争也更加激烈。在这时，社区消费者面对进入社区企业日益同质化的产品和促销，将很难表现出购买的热情。

今天，如果社区渠道的职能还仅仅停留在销售层面的话，企业在社区内的竞争优势将极难实现。此时，企业若想保持原有的竞争优势，首先就要在社区渠道的功能上进行创新，即把社区从企业的销售渠道重新定义为传播渠道。二者之间在功能上有着本质性的区别，销售渠道解决的是企业“产品陈列、引导购买”方面的问题，而传播渠道解决的则是“产品认知和品牌形象”的问题。

2）社区目标：由单一促进销售向系统建设品牌转变

最先进入社区的企业其目的一般是为了直接销售产品。“传统的套路”无非是发发传单、搞个活动、派发一些样品、现场销售一些产品。但随着消费者消费观念的不断成熟，消费质量的不断提高，消费者对在社区内所销售的一些不知名产品的信任危机随之而来。

与此同时，有些企业在搞社区活动时，不注意时间和地点的安排，往往影响了社区居民的正常休息。所以，众多的消费者对在社区内直接销售产品往往抱有很大的反感。企业在实施社区营销时，若片面一味地追求销量，其结果往往会导致对品牌美誉度、忠诚度等指标的下降，那么即使短期内产品销售很好，可一旦有新竞争者提供远优于你的产品或服务时，消费者便会远离你的产品。

在品牌引导消费的今天，社区营销也需要由单一的促进销售向系统地建设品牌转变，因为只有这样才会提升品牌的知名度，赢得品牌的美誉度，建立品牌的忠诚度，并形成有益的品牌联想，从而产生良性的销售循环。企业在开展社区营销时，如果能够有效地利用社区广告媒体，并通过一系列的公益活动很容易建立起良好的品牌形象。

3）社区推广：从企业独立操作向与社区物业联合推广

社区活动是企业社区营销的重要组成部分。社区活动本身就是传播企业信息的绝佳载体。在社区举办提升产品及品牌形象的各种公关和促销活动，可以有效地缩短与现实及潜在目标消费群的距离，让消费者更直接地认识企业，了解产品。

过去，企业一般仅在开发社区的阶段去同物业公司接触、协调，而一旦物业公司批准其进入社区后，企业就单枪匹马地独自搞起活动来。由于企业脱离了物业公司，往往不能真正了解社区的实际状况、社区住户的需求，与社区的人际关系也没有物业公司融洽，因此企业所策划的社区活动基本上是从自身的角度出发，即“剃头挑子一头热”，这样的结果往往消费者不买账，从而达不到预期的效果。

企业若想在社区中开展的活动能够调动住户的参与热情，使品牌在潜移默化中植入人心，以至于有效达成促销的目的，这就要求企业要同众多不同档次、不同特点的社区物业公司有着紧密的联系，而且要与物业公司一起共同策划社区活动。在维系一个社区的人际关系以及了解社区住户方面，物业公司往往发挥着不可替代的作用。因此，企业若要保持可持续发展的社区营销，那么与物业公司的合作就非常重要。从物业公司的角度来看，也需要通过多种多样的社区活动来提高物业服务的质量和素质。企业与物业公司共同策划社区活动，既可以满足物业公司的需要，也可以满足社区住户的需要，最主要的是也可以使企业达成自身的目的，可谓开创了一个多赢的局面。

**2. 社区 O2O 何以哀鸿遍野？**

多年前，马云对阿里巴巴的生意经阐释——“阿里巴巴，让天下没有难做的生意”直到今日还在流传，只不过今非昔比，马云是在阿里巴巴的动员大会讲了这句话，而现在这句话却被掐头去尾，变成了天下没有难做的生意，有人的地方就有生意，整个互联网充斥着一种人定胜天、全民创业的决斗气息。尤其在近些年，整个互联网生意经出现井喷式发展，衣食住行互联网化全部都渡了一遍。然而轮渡完后的结果是，登天凤凰毕竟少数，鸡毛鸡血倒是一地。

衣食住行几乎可以总结人的所有消费，互联网最近几年的红火，几乎把这几个领域轮流烧了个遍。最开始的电商平台服装是主角，再到餐饮 O2O、出行平台，最后到住，互联网的轮流顺序变成了衣食行住，为什么是住成为最后的攻城略地？

围绕“住”，包括地产、物业、社区服务，而又以社区服务、地产、物业为“掠夺”顺序。社区成为首发战场，物业迄今还属于蒙昧状态，而居中的地产，确切地说是地产租赁业处于胶着混战的尾声。社区为什么会成为首发地？物业为什么仍待开发？

O2O 概念口伐慢慢平息，O2O 已成为传统企业互联网化的代名词。餐饮 O2O 日子不好过但毕竟有成功案例，出行有优步、滴滴，服装依然是电商平台的主角，唯独“住”方面还缺少强势的成功案例，反而伏尸无数，当真是伪需求？伪产品？

一个看似不相关的问题——为什么四大国民产业中“住”的 O2O 化相对迟缓？

衣食住行这四个产业中吃的、穿的、走的这三个是我们日常生活必消费的，相对住房而言虽然同属刚需但毕竟都是小额消费，门槛低、风险小、易操作。而住房作为大额消费和国家经济的重要支撑，既很难通过营销把式就能促成客户买账，况且还面临着牵一发动全身的风险。

从住房中拆分的租赁、社区生鲜、社区便民、物业管理、社区社交，而其中又以社区便民更加具备纽带属性，与社区社交一起构成了典型的可轻资产运作领域。直接解答了为什么社区 O2O 成了四大国民产业“住”的首发地带，原因很简单，因为不好的反而较好搞。这个看似不相关的顺序问题恰恰从根源上反映了社区 O2O 的难度、复杂度。

社区 O2O 到底什么情况？为什么最应该做的物业 O2O 仍然混沌？

解释社区 O2O 为什么会成为排头兵后，那么社区 O2O 到底是什么呢？根据功能社区 O2O 大致可分为三类：便民服务类、社交类、物业类。前两者相对白手起家，后者大都有地产开发商的产业背景。所以这也直接回答了本应以物业管理作为最佳切入点的社区 O2O 为什么跑去做便民和社交。

以便民和社交为主的社区 O2O 具体在做什么呢？

叮咚小区很重要的功能是社交，建立在社交之上的融合了宠物交流、闲置物件的买卖置换，但却因为产品体验差、单个社区要达到 300 人才能建立的门槛将初期吸引过来的一帮人拒之门外，平台自身问题一直得不到解决，最终形成负面口碑，自毁前程。

顺丰嘿客在北上广深一线城市大势布局。居民进店对着一堆生鲜图片点来点去，之前推行线下试衣间也只是个摆设，更何况有空逛店的人还是一群社区大妈大爷，对互联网不熟悉更别谈热情，活生生沦为了一个鸡肋的发件点。

邻里间以各种小区缴费、业主信息通知为主板功能，和顺丰嘿客一样面临着来自计划和实际主流开放人群的矛盾。涉及缴费一类业务，有支付宝、微信一类普适性极强的替代者；涉及业主小区一类服务，小事不入眼，但凡需要花点心思关注的事情流程都稍显复杂，线上处理还不及直接到居委会面对面沟通清楚。

中澳到家，作为一家以物业管理起家的 O2O 转型公司，目前还处在上升期，未来情势不太明朗，近期却被火热推崇，但物业管理仍旧服务至上，纵使资本推崇也改变不了其服务的本质，业务发展应该始终要以服务质量为发展最根本的驱动力，过多的嫁接和变现可能最终变成四不像，反倒丧失了原本的竞争力。

58 到家是 58 同城多年来真正系统地释放平台商业价值的独立业务。虽然多年来都是互联网公司，不同于叮咚小区、邻里间这一类新型的纯互联网基因公司，58 同城有多年扎实的积累。现在重点推出的 58 到家也始终坚持以家政、上门轻美业为业务重心？而这也恰恰击中了社区生活中周边配套无法满足的需求。

从图 2.4.10 可以看出，社区 O2O 最适合创业者衍生的三个主要领域有生鲜、社交和便民，其中便民和社交的产业连接属性最强，而又以便民的互联网改革最为创新，最具想象空间。便民领域可延伸出缴费类、家政类、应急类、物业维修类常见的四类领域。缴费领域有强势的竞争者，应急便民类往往市场体量小，个性化需求明显难成标准和规模。家政分散但需求明显，物业维修服务单位分散不成系统，两类服务和百姓日常密切相关，频次高、市场空白、有需求，而这两大领域鲜有集大成者。社区 O2O 表面看似如火如荼，但真正切中消费需求的产品却很少，离开消费需求谈模式终究只是形式美而已。

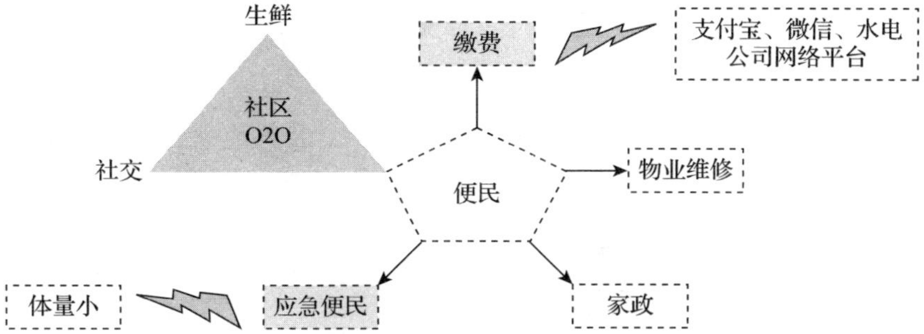


**图 2.4.10　社区 O2O 衍生领域**

社区 O2O 为什么哀鸿遍野？

首先，市面上倒下的一批社区 O2O 本身产品或者出发点就存在问题，社区最大的市场最大的优势是连接，做平台、做版图，但是企业真的做得来吗？社区本身就有一个成熟的消费配套，单纯依靠一个形式完整的平台就能取代线下消费？加之还存在一批观望中、具备先天资源优势的房企物业类公司还未发力，社区 O2O 随时都有可能被吞并。

其次，无论做平台还是做单品，都要明白你能满足客户什么需求，不要天真地以为你真的能引导或者培养用户的需求，刚需高频才是硬道理，一定要避免或者能应对长时间的损耗战。在做平台的时候至少要有未来一定时期类的盈利模式，否则随之而来的成长期则会是企业的漫漫寒冬，会冰封一切热情和理想，甚至冰封此前的经营积累，等不到暖春的到来。

第三，基于社区周边成熟的配套，做社区 O2O 一定要有一个极致的入口业务。缴费不是，社交也未必是，社区便利店也不容易是，有可能是家政服务，有可能是物业系统。

互联网加速了信息的流通，给商业发展带来了更多的解决方案，但是社区 O2O 归根结底还是社区服务。既然是服务业，那么服务质量才是重中之重，脱离服务，通过模式玩法去引导消费买单，很容易就走火入魔，在客户心中产生与服务相背离的急功近利印象。回归传统经营智慧，回归行业本质，否则连“鸿”都不是，又何来“哀”？

# 第六章
# 互联网 + 新机制

## 一、去中心化，层级制消失，项目制成为可能

在互联网 + 大趋势下，如何去中心化?

以互联网为核心的新一代信息技术的推广普及带来企业组织流程和管理模式的巨大创新，去中心化已经成为制造企业互联网变革的重要趋势之一。

### 1. 传统企业去中心化的推动因素

1）用户个性化需求为企业去中心化提出迫切要求

用户需求在互联网时代日趋多样化、定制化，是企业去中心化的动力源泉。

互联网技术改变了用户的信息能力，其角色、行为和力量正在发生根本变化，由之前的孤陋寡闻变得见多识广，由之前的分散孤立变得相互连接，由之前的消极被动变得积极参与，被搁置的多样化、个性化需求被激发，使得市场环境发生重大变化，以企业为中心的产销格局转变为以用户为中心的全新格局。在这样的背景下，企业需要以用户为导向、以需求为核心进行组织形式和经营策略变革，使每个员工成为市场中心，这种做法能够直接面对用户需求，所有的管理者将手中的权力全部让度，以进一步提升企业的敏捷性和柔性化程度。

2）开放协同式创新为企业去中心化提供动力支持

网络化协同创新平台带来制造业创新模式的变革，是企业去中心化的重要引擎。互联网具有开放性和快速迭代的特点，在其加速渗透的过程中，制造行业将不断拓展创新的广度与深度，企业趋向于通过网络化协同创新平台在短时

间内以开放、合作、共享的创新模式整合内外部资源，促进用户深度参与、产业链上下游企业高度协同，充分调动各类主体的积极性和创造性，实施深度合作和迭代式创新，缩短产品研发周期，增强企业对市场的快速反应能力。

3）网络化信息传递为企业去中心化提供必要条件

网络化信息传递方式大幅提升组织模式效率，是企业去中心化的有力支撑。在互联网模式下，传统的单点式信息传递方式逐渐转变为网络化、扁平化、同步快速的信息传递方式，这将促进市场参与主体搜索、获取、分享、沟通信息的效率提高和成本降低，从而提升企业去中心化组织模式效率，使得用户、产业链上下游企业等主体之间能够充分发挥协同效应，同时也促进制造企业内部基于不同业务及功能模块的部门“小微企业”化，充分发挥其自主经营、决策等权利。

### 2. 传统企业去中心化的思考与建议

1）全面提升网络基础设施支撑服务能力

推进国家新一代信息基础设施建设工程，大幅提升宽带网络速率。加快优化数据中心、内容分发网络等应用基础设施布局，加快下一代互联网商用部署。提升移动互联网、云计算、物联网应用水平，加强与传统制造行业基础设施的融合对接，夯实互联网+发展基础 。

2）加快创新型专业化人才的培养和引进

加快建设和发展职业培训机构，大力培养创新型专业人才，提高其对新事物和新技术的接受和掌握能力，重点培养高水平复合型人才。加强对企业特别是小微企业经营管理者培训，提高队伍整体素质。加快创新型高层次人才的引进，完善配套服务，鼓励海外专业人才回国或来华创业。

3）充分发挥行业联盟整合相关资源的优势

充分发挥行业联盟桥梁枢纽作用，分享行业最新动态与相关组织模式变革的优秀经验，培育一批优秀示范标杆企业。整合运用政、产、学、研、用等多方资源，加强对国内外先进产业组织模式的跟踪研究，及时掌握行业动态和发展趋势，引导企业构建可持续发展的组织模式。

## 二、兴趣成为第一内驱力

马化腾说，发现自己的兴趣、渴望、理想，专注地去发挥自己最擅长的那个部分，就是有梦想、有行动力的创业者，在哪都能创造和贡献自己的价值，这也是我们国家、我们民族倡导的创业精神。

“兴趣”一词在心理学上的解释是：在需要的基础上产生的、认识某种事物或者从事某项活动的心理倾向，表现为从事活动的选择性态度和积极的情绪反应。可以说，这种“倾向性”是人从事某项活动的基本动力，这种原动力决定了人对现实的态度和选择趋向。

### 1. “千金难买我愿意”，认清你的原动力

兴趣是最好的创业后盾，是一个人做事的原动力，靠别人打鸡血不可能长远和成功。因为有了兴趣，所以挫折就不再是挫折，痛苦也不再成为痛苦，这一切都成了追求兴趣路上的美好体验，成了一种享受。如果一个人是因为兴趣而去创业，那就没有失败，因为是顺应自己身心对美好事物的向往，这本身就是一件很惬意的事，成功，只不过是对坚持这种行为的一个小小奖励。

所谓“千金难买我愿意”，搞清楚你自己想要什么，往往是开始一份事业的基石。精明的投资者也越来越注重考察创始人做事业的“原动力”，当初孙正义投资马云，看的不是马云的商业报告多么美好，而是他看到马云是一个互联网痴迷者，对自己梦想与兴趣的义无反顾让孙正义下定了赌注和决心。

因此，想创业的人需要思考：我的兴趣是什么？我的特长和天赋是什么？我对什么东西感到痴迷、忘我和陶醉？我到底有多喜欢自己做的事？

### 2. 你的兴趣能解决别人什么问题

解决问题会让人变得富有。你一旦解决了自己的问题，也会解决别人的问题、社会的问题，就会前途无量。也就是说，有亿万种方法可以赚更多的钱，也有亿万个问题需要解决，关键是，你想要解决哪一种问题？而你解决的问题越多，你就会变得越富有。

你自己喜欢美食，又发现身边的人下厨时往往手忙脚乱，迫切需要指导，

那就做一个菜谱类的手机应用如何？你沉迷于设计，但是很多作品仅仅是自我欣赏，无处发布，那就搭建一个设计师社区如何？你是个编程高手，却纠结于超级烂的微博客户端，那就捣鼓一个简单好用的软件如何？因此，现在就开始想想你需要解决什么问题，你身边的人需要解决什么问题，然后正视和处理这些问题，钱就会自动流入你的口袋。

### 3. 个人兴趣结合行业发展的缺陷更容易成功

马化腾搞 QQ 是从使用 ICQ 这个软件并发现这个软件很多不如意、不方便的细节开始的，发现了不满意的地方，自己就想做一个更满意的，就这么简单。史玉柱做网游也是这样的套路。史玉柱平时没有什么别的爱好，就是喜欢打游戏，而且是喜欢带着问题、换角度去看待游戏和玩游戏。在痴迷于网游、成为骨灰级玩家的过程中，史玉柱找到了游戏的切入点，才让他有了《征途》游戏免费、道具付费的颠覆性商业模式。

所以，行业的发展趋势固然非常重要，但是更重要的是你自己发现了什么，行业有一个热点，你看到了，大家也都看到了，跟着热点做很难成功。重要的是要看你自己有什么兴趣，有什么独特的发现。把自己的兴趣跟这个行业发展趋势、存在的问题、用户的不满意结合起来，也就是把自己独特的发现和优势跟行业发展的软肋、缺陷结合起来，找到新的切入点，才更有机会成功。很多时候，虽然大家看到的是同样的开头，但是聪明的人看到的是不一样的结尾。

## 三、游戏化生存，贴现是常态

如果一项工作风险很高，你得不停重复，费脑力又费体力，必须配合不同性格的陌生人发挥创造性才能完成，还没什么钱，你会不会退缩？不过，如果它是一个游戏呢？

所以，只要这件事有游戏化生存的味道，有贴现的常态化，就容易吸引并团结一帮人共同参与，享受快感，并顺带把事情做成。

### 1. 手游的设计与运营怎样让玩家沉迷？

你必须要清楚在游戏推出后，产品给用户最核心的兴奋点在哪？一款产品要有高点，能让用户一玩到游戏就能 high 起来。一个产品只要找到了一个点，把这个点做透，通过这个点感染用户就好了。做到别人模仿不来，让用户知道在别的产品中没有，产品就成功了一半。

网游拼的是全面性，拼的是细节。像魔兽世界没有一项是创新的，获得这么大的成功一方面有它的文化沉淀，但它设计上都是最全面的、最细腻的。

（1）找到游戏的高点在哪。如果开发者不兴奋，玩家也不会兴奋的。只有我们研发的人快乐，用户才会快乐；

（2）游戏在开发的过程中一定要全面细腻，比如要结合重要日期做活动做更新，产品也要及时迭代；

（3）对于用户的服务，运营一定要注意，要让用户有参与感，因为用户是上帝。

### 2. 像打游戏一样抢单，出租车司机的兴奋感从何而来？

游戏的核心就是有一套规则：怎样用找到游戏的规则让用户在用你的产品时更投入。

滴滴快的有两个游戏化的设计：

（1）加小费让司机抢，这个规则在那里，让他们玩起来，会让他们投入度很高，比如很多司机会主动去买最好的手机。因为核心规则很简单，很容易理解。

（2）体验是很重要。为什么游戏里有那么多特效，简单地攻击你，你防御一下，然后把血扣掉，而飙血等特效就是体验。

微信也是一个案例，它本身模拟的就是面对面对话，表情、气场都很重要。比如在微信里表情就是一种标点符号，它可以让情绪表达得更好。

### 3. 处理用户在游戏和产品中的失败

游戏其实就是要挑动人的情趣，像波浪一样。高点是兴奋，低点也是兴奋的。当他愤怒的时候也是非常好的，不过不能让用户觉得是产品的问题，而是自己的问题。要让用户觉得是自己不行，比不过人家，比如，手机不行，网络不行。把握这个过程要注意三点：第一，规则要做的公正；第二，要简单；第三，怎样可以做得更好，让他有希望，如果他绝望了他就离开了。

失败是好事，如果没有困难，用户就不会花钱了。当他遇到问题，他会去买更好的装备、更好的等级。遇到自己的问题，一定要诚恳，给用户做出补偿。

## 四、投资者、消费者、传播者三者合一

现在的工业时代，组织是老大，比如联想、海尔等等，个人都是为组织服务的。

随着互联网和移动互联网的发展，组织的未来会怎么样呢？以个人为中心，组织为个人服务，个人做起来不方便，于是挂在某个组织下面，比如说律师事务所、会计师事务所等。以后的社会商业形态可能就是这样子。

与此同时，如果你想按传统方式创业，第一个你要找投资人，这挺难，能拿到钱就不容易。第二步要把这产品卖出去，也挺难的，所以每一步就是一步坎，为什么那么多创业公司都死掉，为什么那么多中小企业存在？就是在每一步坎都不容易走过去。

而众筹就把这个模式改变了，每个人都是投资人，每个人都是消费者，每个人也是传播者，通过这种方式的改变，你就会发现这个公司做得特别容易了。

所以我们某种意义上说也是把消费者变成了一个投资者或生产者，而这种关系的转变，你会发现带来了很多不一样的东西。

互联网的众筹和共享模式将这些问题一一都解决了。

在这种新型机制和体制下，每个人可能都是资本家，每个人在很多公司都有股份，你看在这个圈子里，每个人都是生产者，每个人也都是消费者，这种趋势已经非常明显。

从某种意义讲，投资者、传播者和消费者三合一的众筹模式在未来可能是一种新的组织形式。

所谓的公众公司就是上市公司，而上市公司因为股东特别多，其本质上就是一种投资者、传播者和消费者三合一的众筹模式。

更重要的是，传统组织招比自己更差的人，而众筹则是拉比自己更牛的人。传统的组织为什么越做越差呢？老板有 100 分的能力，到了职业经理人 80 分的

能力，职业经理人到总监是60分的能力，一个比一个差，所以组织越来越没有前途。而众筹很有意思，都愿意把比自己牛的人拉进来，越是后面人越牛。因为做的过程中越做越有影响，影响能力越来越强，后面能够吸引更牛的人进来，所以实际上是股东越来越强。当股东越来越强的时候，这个组织就越有前途。

从本质和趋势来看，共享式的众筹模式改变了大家的生活方式，也改变了社交方式，改变了商业方式。

投资者、传播者和消费者三合一的关键和核心在于各尽所能和各取所需。先聚变后裂变，聚变的过程就是各尽所能，每个人都在出力，所以就可以形成一个平台，而各取所需就是裂变，所以这种模式很符合人性。

# 第七章
# 互联网 + 新领军人物

## 一、合伙人还不够，人人需要成为创始人

经常有创始人学着《中国合伙人》的口吻说，千万别和最好的朋友合伙开公司。

有创业能力，有创业心态，经过磨合，可以作为合伙人，但更要成为创始人，只有如此，才能真正走得久、走得远、走得好。

人与人之间长期共事，既要有软的交情，又要有硬的利益。合伙创业，既是合伙一种长期利益，也是合伙一种“共创、共担、共享、共赢”的合伙创业精神。

### 1. 不算小账，算大账？

我们看到，有的孵化器，利用初创企业创始人不懂游戏规则，趁火打劫，象征性地投 20 万元，要求持有创业公司 55% 的股权；有的投资人，固守“谁钱多，谁老大”的老旧观念，投个 150 万元，要求控股创业公司 70% 的股权；有的成熟传统企业孵化创业项目或传统上市公司对外投资项目，也都乐此不疲地痴迷控股创业企业。

70% >50% >20%，这是小学生算的算术题。他们根深蒂固地认为手里拿的、抓的、“抢”的股权数量越多越好。他们只看自己的历史贡献，不去考虑公司长期发展所需的持续动力。他们这套玩法，把优秀团队和后续资本进入公司的通道都给堵上了，把公司给做小了。

### 2. 失控还是掌控？

凯文·凯利写了本书叫《失控》，超人气社群罗辑思维宣扬试验失控，股权架构师们却像头不合时宜的怪物，张口闭口喜爱说“控制”。

有人说，小孩子才玩失控，大人们都在玩控制。果真如此吗？

问题是百度、阿里巴巴、算不算是互联网企业？这些企业的 AB 股计划、事业合伙人制，是为了控制，还是为了失控？

在股东会与董事会的顶层决策需要控制，但需要发挥人的天性与创意的底层运营需要“失控”。一家公司，只有“控制”，公司才有主人，才有方向。只有失控，公司才能走出创始人的局限性和短板，具备爆发性裂变的基因和可能性。控制中有失控，失控中有控制。

创始人要控制公司，最简单、直接、有效的办法是控股。公司的初始股权架构设计，首要解决的是创始人的持股权数量。根据创始人核心创业能力的集中程度与团队组成，创始人的持股有绝对控制型（2/3 以上）、相对控制型（50% 以上）与不控制型（50% 以下）。

不控股，是否也可以控制公司？投票权委托、一致行动人协议、有限合伙、AB 股计划等，都可以是备选方案。京东上市前用的是投票权委托，上市后用的是 AB 股计划，上市前后无缝对接。

上市后，创始人持有多少股权算是合理区间？马云是 7.8%，马化腾是 14.43%，周鸿祎是 18.46%，刘强东是 20.468%，李彦宏是 22.9%，谷歌的佩奇与布林是 14.01% 与 14.05%，Facebook 的扎克伯格是 23.55%。因此，20% 上下算是常态。

公司的股权架构设计理论，不管说得多么天花乱坠，都很难精确计算各方的具体持股数量。如果算小账，算八年十年，也没法精确计算。股权架构设计，只能是算大账，做模型，把团队分利益的标准统一，让团队感觉相对公平合理，股权不会出现致命的结构性问题。

……

### 3. 人人都是创始合伙人？

要么创始人对公司失控或出局，要么合伙人内讧，要么合伙人与投资人没法进入，要么决策效率低下……结果要么不可逆，要么纠错成本极高，经常是毁灭性的“车毁人亡”。

很多初创企业，有好团队，好创意，好产品，却因为股权问题，倒在通往发展的路上。

好的创业公司，应该人人都是创业合伙人，我为人人，人人为我。

创业合伙人，既是公司种子轮投资人，又是公司全职运营者，还是公司天使员工。

作为公司投资人，合伙人取得小额资金股。我们建议，互联网初创企业，所有合伙人资金股合计不超过20%。

作为公司全职运营者，合伙人取得大额人力股。人力股和四年全职服务期限挂钩，甚至与核心业绩考核指标挂钩。合伙人打个酱油中途掉链子退出或业绩指标不达标时，公司可以按照事先约定的价格回购合伙人股权。

## 二、众筹、众创、众赢才能万众一心

### 1. 实股 or 半实半干股 or 干股？

实股是实对实。股东掏的是白花花的银两，公司给的是如假包换的股权，通常适用于投资人或合伙人拿的资金股。

半实半干股是实对空。公司给出的是股权，股东空头承诺的是未来的服务期限或/和业绩，通常适用于公司合伙人或少数重要的天使员工拿的人力股。

干股是空对空。公司开出的是空头支票，员工空头承诺的是服务期限或业绩，通常适用于员工。

### 2. 免费 or 收费？

公司发股权本身不是目的，目的是通过股权发放筛选出一支既有创业能力又有创业心态的核心创业团队。

股权发放，可以是个互相印证的过程。公司经过判断，可以给团队成员配备股权。团队成员是否愿意押点宝赌一把，基本可以判断他是否长期看好公司。

团队成员自愿主动选择，掏过钱割过肉，他的参与感会比较高，也更会当个事来做。有的人一开始就是创业拍档，有的人需要影响成拍档。有的人看短线多些，有的人看长线多些，都是人性使然。可以根据团队成员的风险偏好匹配工资、奖金、业绩提成、期权、限制性股权或股权。

### 3. 股权架构设计 = 筑巢引凤？

对于经过磨合、有创业能力与创业心态的合伙人，谈利益并不伤感情。不谈利益才伤感情。问题是，碰到心仪的合伙人，该如何谈利益呢？小米成立之初，雷军即提出，小米要做铁人三项：软件 + 硬件 + 互联网服务。分析小米的 8 位合伙人的背景会发现，这些合伙人和小米的商业模式是高度匹配的。

找人这件事，考验创始人对创业方向的思考深度。创始人首先考虑公司未来的商业模式与核心业务节点，然后考虑支撑商业模式的合伙人团队组成。商业模式与合伙人团队组成想明白了，股权架构也就出来了。股权架构出来了，一个萝卜一个坑，创始人就知道该如何与合伙人谈进入机制与退出机制了。

在旧的世界里，你用 30% 的时间创建一种伟大的服务，用 70% 的时间来营销。在新的世界里，这个比例应该倒过来。真正顶尖的企业是不需要广告就能自然吸引到顾客，好的产品和口碑行销是提高销售的关键。

在去中介化的互联网新经济时代，在公司的合伙人团队中，我们要重新思考销售总监的重要性。

有的公司平分股权，问题的症结不在于技术环节，而在于平分股权背后的团队组成。“创始人 + 创始人”的团队组织架构，就好比“曹操 + 刘备 + 孙权”合伙创业，公司没有清晰明确的老大，股权是很难分的。但是，如果是“创始人 + 合伙人”的组织架构，就好比“刘备 + 诸葛亮 + 关羽 + 张飞”，股权就很好分了。

做好公司股权架构，创始人找合伙人、找投资人、找员工，再也不用纠结了。

### 4. 投资 = 投人 = 投股权架构？

之前有朋友创业，自己掏了 30 万，找身边朋友投了 70 万。他们简单、直接、高效地把股权分了：30%:70%。

两年后，公司业务发展不错，创始人却发现不对劲，第一，不公平，他吭哧吭哧干成了小股东；第二，没有预留足够股权利益空间，合伙人谈不进来；第三，连续有 3 家投资机构看好这个项目，但看完公司股权结构后，没有一家敢进。

公司早期股权结构不合理会影响到投资人的进入。

有的创始人在外边学习了一堆的新理念、新思维，说产品重要，技术重要，运营重要，需要找合伙人。但是，你一问他公司的股权架构，发现上边还是慈禧，下边还是义和团。

投资，不仅是投人，还是投股权，投投票权，投决策权，投否决权。

只有众筹、众创，才能最终众赢。

# 第三篇：升维

# 第一章
# 企业互联网转型方向

## 一、一体

从本质上说，“互联网+”与“新经济”是一样的——如何将互联网与传统产业深度融合，如何用互联网实现传统产业的升级，而目的只有一个，那就是提升效率。

当然，在这数十年中，科技的发展和思维的转变日新月异。今天的互联网+，由于云计算、大数据、物联网等日渐成熟的新技术，以及无线互联网与智能终端的结合而产生的新模式，未来的想象空间更加没有边界。

互联网将重构绝大部分企业、行业和产业。互联网将全中国、全人类的智慧聚合在一起，形成了一场最大的头脑风暴。每个人都变得更聪明，并对每个行业都造成了巨大而深远的影响。无论是制造、金融、银行还是医疗、教育，甚至包括未来的航天，都会因为互联网的这种方式发生深刻变革。

10年以后我们回头再看，可能很多的传统公司都不复存在，或者以另一种互联网+的方式存在着。我们每个人只要拿出手机等移动设备，就能直接享受到最便利的服务，这样的改造使得成本极大降低，大家可以用更低的价格享受更好的生活。

2014年中国手机出货量达到4亿部，其中大约90%的手机是智能手机，2015年中国智能手机出货量达到5.39亿部，超越美国成为全球第一，占全球智能手机出货量比例接近50%。中国的智能手机用户基数已经是迄今为止全球最多的国家，2016年达到6.25亿人口。

从消费者层面来看，手机已经完全和身体重合，并且延伸了人的视听功能，最新数据统计平均每4分钟看一次手机成为常态。但是随着4G智能终端、家居智能终端等的发展，手机的功能也许会被这些智能终端所取代。

从这个意义上讲，手机是企业互联网＋的最大方向和战略，也就是企业互联网＋的“一体”。

## 二、二用

在我国互联网飞速发展的二十年中，互联网产业出现了百度、阿里巴巴和腾讯这样的互联网巨头，他们在搜索、电商和社交领域都崭露头角，同时他们也代表着消费互联网已达到顶峰状态。

然而从互联网发展的角度看，消费互联网市场已趋于稳定与饱和，而对实体资源有充分把控能力的企业仍有很大的探索空间，他们正开始尝试与移动互联网融合，创造全新的价值经济，进而推动互联网行业迈向产业互联网时代。

### 1. 消费者使用：消费互联网

消费互联网即以满足消费者在互联网中的消费需求应运而生的互联网类型。其具备两个属性：一个是媒体属性，由提供资讯为主的门户网站、自媒体和社交媒体组成；另一个是产业属性，由为消费者提供生活服务的电子商务及在线旅行等组成。这两个属性的综合运用使以消费为主线的互联网迅速渗透至人们生活的每个领域，影响着人们的生活方式，见图 3.1.1 所示。

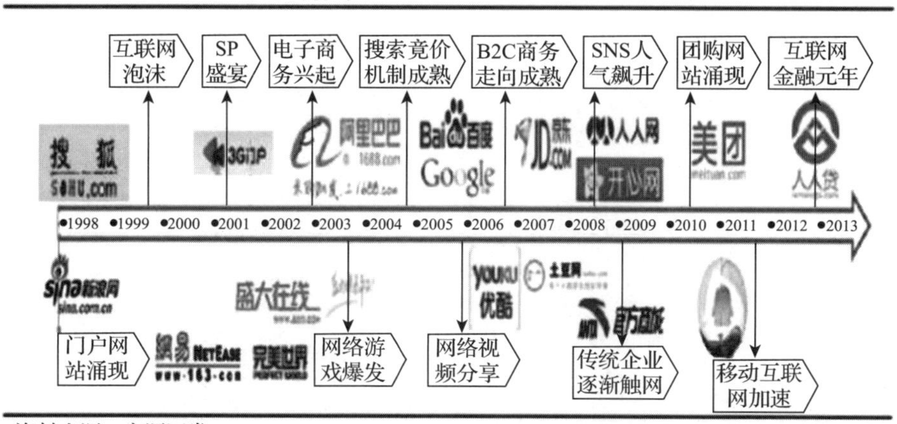


资料来源：宏源证券

**图 3.1.1 互联网满足各种消费需求**

消费互联网的商业模式则是以“眼球经济”为主，即通过高质量的内容和有效信息的提供来获得流量，从而通过流量变现的形式吸引投资商，最终形成完整的产业链条。

在消费互联网时代，互联网以消费者为服务中心，以提供个性娱乐为主要方式，虽能在短时间内迅速吸引眼球，但由于其服务范围的局限性，以及未触动消费者本质生活，也易导致其迅速淹没于互联网发展的大浪潮中。

**2. 产业界应用：产业互联网**

在互联网发展的前20年中，我国的互联网行业处于由BAT把控主要命脉的消费互联网时代。然而随着虚拟化进程逐渐从个人转向企业，以价值经济为主要盈利模式的产业互联网将逐渐兴起。产业互联网的到来意味着各行业，如制造、医疗、农业、交通、运输、教育的互联网化。同时，由于传统的消费互联网巨头在行业经验、渠道、网络和产品认知等方面的壁垒，产业互联网将呈现一片蓝海。

产业互联网有别于消费互联网主要体现在两个方面：一方面是用户主体不同，消费互联网主要针对个人用户提升消费过程的体验，而产业互联网主要以生产者为主要用户，通过在生产、交易、融资和流通等各个环节的网络渗透从而达到提升效率、节约能源等作用；另一方面是发展动因不同，消费互联网得以迅速发展主要是由于人们的生活体验在阅读、出行、娱乐等诸多方面得到了有效改善，使其变得更加方便快捷，而产业互联网将通过生产、资源配置和交易效率的提升得到推进。消费互联网与产业互联网的比较见图3. 1. 2所示。

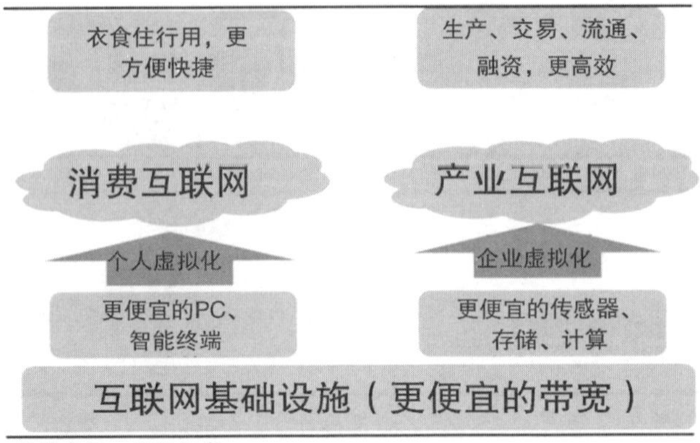


资料来源：宏源证券

**图3. 1. 2 消费互联网与产业互联网比较**

产业互联网的商业模式有别于消费互联网的“眼球经济”，而是以“价值经济”为主，即通过传统企业与互联网的融合，寻求全新的管理与服务模式，为消费者提供更好的服务体验，创造出不局限于流量的更高价值的产业形态。

目前的智能时代是第四次工业革命的一部分，它绝不止于工业，还包括消费智能化、工业智能化和农业智能化，目前中国所谓的互联网产业其实就是消费智能化，也就是消费互联网，而工业智能化和农业智能化还没有开始，所以，消费互联网才是真正的产业互联网。

一旦消费互联网开始向工业智能化互联网化、农业智能化互联网化方向发展，则意味着商业民主化，也就是未来所有人都可以自商业。

这才是真正的产业互联网的时代到来了！

## 三、三教

### 1．用户教

4 年的时间，周鸿祎把用户体验创新当作一个偏执狂式的发展方向。一个无心插柳的产品，一个没有杀毒技术的外行，一个没有革命性商业模式的小产品，360 因何快速地实现了从 0 到 2 亿用户的跨越，甚至成为行业“公敌”？

背后的核心的核心其实就是用户教：不是视用户为上帝，而是把用户当成一种宗教一样来崇拜。

那么，怎么样才是用户教呢？简单地说，就是识用户、知用户、服务用户。

1）识用户：构建用户画像

用户画像，即用户信息标签化，简单地说就是给用户打标签，就是分析消费者社会属性、生活习惯、消费行为等主要信息的数据之后，完美地抽象出一个用户的商业全貌，它能够帮助企业快速找到精准用户群体以及用户需求等更为广泛的反馈信息。

在运营上用户画像的构建对于目标用户的获取有着极大的指向性，可专注于一些垂直的社区、论坛 、社群，能够达到事半功倍的效果。

2）知用户：构建使用场景

这个应该很好理解，就是刻画一个产品使用场景，让用户能够对此感兴趣，进而能够对产品产生使用欲望。

首先在运营上，就应该在产品、服务的网站上，设置不同层次的用户场景引导。

（1）浏览用户：为浏览用户提供清楚明确的产品介绍，以及产品的用户数据、成交数据；让用户在浏览的过程中能够消除对产品的疑虑并产生好感，从而提高用户转化率或产品、服务的成交率。

（2）期望用户：为期望用户提供成功案例或第三方评价，提供消费场景引导。

（3）消费用户：为消费用户提供清晰可靠的 Call On Action，将注册、支付流程和网站的交互尽量最简化。

3）服务用户：构建差异服务

学会分析用户数据，即分析点击率、停留时长、访问深度、人均浏览页数、跳出率等，以便产品、服务的优化和完善。总结相关经验，KANO 模型对于产品的完善以及迭代有着极大的帮助，将用户需求分为基本型、期望型、兴奋型，见图 3.1.3 所示。

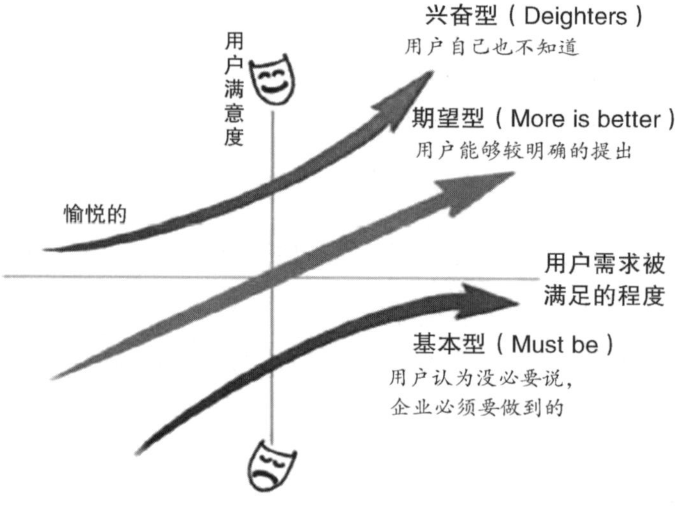


图 3.1.3　用户需求类型

## 2. 产品教

产品教的核心和本质就是以产品为教，打造畅销、长销、高价销、高利销的热产品。

与轻公司、快品牌、重资产等热点关键词和流行词不同的是，热产品不是一个简单的概念，更不是一时的流行词汇，这是笔者及锦坤传播同仁10余年的营销心血结晶，更是中国30年市场风云的产物。

营销的最后竞争就是产品，而打造一个畅销长销高价销的热产品，是任何一个企业所孜孜以求的，也是可行的，不管是大品牌，还是小企业，在产品面前，人人平等，机会均有。但只有那些善于寻找设计并做出热产品的企业才有真正成为大品牌和老品牌的可能。

那么，那些真正长久成功的企业和品牌，他们持久获胜的基因在哪里？以宝洁公司为例，尽管宝洁公司在各方面都不是全国领先，也不是全国唯一，但宝洁依然被誉为世界上最成功的企业之一，这样的企业有很多：通用、西门子、可口可乐、海尔、娃哈哈……我们虽然说不出这些企业具备哪些特别明显的优势，但你能说出这些企业十分明显的营销缺憾。笔者认为这些企业成功且长寿的根本原因在于：他们拥有同行无可比拟的热产品竞争能力，这种综合热产品竞争力是系统的且相对全面的，而非单点的“灵光一闪”……

锦坤的“热产品能力”表现为产品静销力和终端动销力，而产品静销力又包括研发力、设计力、诱惑力和价格力；而终端动销力则有渠道力、售卖力、传播力和管理力。“热产品能力”见图3.1.4所示。

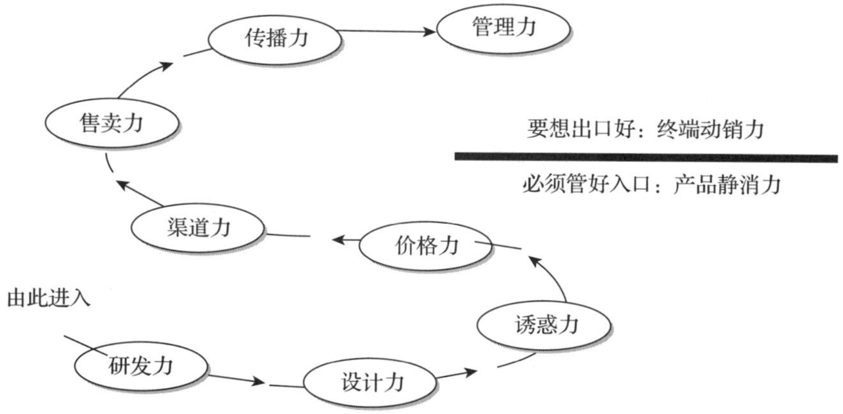


**图3.1.4 “热产品能力”**

1）产品诱惑力

产品诱惑力驱动系统——产品力检核图见图 3. 1. 5 所示。

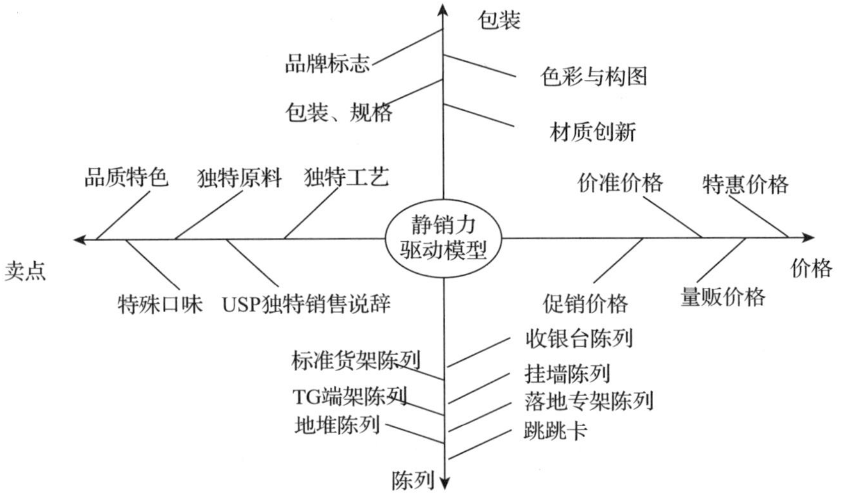


**图 3. 1. 5　产品诱惑力驱动模型**

2）终端动销力

终端动销力，是一个完整繁复的体系，见图 3. 1. 6 所示。

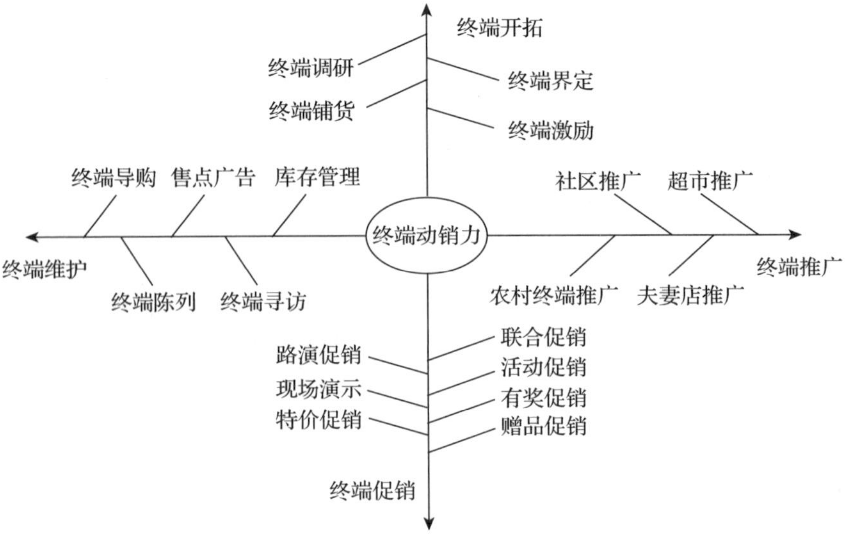


**图 3. 1. 6　终端动销力**

没有哪个企业能在这“八力”（研发力、设计力、诱惑力、价格力、渠道力、售卖力、传播力、管理力）上全面领先，但又不能有明显不足，企业可以根据不同市场环境、不同竞争态势、不同行业特性、不同自有资源，掌握最佳时机，识别关键要素，实施“组合聚变”，才能在市场中异军突起。当你拥有的很多要素与对手差不多时，只要你掌握好其中几项关键要素，这些要素仅比对手好 20%，如 5 个 120% 相乘，你就会比对手高出 248%；但如果你的几项关键要素仅为别人的 80%，5 个 80% 相乘，你就仅为对手的 32%。

**那么，企业如何打造“热产品力”呢？核心在于“不第一即唯一”，即“不能让你自己成为第一之前，就让自己成为唯一”，这就是热产品畅销长销高利销的核心之所在。**

**3. 品牌教**

做品牌必须专注于品牌力的打造，让消费者购买起来更容易且可持续，这就是品牌教。

品牌两个字对于企业而言意味着什么是不言而喻的。无论产品品牌还是企业品牌能够成为知名品牌、著名品牌、中国驰名商标等无不令企业魂牵梦绕。

大浪淘沙的竞争时代，做品牌，在看似很时髦的诱惑里面其实危机四伏。君不见，市场经济的残酷性逼迫千军万马为拥有品牌奋勇拼杀、全力以赴。其中两种情况引人注意：一种是盲从国外经验，照搬其品牌运作与管理模式，在广告刺激拉动和其他宣传手段造势下积累知名度，他们为此兢兢业业，在争创品牌路上辛勤跋涉，恨不得早日品牌大厦奠基完工；另一种是根据自身的客观实际，有的放矢，扬长避短，一步一个脚印，目标明确，通过持续的服务和口碑来叠加信誉和信任。

因此，作为企业，坚定发展方向并矢志不渝地执行下去就很重要。如果目标不明只会循着别人的脚步跟风追随，或者被暂时的市场诱惑而暴露其趋利的本性，忽略了做品牌原本需要的务实与目标明确，其结果就会遭遇夭折，这方面的教训是相当深刻的。

在品牌教战略上讲，有 3 个方向，否则就是无方向了。

（1）成为首创（First one）

如果你开发别人都没有的产品，就以 FIRST 之身份将自己呈现出来。

（2）我是第一（NO. 1）

如果你不是首先开发品类的品牌，那就迅速进行市场渗透，让消费者认为你是或将会成为 NO. 1。

（3）变成唯一（Only one）

如果别人还没说，就赶快大声说出来；如果有可能，将品类名称注册成自己的品牌名或独占核心技术工艺。

（4）否则，你就是 NO ONE!

做不了 First one，也做不了 NO. 1，也没有做成 Only one，结果自然就是 NO ONE 了。

做品牌如此，做人亦如此，国家也是如此。

18 世纪后半叶，欧洲探险家来到澳大利亚，发现了这块“新大陆”。1802 年，英国派弗林达斯船长带船队驶向澳大利亚，想尽快地占领这块宝地。与此同时，法国的拿破仑为了同样的目的也派阿梅兰船长驾驶三桅船前往澳大利亚。于是，英国和法国进行了一场时间上的比赛。法国先进的三桅快船很快捷足先登，占领了澳大利亚的维多利亚，并将该地命名为“拿破仑领地”，随后他们以为大功告成，便放松了警惕，他们发现了当地特有的一种珍奇蝴蝶，为了捕捉这种蝴蝶，他们全体出动，一直纵深追入澳大利亚腹地，这时候，英国人也来到了这里，当他们看到法国人的船只，以为法国人已占领了此地，非常沮丧，但仔细一看却没发现法国人，于是，船长立即命令手下人安营扎寨，并迅速给英国首相报去喜讯。等到法国人兴高采烈地带着蝴蝶回来时，这块面积相当于英国大小的土地，已经牢牢地掌握在英国人的手中了，留给他们的只有无尽的悔恨。

法国人虽然提前到达了目的地，但是他们在没有完全达成目的时不小心就偏离了自己的方向，导致功亏一篑，前功尽弃。不难看出，法国人尽管市场操作能力很强，但自我意识中总以为市场推广成功只是时间早晚的问题。他们虽也曾经付诸了心血和汗水，但麻痹大意和缺乏方向指引的结果是品牌还未来得及塑造和张扬，就因为行为缺乏针对性和有效性而让英国这个后来者摘取了的桂冠，掠夺了市场资源，真是可悲可叹。

由此看来，做品牌没有方向就等于零。正所谓，品牌是红旗，没有了红旗也就没有了方向。

## 四、四化

### 1. 服务产品化

2006年在IBM服务部门成立10周年的时候，IBM提出全面转型“服务产品化”。经过IBM多年的实践，服务产品化概念已经影响到服务行业的各个方面。服务产品化是通过改变服务的生产方式，把服务的生产过程变得像产品制造一样，把服务的内容分解，实现标准化，然后按照传统产品市场的原则，把服务产品交付给客户。

1）为什么要把服务产品化?

首先，把服务产品化是客户的需求，IT服务的产生从个性化开始，表面上看这种量身定制的解决方案是满足客户最好的方式，但是这是在一种假设的前提下，那就是客户非常清楚自己的需求，同时服务商也有足够的能力做到。实际上，几乎没有客户能够完全地把自己的需求说清楚，同时因为是全部的定制服务，客户不知道你有什么，所以客户也无法做出选择，一个突出表现就是客户和服务商经常是无法做到有效沟通，最终的结果有三种，一种是完全满足客户需求，这非常少；一种是勉强满足，一少部分；还有就是没满足，这在IT服务行业占了大多数。

其次，是从厂商的角度来看，赚服务的钱，很辛苦。这其中一个重要的原因就是完全的个性化服务导致，客户需求不清，总是在变动，按照以前的模式，我们就要不断调整，结果是项目时间长，客户多花钱，而我们的成本也上升。完全的个性化的结果就是这样，最终项目成功率低，客户不满意，企业也很难发展。完全个性化的东西做起来很辛苦，特别是在一个没有标准、刚刚兴起的市场里，在没有标准的情况下，大家做得都很累，质量整体水平不高、服务没有标准。

所以，从客户还有厂商两个方面来看，都需要在 IT 服务行业建立相应的标准，这就需要引进服务产品化的因素。

2）服务产品化有啥意义？

服务产品化能够更好地提升服务质量，不断地优化、规范服务产品，同时根据用户的需要提供个性化、定制化的服务。服务的可重复利用和产品化已成为大势所趋，让客户体验到不断提升、不断改进的卓越服务。

（1）对行业的发展。服务有 3 个问题一直难以解决：标准、定价和评估，服务产品化可以一次性解决这 3 个问题。服务产品化可能带动整个产业走向规范化，并促使产业进一步升级。

（2）从用户角度来说，服务产品化之后，用户能够以产品形式定制标准化服务，获得清晰的定价标准，可以预期服务质量和服务考核标准，而不再是以往含糊不清、缺乏衡量标准的服务，因此服务质量会更高，服务效率会更快，也更加契合业务需求。

（3）对服务型企业来说，通过服务产品化建立起一套完善的服务标准和流程，让服务型企业就像个智能工厂，源源不断地生产服务产品，可实现“规模＋速度”。规模化经营意味着成本降低，为客户提供更有优势的价格；提高交付速度则可以为客户赢得实现价值的时间。

3）如何服务产品化？

服务产品化转型的最主要挑战还是在内部，主要是 4 个方面：模式、流程、人员和文化。

（1）模式。服务产品化颠覆过去的服务生产模式，你必须要建立新的模式，包括组织架构方面的调整，这需要不断地摸索、调整。

（2）流程。在流程上要学习制造业以及其他行业的经验，在关键点进行有效控制，改变过去的生产流程。服务产品化需要把过去服务的项目中一些共性的需求和流程提取出来，做成可以重复的知识模块，也就是大家常说的建模，这就要求企业必须有足够的服务经验以及咨询能力。

（3）人员。规模不是能否进行服务产品化的关键因素，主要的因素是你是否有足够的“智力”来做这个转型。服务产品化对交付的要求更高，所有执行团队必须具备非常高的水平，不仅要有全球化的执行能力，而且要做到统一标准，过去对人员的要求是 80 分及格，现在就需要 120 分才行，同时能够用工具执行的地方尽量用工具，减少人为犯错的概率。

（4）文化。服务行业的文化一直是没有投诉最好，笔者现在的要求是必须要客户反馈说好才行，过去是被动等客户上门，现在是主动告诉客户，我们能做什么。敢于破除过去的一些方法，打破陈规。总的来说，人员和文化的难度要大一些。

**2. 产品用户化**

不管是互联网产品，还是传统行业的产品，从用户层面来讲，分以下 4 个不同的阶段，在产品发展的过程中，处于不同的阶段所面对的和采取的措施也是不同的。当然，在不同的阶段，用户的构成也是不同的。

1）吸引用户

不管是新型的产品事物，还是已经存在于市场上的产品事物，在创立投放市场之初，都希望在短时间内借助营销、推广等方式让用户知道。

此时的用户构成大多分为两类：尝鲜者和产品的顶端用户。尝鲜者一般是认同产品所带来的概念和新鲜感，对产品的忠诚度较低，但有较高的传播性；产品的顶端用户是认同产品的理念，认可产品，对产品的忠诚度较高，并且在产品的不断更新迭代中可以起到很好的促进作用。在传播性上，顶级用户要弱于尝鲜者的传播。

在此阶段的企业，更像是修炼内功，修炼企业自身和产品本身，快速迭代，同时积累口碑。

2）获取用户

如果产品能到此阶段，那恭喜你，你的产品至少在市场上已经站住脚跟了，也有了一批拥趸，但究竟能占多久，那就要看这一阶段的情况了。

此时的产品，已经基本完善，也走上了正规的迭代当中，产品已经稳定，此时需要的是通过反馈的方式去“购买”用户，这阶段也是“烧钱大战”的主要发生阶段。

此时用户的构成，或者说吸引来的用户分成两种：“僵尸”和“活跃粉”。

“僵尸”级的用户也可称作低频用户，此类用户主要是为了获取优惠而来，一般看哪个优惠力度大，用哪款产品，同时在产品使用频率上属于低频用户，对产品所带来的服务，没有长久的使用性，更多的是“被消费”，也就是为了优惠而使用，对于这类用户，对产品的忠诚度较低，发展成本较高，使用频率底；“活跃粉”是认可产品，认可产品所带来的服务，具有较高的忠诚度和使用的活跃性、传播性和影响力，都属于较高级别，属于“优质用户”。对于两种用户的构成，僵尸用户占比要高于“活跃粉”。

3）转化用户

能够走到这一段的产品大多数有两种：背靠大树型和九死一生型。背靠大树是指借助企业的平台，已经有了一大批的用户，只需要将用户引导过来即可。九死一生型是指抗过了“烧钱大战”之后留存下来的。

对于背靠大树型的产品或服务，它们具有庞大的用户群，稳定的平台，他们一般只要站在这个平台上就可以了。但事实却非如此，除了少数的几款产品，借助公司的平台存活得很好之外，其他的基本都是待死或已死状态。不管是成功的，还是失败的，都没有抓住一点，那就是该产品或服务在整个大平台中的作用和积累的用户群的特点。

九死一生型的产品已经积累了足够多的用户，产品或服务在市场上也是数一数二的，他们能够走到这一步，是应得的，因为它们很不简单。

4）改变用户

作为用户层面的最高层，有些产品从一生下就走到了这里，比如 iPhone，但更多是，看似已经走到了这一步，却发现，离真相还很遥远。

就笔者看来，真正能够改变用户的产品或服务有几个特点：用户对产品理念的深刻认同、用户思维的颠覆、一点运气。

然而，当产品真的走到这一步后会发现，用户的构成又变成了尝鲜者和产品的顶端用户两类。尝鲜者是受到了传播的影响，尝试体验服务，看重的是吸引他的新奇点和传播，对产品的忠诚度较低，传播性较高；产品的顶端用户已经体验了不止一代的产品或服务，对产品和服务认可，对企业的文化和产品理念认可，在传播性和影响力上较高。占比方面，产品的顶端用户要比尝鲜者高。

其实到最后你会发现，产品不管出于用户层面的哪一个阶段，并没有严格意义上的核心用户。用户对产品的认可和选择，很大程度上是对服务的认可和选择，同时也有随大流的成分在。

产品是解决用户需求的载体，有些需求，被叫做了痛点，解决它，对用户来讲，感受不到解决痛点带来的价值，认为那是应该的。有些需求，被叫做盲点，用户感觉不到它的存在，但却可以感知它的变化，当感知到变化时，产品已经改变了用户。

### 3. 用户粉丝化

最应该学习的是，对于自己的核心用户群要时刻保持巨大的吸引力，并且尽可能地提高这些核心用户的活跃度以及转换率。甚至更进一步，像小米一样，把这些用户打造成自己的粉丝，这需要让你的用户获得真正的极致体验。在这方面，传统企业有必要向互联网企业学习借鉴。

第一，为用户带来其难以抵挡的专业价值和贴心服务。

这种价值也许来源于对用户非常贴心的专业服务。面向 85 后、90 后群体，这种价值更多地体现为对用户心理上的支持，一般而言，在任何群体中，如果想牢牢地吸引住这个群体，很典型的一招就是抓住金牌客户，也就是这个群体中的代言人或偶像。

以摇篮网为例，从 2008 年开始，摇篮网就推出了婴幼儿能力发展测评和个性化指导的科学育儿系统，以及一个叫天才妈妈培训班服务，前者通过多达 100 多万人次的测评，使摇篮网获得了大量的一手用户信息，涵盖这些婴幼儿的方方面面，这些信息有助于摇篮网吸引更多的广告客户，因为它的广告客户可以更加精准地有针对性地进行广告投放。天才妈妈培训班则是在给妈妈们进行育儿教育的传递过程中，通过互动把一些广告主的产品知识巧妙地融入进去。

以乐蜂网为例，乐蜂网微博发布后几天内，包括羽泉、佟大为、马伊俐、李晨、高圆圆、周杰等百余名明星就会转发，这些名人微博所涉及的粉丝数量和转发量粗略估计超过一亿人次，这就是达人模式，也就是金牌客户所具备的威力。乐蜂网有诸多来自于时尚界和美容界的专家、明星进驻，面向女性提供时尚解决方案服务。乐蜂网聚拢了国内大批有影响力的达人资源，而且它还通过海选的模式发布美妆达人征集令，寻找更多来自民间代表民意的草根美妆达人，形成乐蜂网广泛的达人群，达人推荐已经成了乐蜂网上用户信赖和追捧的代名词，也成为影响用户购物决策的关键影响因素。乐蜂网凭借达人模式，已经聚拢了大量用户并逐步提高用户多次购买比例。乐蜂网受到消费者追捧的背后，是达人代表了当代主流消费人群最主要的形象投射，达人模式表达了对当代主流消费人群的尊重和认同。

第二，为用户带来极佳的过程体验和完整的交互过程。

不要为了商业利益短视地伤害你的用户，要想方设法地为核心用户提供良好的交互感受，因为用户的消费行为是端到端的整体过程，要为用户提供一体化的、完整的、交互体验过程。

以面向儿童群体的“淘米网”来说，《摩尔庄园》是一款非常成功的社群化产品，但《摩尔庄园》始终要警惕不能在商业化的道路上走得过远，因为《摩尔庄园》首要的使命是要保证孩子在虚假世界中有一个安全、洁净的环境。《摩尔庄园》和普通社交网站最大的区别是，这里限制沟通，禁止输入数字、电话、手机，同时还要避免其他的一些负面因素。包括孩子的在线时间也会被严格限制，避免孩子的过度依赖。因为每个孩子的家长都希望孩子使用的游戏是一款绿色的、安全的产品，过多的商业化引入可能会破坏目标客户群对于该平台的忠诚度。因此如果想在竞争中胜出，一个底线性的策略是要时刻保持对自己服务的警惕和小心翼翼，避免用户转网，实现用户真正的、长久的忠诚。

比如女性购物分享社区“美丽说”，曾经与海豚浏览器合作，推出了一款女性浏览器，在这款浏览器上可以帮助女性用户分享购物经验、搭配秘笈、当红好店等诸多信息，这款定制的浏览器有助于客户获得更多的时尚信息，而且在交互上更加优越、便捷。这款女性浏览器有很多细节的设置，都用于优化女性用户体验，比如说这款浏览器的界面有着粉色的主题以与美丽说的界面相匹配，除此之外，海豚浏览器为美丽说网站预置了默认手势——用户只需在屏幕上画一个心型，即可跳转到美丽说网站。此外，在浏览器专用的快访问区、阅读首页和默认书签栏中，美丽说都占据中心位置。使用“海豚阅读”功能，用户可以像浏览时尚类杂志那样浏览包括美丽说在内的各种网站，这能让网页的海量信息和时尚杂志的体验结合在一起，符合了女性用户的浏览体验。

第三，为用户带来长期积累的数据化的持续吸引力。

对客户数据进行长期积累，并且对数据进行足够专业化的挖掘，对于客户在网站上的痕迹进行规律性的理解，把时尚进行定量化、规律化和数据化，形成持续的吸引和黏连。

以麦考林为例，麦考林是以直邮起家的，凡是在麦考林有过购物经历的顾客，无论通过什么渠道，他的资料都会录入麦考林的数据库，这些资料包括姓名、住址、电话、职业、家庭成员等，还包括个性爱好、购买趋向、购买的产品价位、偏好流行时尚等等。这些数据经过数据挖掘，对于整个麦考林的设计、销售、客服、物流都将提供有力的决策支持。由于长期的数据积累，麦考林可以把女性群体进行细分，比如按照年龄进行细分，已经结婚成家的女性比 20 岁的女性对家具用品的需求明显大得多，通过分析后可以提供及时的、针对性极强的服务。麦考林开发适合中国女性特点的服装配饰，正是基于这样长期的数据积累，同时这样面向女性群体的细分还在不断地进行着。

一个专注于某个特定目标用户的平台，与一般的电商网站区别就在于，如果用户到一个服装电商网站上想买件衣服，它的衣服是按长袖、短袖进行分类的，而在一个专注型的平台里面，平台会认为买了一个长袖之后，下面一定不会是一个短袖，而是与这个长袖搭配的其他服饰。因此这里面隐含的思路就在于，如果真正地站在用户的角度考量的话，用户不是概念性的批量用户，每个用户都是独特的，她都在选择自己最合理的时尚解决方案。因此垂直平台的做法是，围绕它们海量的数据，把时尚领域当中的关键词抽取出来，然后在词与词之间建立某一种联系，比如说上身服饰和下身服饰的搭配，机车包和哈伦裤之间英伦风格的搭配，把所有这样的规律找出来，然后与目标客户群的潜在需求进行适配，这样才能真正地获得客户的满意，转化成为真正的购买行为。

因此，通过数据挖掘的手段，为用户带来难以抵挡的价值、极佳的过程体验，并通过大数据分析保持对核心用户群的吸引力，是传统企业必须快速学习，快速掌握的核心能力。

#### 4. 粉丝部落化

马克·扎克伯格在2010年首次引入了社交图谱 Open Graph 的概念——一个将人们和不同事物联系起来的地图，社交图谱是一种表明“我认识你”的网络图谱，而这种社交图谱正在被互联网的“圈层化”运动所掩埋。

1）关系网铺就朋友圈层化

所谓“圈层化”指的是在各类圈子中进行了分层抽离，进而形成一个个内核稳定、连接紧密的社群，微信就是这种圈层化的受益者。

圈层包括两个层面，一个是圈子，一个是关系网层级，一个划定了区域，而在这个区域中则通过社交关系链形成分层。

无论在国内还是国外，各个阶层的圈子都显得尤为重要，各行各业、各个阶层都有自己的“圈子”，在移动互联网时代，这种分类显得更加明显。

微信在社交方面有着透彻的理解，朋友圈的“圈”就代表着微信对于这种文化理解。作为强关系的承载，微信的朋友圈把微博中熟人关系中的信息社交都带到这里面，可以说正是大家对于“圈子”的热衷成就了朋友圈的繁荣。

随之派生而来的“圈层文化”正好通过这个相对封闭的社交媒介进行聚合。“你是谁并不重要，重要的是你和谁在一起”。这句话无数次地围绕在我们身边，它讲出了圈层的重要性。

这里要先说一下关于圈层中“关系链”的一个理解。马克思说：人的本质是一切社会关系的总和，人和人之间的关系就叫关系链。

进一步来说，关系链也是一种“事情链”。社会关系的建立过程，其实是一种相互认可的过程。也就是说，通过共同参与的“事情”厘清我们的社会关系。通过多次共同参与的“事情”清晰地认识建立关系的人；也可能会因为一件“事情”疏远已经建立的关系。所以说共同参与的“事情”才是构建和维系关系的重要因素。

在共同参与“事情”的过程中，就是向其他人展示自己的过程，任何人参与事情的过程中，总希望能够得到其他人的认可，会尽可能地展示自己的能力、性格、兴趣、喜恶、价值观、生活观等。不同类型的事情展示出来的人的不同方面，通过不同类型的“事情”会建立不同的“关系”。

2）垂直网应用粉丝社交化

作为典型的“圈层化”社交，人们总能在朋友圈中接受他人的影响。各种晒旅游、晒甜蜜的照片，这些必然会引发心中那扑扑的 PK 小火苗：看我怎么秀！

随着关系链的加深，各类垂直类应用的社交化就显得十分诱人。大家都在试图制造出一个圈层社群化的应用，而这中间除了游戏的比拼，还有最具价值的一部分，这就是股民们对股票的圈层社交化，比如最近腾讯推出的自选股 3.0 版本里面就有一个蛮有意思的东西：股票圈。

什么是股票圈？官方介绍是这样的：腾讯自选股是第一款使用微信关系链的非游戏类应用，突出腾讯自选股除基础服务之外，还有股票圈与微信朋友圈类似的社交功能，力争打造健康的全生态股票应用。

用通俗的话说就是：以后用这个功能就可以边炒股边写心得，边炫耀自己的判断，最后刺激别人，成就自己。

听起来不错吧，在垂直领域（特别是股票这种靠近钱的领域）做一下细分的社交，这对于腾讯整个大平台来说都具有较强的探索意义，自选股通过“股票圈”这种垂直类的社交能够建立更强的壁垒，而对于微信平台来说，这种垂直类圈层能够很好地缓解朋友圈的压力，何乐不为呢？

可以说，微信朋友圈的走红正是由于“圈层化”的推动。从现在看来，这种“圈层化”将在垂直类领域中继续强烈运动，而这将成为垂直类应用的一个重要壁垒。

## 五、五即

### 1. 形式即内容（吸引用户）

传统意义的媒体指的是传播媒介，现在内容本身也是一个媒体在自我传播，社交媒体使以往必须通过特定平台进行传播变为人与人之间基于内容进行传播，扩散内容的影响力。观众更多地依据自己对内容的喜好或者受宣传的影响观看内容，对于播出平台不是像以往那么偏重，内容对于平台的依赖性降低。优质内容在弱势平台也可能创造好的成绩，反之亦然。内容方的话语权会进一步加强，优质内容的争夺会更加激烈。以媒体为主要考核指标的广告投放方式将进入以内容为主要考核，以往的 Meida as message（媒介即信息）将被 Content as message（内容即信息）取代。由于媒体本身的重要性在降低，这种趋势对将来整体视频行业带来的影响将会非常巨大，可能出现的情况会是：

（1）电视媒体数量下降，在现有的体制下，这种变化速度会慢，但将来全国性的电视媒体可能只有 3 ~5 家具备正常的商业运营价值，这种情况预计会在 5 ~8 年后出现，因为载体本身的重要性在下降。

（2）优质内容出品方会组建自己的播出渠道，最近光线和 360 的合作是个开始，将来类似合作会出现更多。

（3）目前的强势视频媒体会利用当前的平台优势发力自创内容，将来强势媒体会是平台强势加内容强势，缺一不可。

（4）视频内容自媒体将有非常大的发展空间，有更多的小团队 PGC 内容出现在市场并被观众消费。

### 2. 内容即媒介（抢占用户）

凡是能传播的话题才能被传播，广告可能只留下一个印象，这个印象本身可能留下一点残存的记忆，这个记忆到底导致消费者有什么改变？我们觉得是有限的。

英特尔资助了巴塞罗那的足球队，做球衣广告，就是把英特尔的标志一印，满场飞奔。但是看了巴塞罗那的比赛，这 2 500 万美金花到哪里了？没有看到球衣上有英特尔啊？看了很久，终于有人进球了，结果一有人进球，就有欧洲球员脱衣服，一翻开，就是 Intel Inside。英特尔放弃了 90 分钟的展示性广告。笔者想，万一不进球怎么办？全场一个都没有看到。但这是今天广告传播的一个很重要的理念，尤其是超级大牌、真正有影响力的大品牌，它们越来越不追求品牌曝光，而是越来越追求话题化、内容化的营销。话题在瞬间产生的影响力，比你在 90 分钟的所谓的品牌展示更有价值，这就是今天这个时代传播的一个路径。

今天是一个以自媒体为代表的时代，人人都是媒体，人人都在传播。这个就导致今天媒体的作用改变了。一个媒体的作用如果仅仅是自己覆盖多少人，信息传达多少人，这个作用不够，一个媒体作用，不仅是覆盖多少人，而是多大能量地激发起自媒体的传播，所以这就成为媒体的一个使命。

对媒体人来说，是继续围绕以前的覆盖、以前的广播式的媒体来做，还是重新思考消费者的需求？我们以前都关注客户“讲什么”，现在我们说，客户“讲什么”不重要，得想用户需要看什么。

如果我们播放的东西不是用户真正感兴趣的，这个广告精确地展示了功能卖点、你想表达的诉求或旅游本身的价值，这就够了吗？

今天，判断一个传播内容的好坏，不仅仅是它能不能精确地反映你想表达的意见、观点、价值，更重要的是它在互联网世界能不能成为热点，引发话题。

传统广告在宝洁时代，定位非常精准、非常确切，代言人也很好，形象很正面，最终诉求传递到位就 OK，现在这个时代已经不管用了。因为这个时代，一旦你不能跟这个社会、不能和消费者形成社会话题、形成社会热点，那你的传播就只是在曝光，而这个曝光中，价值也在慢慢流失。

今天的传播，内容即媒介、媒介即渠道，人人都是媒体、人人都在传播。

### 3. 媒介即渠道（转化用户）

硬件是呈现在我们面前的东西，那软件又是什么呢？是体验，是美好的、舒服的、易用的、赏心悦目的体验。这里就拿雕爷牛腩来说例子吧，所有精美的餐具，奇妙的摆盘，烟雾缭绕的氛围，甚至设计独特的餐巾纸都是为了让人觉得在这吃饭够高档，够符合自己的身份，这就是这些硬件带来的体验。

再说苹果，触摸屏，智能，颠覆传统的键盘手机，苹果手机的广告语“有超过十万个程序供您选择……科技的魅力无处不在”这些程序就是软件，就是提供给购买手机的人的服务，而这一服务也带给人极致的体验，出门不再需要地图，有手机一部就够了。

所有这些既是一种媒介，更是一种渠道。

在即将过去的 2016 年，是智能硬件迈入快车道的一年。具有创新意味的智能硬件层出不穷，在深刻改变我们对智能硬件的认知范围和程度。与专注交流、沟通、娱乐、工作的传统硬件不同，智能硬件往往是以大众的身体为载体，发挥出更智能化的功能。

在可以预见的未来，大众从头到脚都将被智能硬件“瓜分”。从这个方面来看，人类身体的奥秘将是智能硬件取之不尽的财富，而智能这一概念，将真正从云端落到实地。

2016年，快速成长的不仅是智能硬件市场，还有智能硬件的创新。从最基本的智能手表、智能手环、智能眼镜等为基础，快速向外围延伸，开启“瓜分”大众身体的进程。智能牙刷、智能头盔、智能内裤、智能床垫、智能运动鞋、智能项链、智能胸罩、智能皮带、智能T恤乃至智能XO产品层出不穷的涌现，让人们眼花缭乱。

智能硬件之所以想“瓜分”大众的身体，在于这一市场潜力巨大，能够成为其充分展示自己“才能”的舞台。就目前来看，智能硬件朝着必需品、刚需的方向前进，或将在2016年完成蜕变。智能硬件不再只是小打小闹，而是在创新的基础上加入能够让其普及、落地的元素，实现从飘在云端到脚踏实地的决定性转变。

在2017年，普及将是多元化智能硬件的主旋律。大众选择的范围，将从智能手表、智能手环向外扩展，为自己挑选智能内裤、智能运动鞋、智能体重计等，不再只是极客试水式的行动，而将成为一种潮流。

2017年，将是智能硬件发展史上至关重要的时间节点。对于大众而言，智能硬件形态的多元化，将会凸显需求、喜好的个性化，让每个人都能按需选择合适的智能硬件。愈加细分的智能硬件，将会满足每一个小众消费群体的需求。以智能硬件为外在表现，以身体为载体的智能时代或将全面开启。

#### 4. 渠道即服务（黏住用户）

流量经营不仅仅是对流量本身收费。客户流量的背后，是各种各样的“应用”程序。运营商卖的是流量，更是流量所承载的各种应用。一款好的应用，会吸引客户消费流量。

江湖戏称，诺基亚和苹果，其最大之不同在于：诺基亚用渠道卖终端，苹果把终端当渠道卖。一个APP Store拉开了一个全新的商业模式。终端和应用总是不能分开的。在移动互联网时代，终端是应用的载体，是客户下载应用的入口，是最佳卖应用的位置。

按最新的战略价值公式，运营商价值 = 客户的网络接入数量 × 终端数量 × 软件商店应用或内容数量。作为“云、管、端”中的重要一环，终端对各类业务的耦合作用不断凸显，开始发挥越来越大的作用，逐渐成为影响公司实现战略转型、改变发展趋势的一个重要因素。

如何不仅仅只是从事“渠道终端经营”，而是从终端角度切入帮助流量经营的实现？关键在于认识到我们所出售的是不是“终端”这一锤子买卖，应用程序才是我们持续的服务。

运营商要卖什么样的终端？是用最少成本能完成任务数的终端？是性价比最高的终端？还是能捆绑住客户的终端？换个角度来看，能承载客户所需要应用的终端才是好终端。

智能机是承载应用的基础。我们或者还可以拓展引入产品的思路，比如推动互联网企业推出智能手机。互联网企业从PC时代带来对客户心理的把握、客户熟悉的丰富多样应用，正带着客户从PC延伸到移动互联网。如阿里云手机的“淘宝”应用、盛大文学的“墨迹天气”、“云中书城”、“WiFi万能钥匙”，这也将支撑流量经营。

从移动营业厅实际销售的产品来看，销售人员背得最熟的是营销政策和产品参数，这是销售终端的方式。销售应用，则应该不卖产品而卖服务，不卖参数而卖价值。从卖号码到卖终端，从卖终端到卖应用，这是渠道转型的必经之道。

首先在渠道的陈列上，要做情景式陈列，用生活情景吸引客户。必要时还要考虑和其他行业资源的全面整合，为客户提供智能生活。比如针对商务人士，可以和银行、航空公司一起布置相关应用；针对学生，可以和教育机构、学校一起布置相关应用。

其次，解决让客户用智能机做除了“电话、短信”以外的事。我们自己首先要熟练使用并指导客户快速上手，其中必备的环节是体验。在和客户沟通的时候，要推荐能触动客户内心的必备应用，推荐提升客户便利、价值的个性化感知应用。如“航班管家”之于商务人士，“同花顺”之于炒股人员，“微博”之于都市白领。让客户充分体验终端给生活带来便利、快乐、精彩。体验完了，通过后台的客户分析制定客户回访或互动活动。

最后，卖出终端绝不是销售的结束。与客户建立朋友关系，建立会员玩家俱乐部，经常请客户回来交流使用心得，组织客户参与与4G、5G应用相关的活动，增强聚合力和情感联系。

以中国移动为例，从“移动通信专家”到“移动信息专家”再到“移动改变生活”，就是渠道即服务的内涵在不断演进和升级。从单纯提供号卡、提供通话，演进到提供信息，提供移动互联网生活。

应用已成为移动互联网时代服务的本质，而渠道终端无疑是一个最佳的切入点。

**5. 服务即娱乐（维护用户）**

这是一个全民娱乐的时代，这是一个娱乐营销的时代，这是一个服务即娱乐的时代。

首先，娱乐是有品牌价值的。当产品同质化已经成为社会的普遍现象时，娱乐精神和娱乐元素成为帮助产品“添油加醋”的终极配方，娱乐就是企业的副产品。

其次，娱乐能潜移默化地帮企业卖品牌。对企业而言，把握消费者的消费心理，通过娱乐化的方式选择娱乐化的媒介与消费者进行情感互动，在欢声笑语中将品牌精神与产品信息潜移默化地传递给消费者，无疑是品牌传播的最佳方式。

再次，搭上娱乐营销的翅膀，借用娱乐时代的“眼球效应”，同样是借力打力的有效方式。

“一切行业都是娱乐业。”美国著名管理学者斯科特·麦克凯恩这样说道。商业的本质就是作秀。这样的语言虽然偏激，但是自有它的道理。

1）娱乐，品牌服务的核心价值

品牌的核心价值是品牌的精髓，它代表一个品牌的最核心，不因时间的变迁而转移。

把娱乐、欢乐作为品牌的核心价值，这是很多国际消费品的撒手锏：百事可乐总是为其“新一代的选择”提供超大阵容、超流行、超酷超炫的明星和演艺活动，让目标消费群在娱乐的享受中感受到了百事可乐的文化和理念；可口可乐和麦当劳甚至直接就以“欢乐”作为品牌的核心价值。

在国内，一些成熟品牌也开始为品牌内涵增添娱乐价值。比如，动感地带一直以“我的地盘我做主”为品牌口号，把年轻人追求时尚、好玩、探索的个性表达得淋漓尽致；2001 年，生力啤酒的“生力啤酒，有点野噢！”系列传播，就反映了现代年轻人内心中的那个有点邪恶、有点顽皮的自我。表现他们怎样以轻度恶作剧的方式去逗逗别人，并热衷于看人家慌乱尴尬样子的欢乐情节。

随着国内“好男儿”、“快乐男声”等“选秀”节目的走红，标志着在美丽与时尚界，以前由女人独享的“女色时代”，在悄悄地起着变化，“男色消费”正初露端倪。

2）以娱乐的名义打造品牌服务联盟

创造和维持一个品牌联盟，正在成为企业竞争的战略趋势。有着共同目标受众和 DNA 的品牌达成品牌战略合作关系，在品牌内涵、传播影响、优质客户开发和业务延伸上都能占得先机。

我们所熟知的“麦当劳 + 可口可乐”联盟，是因为二者都强调快乐；“肯德基 + 百事可乐”联盟，则因为它们都属于挑战者、“年轻一代”的角色。

多年以来，“动感地带”与“周杰伦”、彩信、无线上网等好玩的明星与事物联系在一起，所以一直是“酷、炫、动感时尚”的代名词。2005 年，“动感地带”更与世界顶级体育赛事 NBA 联姻，在 NBA 篮球大篷车在中国十大城市巡回表演中，将自身的品牌传播置入其中，实现了品牌增值。

动感地带的客户只要撕下报纸上的“我的地盘串联券”，便可以去现场领取动感地带派送的礼物；动感地带在现场设置的品牌帐篷也引来众多年轻人争相体验，其中的模型手机触摸屏、篮球 PS 游戏等设施更为现场增添了不少热度。

在产品严重同质化的今天，利用品牌联盟的策略，将联盟品牌的娱乐性借用过来，为消费者提供更多的心理感受和文化体验，无疑是为产品加分的好方法。动感地带和 NBA 之所以能结成联盟，正是有着相同的“新奇、好玩、时尚”的品牌 DNA。

# 第二章
# 企业互联网转型方法

## 一、战略定位

所有传统企业都有非常严重的危机感，就是大家突然都找不到路标了，都不知道在互联网时代如何转型？未来之路如何走？利润好的企业发愁，利润不好的企业更发愁。

企业最大的危机，不是当下的利润多寡，而是对未来能否清晰把握。对于规模过 10 个亿的传统企业，转型最难，但因为手里有钱，一旦痛下决心转型，成功概率很大；相反，对于 5 个亿以下的中小企业，存在颠覆行业的弯道超车机会，船小好掉头，找对商业模式，开发出好产品，就能一夜之间火爆。

在互联网时代，所有行业都不能置身世外，都必须转型。转也得转，不转也得转，倒逼转型会发挥威力，不以人的意志为转移。

小试水，深转型，还是小升级，大再造？关键的关键在于如何拥抱互联网，这需要顶层设计。

### 1. 试水

试水有多种意思。

1） 尝试品味茶水

宋王安石《寄茶与平甫》诗：“ 石楼试水宜频啜，金谷看花莫漫煎。”

2） 试探水的深浅缓急

《西游记》第一回：“持篙试水，偶得浅水，弃了筏子，跳上岸来。”魏国禄《随周副主席长征》：“〔 周副主席 〕叫人先下去试水。试水的同志走到河中间，水已齐胸，不但水流急，而且河底淤泥下陷。”

3）工程建设的试水

在战略上，试水更多的是指新战略在全面实施之前的小范围小区域小人群小时间的测试和样板建设。

如果你只看，那么肯定是看不出来水多深的，扔个石头也很难准确判断，最好的方法就是自己亲自下水试试看到底有多深。比如股市，在局外的时候指点江山，高屋建瓴，可以指导别人说套住了没关系，肯定能涨回来，但是进入股市才知道原来套住的滋味很不爽，割肉的冲动时时冲击着大脑。

互联网更是如此，光看光说是假把式，只有置身其中才是真把式，也才能真正感知水温和凉热，也才能真正触摸到互联网的连界。

试水，某种意义上包括营销试水、渠道试水、产品试水、运营试水和组织试水等 5 种表现形式，这也是试水互联网的 5 种不同境界，实际上也为企业试水互联网提供了 5 种可能的方式。

## 2. 转型

战略转型是指企业长期经营方向、运营模式及其相应的组织方式、资源配置方式的整体性转变，是企业重新塑竞争优势、提升社会价值，达到新的企业形态的过程。

中国大多数企业的转型主要是企业战略的转型。“转型大师”拉里·博西迪和拉姆·查兰曾说：“到了彻底改变企业思维的时候了，要么转型，要么破产。”企业主动预见未来，实行战略转型，企业分析、预见和控制转型风险对于转型能否成功至关重要。

而对于企业来说，转型的可能和需求有以下 5 种：

（1）发现扩张和赢利的新路径。

很多电子、汽车和化学行业企业的转型就是出于此原因，在市场份额和公司规模已经达到一定程度时，公司发现其利润回报、股票价值并不令人满意。这些公司，往往选择舍弃低成本产品，而转向创新性的、差异化的产品，或是专注于某些快速成长的市场。

（2）应对本土市场上的行业格局剧变。

伴随着市场的供求逆转，大量外资巨头进入市场或新业务模式的出现，企业不可避免地要加入激烈的成本竞争，同时也必须根据对客户需求的清晰划分来实现产品差异化。在零售业和中介服务行业，这种情况比较常见。

（3）并购重组。

并购重组后，对整个公司的运营实现顺利磨合，是一项十分具有挑战性的工作。一旦执行不力，往往出现“机构麻痹症”，让有价值的客户和优秀的员工失去信任和耐心。这时，就必须对组织机构实行重新设计和业务流程再造。

（4）增强企业活力。

很多中小型企业会碰到这样的情况：虽然高层管理人员不断地强调全新愿景，但却总是停留在语言上，不能转化为实际的行动。如何使企业的战略深入人心、留住优秀人才，就成了这些企业战略转型的重要内容。

（5）为生存而战。

在中国，很多企业都背负着高额的债务负担。如何在企业长远发展规划和眼前的盈利需求之间找到一条出路，就成了它们的紧迫任务。

**3. 升级**

战略升级是指按照公司的战略规划，在每个阶段来提升品牌的内涵。品牌升级要使品牌内涵围绕目标市场升级的同时不断同步升级，并由此带动企业进行管理手段创新、管理水平提高，促进经济效益的发展。

品牌升级通常包含以下四个部分，其中，生产和市场是可见的、物质的，设计和形象是精神的，物质和精神这两个方面相互独立又相互统一。

（1）品质管理与生产规模的升级。

（2）市场销售网络及组织结构的升级。营销队伍在不断加强，业绩也起来了，功能和规模都在升级。营销队伍的升级不仅要看表面，还要看每一个人的素质。

（3）企业形象的升级。

（4）产品开发与品牌设计的升级。产品的更新换代，对品牌形象是有拉动力的。

### 4. 再造

再造包括企业战略再造、企业文化再造、市场营销再造、企业组织再造、企业生产流程再造和质量控制系统再造。

企业战略再造有两层意思：一是指为获得可持续竞争优势而进行的基于创新思维的企业战略重新规划；二是战略性的再造。

每个企业都有其发展战略，它包括企业在市场的竞争战略、企业管理的组织战略和业务发展战略等。所有这些都是围绕企业的可持续性发展来进行设计和规划的。而这些战略的核心往往集中于那些能够增强企业盈利能力、可保持竞争优势的能力（最终将转化为盈利能力）方面。企业必须确定出其战略重心，在此之下通过分析得出实现这些重心的关键成功因素。对于这些因素的标准把握，将成为企业再造的突破点。

战略再造的范围是整个经营单位，关注的焦点是所有重要的核心流程，再造小组对组织结构、目标体系、激励机制、公司文化、工作流水线采取全局观念；战略再造直接与战略目标相联系。

战略再造所改变的通常主要有 5 个方面：战略、流程、技术、组织和文化。在实施再造时，必须将其与企业关键目标相连结，结合关键成功因素，在组织战略的指导下进行。但同时，再造也不能拘泥“既定方针”，原有的战略可能是基于不合时宜的商业假设所建立的。因此，必须又同时站在未来，以未来为起点，反观现在，突破原本以现在看未来的思维模式，避免将思维局限于现有的流程、系统结构与知识框架中去。因为，对于战略的再造原本就是再造的一个重要任务，实施再造必然要涉及组织的战略规划。

战略规划使企业成为任务导向的组织而不是束缚于制度的组织。因为，任何战略计划都是面向特定使命或任务而制定的。战略规划能够促使企业真正围绕顾客需求这一根本目标开展运作。

## 二、领军人选择

中国众多传统企业觉醒了，开始着急了，也开始彷徨了，因为我们没有前车之鉴可参照，只有不再管用的过去经验。一个企业的成功，99%归功于老板；一个企业的失败，99%归咎于老板。

互联网时代，考验的是老板。

时代会无情地淘汰那些所谓传统企业家明星，会不断地迸发新颖甚至是新奇的商业模式，草根创业英雄会崛起。

如何转？战略设计是顶层设计，领军人选择是中间桥梁。

**1. 老板**

对互联网，传统企业家是拿不准的，尤其是很多老板手机上都没有微信或者微博，他们对这些感觉不到成就感，他们与新事物中间隔着一道墙。

其实传统企业家的感觉没错，目前为止，互联网电子商务还没有诞生过100亿的实体群体，只有零星几个新公司做到了，比如雷军的小米手机。天猫和淘宝上的企业以个体户为主。如果让鲁花这样百亿级别的企业搞转型，必须告诉它百亿级别的互联网操作模式，否则小打小闹的网络营销激发不起它们的兴趣。

雷军和董明珠的10亿赌注，背后是新旧思维的碰撞。雷军的模式，是粉丝经济模式；格力的模式，是传统产业链模式。究竟谁输谁赢，已不重要了。格力积累了巨量财富，光纳税就100亿，如果想转型，那是太轻松了，毕竟格力手里握着遍布全国的售后服务系统，这个是互联网解决不了的。所以，雷军可以卖不需要服务的手机，但卖需要售后服务的空调就有点难了。

我们遇到很多企业家，他们普遍对网络营销感觉心里没底，企业家对不确定的东西是不敢投入的，风险是他们的第一考量。所以，企业家到底如何才能做到对互联网心里有底，办法只有一个，自己下水玩玩互联网，掏点钱当学费。也就是说，只有老板真正自己想通了，想转了，这盘棋才有得下。

**2. 家臣**

传统企业转型要想成功，一是必须自宫，但绝大多数情况自宫也未必成功，根本原因在于没有找到除了老板之外的自宫之人。比如，博洛尼独立发展的爱空间，就是找到了陈炜。大多数传统企业的思考方向是如何延续原有命脉以便做得更好，而不是完全另起一摊，结果只有慢慢等死，要知道转型的本质是用户满意度和口碑。

二是传统企业转型必须人才准备。

三是传统企业转型必须另起炉灶。博洛尼在进入家装领域，或者想通过互联网家装实现转型升级，考虑的并不是原有业务体系内近亲繁殖，而是另起炉灶推爱空间。

四是绝大多数转型都是假的。千万不要以为互联网思维就是互联网传播，很多企业只看到雕爷、爱空间被广泛传播，但往往忽略其背后的真功夫。所以他们转型只是在互联网上传播，没有真正意义上的行动，转型必须在成本结构、价值链上做出改变。

五是最重要的转型必须有家臣。

**3. 经理人**

中国传统企业老板平均年龄在 40 岁以上，高管年龄在 35 岁以上，这些人在传统营销领域经验丰富，但随之而来的问题是对互联网不精通。企业改革的最大障碍就在这两个人身上，底层员工都是年轻人，不存在问题。

40 岁以上在传统企业打工的高管，未来有可能面临着失业的风险，而且是大概率事件。一个企业，或者一个人，往往因为什么成功，就往往因为什么失败。让老板换掉一批高管，然后引进一批年轻人，这种风险谁能扛住？如果自己不能，企业经理人更是发抖。所以，这就是企业转型的矛盾和痛苦。

对于新崛起的互联网企业，他们没有历史包袱，他们可以轻装上阵，而传统企业不能，他们的肩上扛着全国数百家渠道经销商，怎么办？这是最痛苦的地方。所以，谁最先完成了经理人的新陈代谢和更迭升级，谁就完成了产业转型和消费升级的伟大使命和难题。

在这个意义上，老板挂帅 + 家臣执行 + 经理人辅助是比较现实且可行和可落地的组织选择。

**4. 事业合伙人**

老板挂帅 + 家臣执行 + 经理人辅助是比较现实且可行和可落地的组织选择，

但往往仅限于初期，中后期就不能一直用这种方式。

一是老板精力顾不过来，家臣也只是解决过渡阶段的信任问题，**一旦路径和模式走通，就要果断和快速地让权让利让职让责给经理人，其中最有效的方式就是建立事业合伙人机制和体系。**

有些企业的业务做得不是太好，回头看不是资金或资源没有给够，很关键的还是团队的精神。尤其是带团队的将帅相当重要，真的会有将帅无能累死三军的情况，下面的同事会很失望，觉得公司为什么很多东西很多决策实施起来这么慢？

在传统行业会有资金密集型扭转的机会，但移动互联网基本不太可能，因为这个市场不是拼钱，也不是拼买流量，更多的是拼团队。

在合伙人选择上，一定需要精干的人，因为10个都弱不如1个很强。要敢于给高薪和高职及高期权。

### 5. 外包商

传统企业的互联网转型，在经历了传播互联网化、渠道互联网化和供应链互联网化之后，必然要经历整个经营逻辑的互联网化。也只有完成了整个经营逻辑的互联网化，才可能真正做到转型成功。

伴随着商业社会的发展，尤其是互联网和各种新兴信息技术对传统商业模式的冲击，企业业务已经逐渐发展至价值链整合、持续创新发展阶段，企业IT进入互联网化阶段，IT系统逐渐外化，并直接面对终端用户。企业IT也随之走向合作、驱动业务层面。

对于电商运营和新媒体营销这两块业务，很多传统企业没有合适的人才团队去运作，所以多会选择外包，找第三方的电商代运营公司或者新媒体营销代运营公司，这一点无可厚非。但是，这并不能从根本上解决问题，甚至还会带来负面的影响。

如果长期依赖第三方代运营公司，那么最主要的负面影响就是，传统企业会越来越缺乏这方面的人才。未来，所有企业都将成为互联网企业，如果没能培育出来对互联网深度理解并且具备电商运营和新媒体营销能力的人才队伍，企业的发展是无法长远的。何况很多第三方代运营公司又不只是服务你一家客户，它们经常是一个团队服务多家客户，客服、运营人员都是流水作战，如果对你的品牌理念缺乏理解，又怎么可能给你的用户提供一致的用户体验。

所以，一定要在借助第三方公司外脑和外力的同时，大力发展自己的互联网人才队伍，借助第三方力量是权宜之计，培育内生能力，做好企业人才培养才是长久之计。

## 三、模式设计

明晰了战略，确定了干部队伍，接下来就是模式的设计和落地的关键环节。

对于企业家和企业来说，企业互联网+的模式设计可能有千千万万，但**本质上只有4种模式，那就是营销互联网化、渠道互联网化、产品互联网化、运营互联网化，这也是从企业转型或升级互联网的4种表现形式，也是企业接触和拥抱互联网从易到难的4个阶段。**

### 1. 营销互联网化

尽管关于营销那些事看上去千头万绪、纷繁复杂，各种理论也层出不穷，从4P到4C，从4R到4L，但归根结底无非就两个因素，一是营销环境，二是营销对象。

什么是营销环境？就是这个产品是在什么样的市场环境下销售。

什么是营销对象？就是这个产品是卖给谁，他们有些什么特征，他们的消费观念是什么，他们想要什么。

菲利普·科特勒把营销的演进划分为三个阶段：第一个阶段是营销1.0时代，即“以产品为中心的时代”，这个时代营销被认为是一种纯粹的销售，一种关于说服的艺术；第二个阶段是营销2.0时代，即“以消费者为中心的时代”，企业追求与顾客建立紧密联系，不但需要继续提供产品使用功能，更要为消费者提供情感价值，企业需要让消费者意识到产品的内涵，理解消费者的预期，然后吸引他们购买产品；如今我们即将见证第三个阶段——营销3.0时代，即“价值观为中心的时代”。在这个新的时代中，营销者不再把顾客仅仅视为消费个体，而是把他们看作具有独立思想、心灵和精神的完整的人类个体。“交换”与“交易”被提升成“互动”与“共鸣”，营销的价值主张从“功能与情感的差异化”被深化至“精神与价值观的相应”。从中我们就很容易理解为什么社群营销这么火爆，因为社群营销的起点与基石是相同的价值取向，其顺应了“价值观为中心的时代”。

1）营销环境的嬗变：移动化、碎片化、场景化

如今的营销环境基本上可以用三个词来总结：移动化、碎片化、场景化。大家已经不再局限于每周、每月的固定时间里，在固定的购物场所进行消费。而是转变为随心所欲的全天候、多渠道的消费，消费者可以在任何时间、任何地点，通过任何方式购买他们所喜欢的商品。无论是智能手机销量的暴增，还是人们花在智能手机上的时间越来越长，都足以证明整个营销环境的移动化。而碎片化的特征就更明显了，如今，人人都是自媒体，个个都是消息源，大家的注意力被分散在各个媒体。至此加剧了用户的三个碎片化趋势：消费地点的碎片化；消费时间的碎片化；消费需求的碎片化。

很多时候营销要触动消费者，一定要有匹配的情景，因为人是受环境影响的。而新技术的发展，让随时捕获这种情景变得容易起来，因此，营销如何“场景化”以及如何通过可以谈论的内容+场景的匹配，成为所有企业都需要面对的问题。产品要能够制造出让消费者关注的内容话题，并通过不同的媒介制造出短时间内的话题场景，才能引爆品牌。

2）消费主体的蜕变：个性化、社交化、娱乐化

环境发生改变后，消费主体又有哪些变化呢？总的来说3个关键词可以很好地概括这4亿多的80后、90后消费主体：个性化、社交化、娱乐化。

80后、90后作为一个正在不断崛起的消费群体，他们的消费观念、消费权力、消费意识、消费话语正在深刻影响着整个商业环境。普遍认为80后、90后心理特点就是追求自我张扬，有着与众不同的个性。他们重视产品消费体验中是否能给自己带来心灵、情感上的最大满足，并获得差异性、个性化、多样化的体验。于是，参与感成为小米手机大获全胜的成功秘诀。

80后、90后这一群体接受了市场经济、全球化、互联网进程的洗礼，他们的人生观、价值观和世界观以及由此衍生出的消费观呈现出与其父辈迥然不同

的特征。调查数据显示，90 后是孤独与集体孤独的一代，他们有强烈的社交需求，孤独的他们习惯沉溺于虚拟社交圈，由此可以理解为什么各种社交媒体工具的火热流行。

调查数据表明，“玩”是 80 后生活的主体，“玩”的开支可达他们日常消费的 1/3。而娱乐的价值就是教会他们“怎样玩”以及通过何种载体让他们觉得“好玩”。90 后宣称“我每天可以吃的有限，穿的有限，花的有限，但是开心必须无限”。90 后热爱娱乐，这种娱乐可以是对娱乐八卦的热爱、对生活压力的宣泄、对社会现象的吐槽、对自己生活的搞怪，天大的事儿也可以被他们解读得极具娱乐精神。

3）营销策略的改变：大数据营销、内容营销、社群营销、场景化营销

面对移动化、碎片化、场景化的营销环境和个性化、社交化、娱乐化的消费主体，对于企业来说可如何是好？又该怎样应对？

这就得回到互联网营销的本质上来思考。我们认为互联网营销的本质就是用最小的投入，有效链接目标人群，用高效的创意，实现强大的口碑以影响目标群体。

在这个层面上，只有大数据营销与内容营销才能真正做到，大数据营销解决最小投入、最精准链接，而内容营销则以完美的创意实现朋友圈疯狂转发，比如此前流行的“情怀辞职信”则属此样板案例。

那么面对碎片化、场景化的营销环境与社交化、娱乐化的消费主体，又该如何呢？内容营销解决碎片化、娱乐化的问题，场景化营销则针对碎片化和社交化的困局，以景触情，以情动人。比如斯巴鲁的健身会所广告就考虑到了与健身人群的场景匹配性“为你的坚持买单”。

最后还有一个难题，面对碎片化的营销环境和社交诉求旺盛的消费主体，可如何是好呢？兵来将挡，水来土掩，社群营销联手内容营销轻松应战。社群营销摆平社交化的消费需求，内容营销则利用各种段子攻破碎片化的场景。如前段时间一夜火遍网络的“伟大的安妮”《对不起，我只过 1% 的生活》。

总之，场景化的渠道、碎片化的时间、移动化的行为、个性化的价值观、娱乐化的诉求决定了互联网 + 企业背景下的营销向着场景化、数据化、内容化、

社群化的趋势发展。至此，互联网 + 企业的营销模式 4 大落地系统也一目了然，未来企业在营销方面的发力点就是大数据营销、高品质内容、场景化匹配、社群化传播。

**2. 渠道互联网化**

这些年我们不断看到互联网浪潮给各行各业所带来的颠覆式创新。很多人认为，O2O 的兴起对传统企业来说，意味着渠道分销模式依旧有自己的生命力，但必须结合互联网再创新。其实，无论是互联网渠道还是其他渠道，它只是一个销售运营通路，你只是借助这种方式让传统业务模式焕发生机。

无论外部环境如何变化，渠道的本质始终不变，渠道就是厂商将商品卖给终端客户的通道和桥梁。每家公司都有自己不同的渠道模式，而互联网又带来了新的多渠道模式。但无论哪种方式，只要借助于渠道，就必须依靠其销售、关系及服务的便捷。

总之，渠道的本质就是要对终端客户有所管控。反之，您会发现渠道并不是你的专属。渠道伙伴有时规模也很大，渠道有时也能把你的业务模式绑架。如今互联网公司之所以能够蓬勃发展的一个重要原因是，互联网本身就是一个渠道，在此渠道上的所有运营和管控均可实现数据和业务流程的标准化、在线化、社交化。

近年最火热的 O2O 背后所折射的是传统企业老板对自身渠道布局的新思考，即如何利用互联网方式 + 传统渠道进行全渠道营销。从 0 到 1 时，只要能帮助你壮大的渠道就是好渠道，不管是谁家的。但当你壮大后，你就会开始思考渠道客户的经营和控制权问题。但如果你的渠道始终嫁接在别的业务平台上，那么这个渠道是不会让你放心的，因为主动权永远不在你手中，这时你就需要让渠道回到可控的专属平台上。

1）O2O：渠道一体化平台化

近年来，移动互联网的浪潮让各行各业新秀涌现，潮流趋势促使各行各业均发生巨变。例如，微信、微博的兴起推动了企业级应用的勃发，社交化也开始让更多老板对手机处理生意的需求变得越来越强烈。

如今，各地政府大力推广互联网 + 。从源头来看，BAT 控制了第一波消费互联网的格局，走到今日战场已尘埃落定，创新已很难。而 2013 年至今，电子商务则开始向 B2B 垂直领域发展，并逐步向更多传统产业敞开大门，如钢材行业出现了“找钢网”、塑料行业出现了“找塑料网”等。而企业互联网的发展也开始面向传统行业互联网软件化，面向传统行业的业务场景进行全流程改造。在这样的趋势下，O2O 线上线下的生意模式和盈利模式又将做何种改变？

纵观全球，最早谈电子商务的是 IBM，当年他们所提出的就是 E-business，而不是 E-commerce。而在中国却恰好相反，最早火起来的是 C2C、B2C，再回到垂直 B2B。如今在中国，电子商务应用在有稳定渠道客户关系的供应链上下游协作中所占比例依然很低，更多的是 B2B 的商机撮合交易。传统企业并未在电子商务中获得对自身渠道互联网化改造的切实帮助，还处于手工化处理渠道销售中的协作问题。因此，相对稳定的客户关系经营成了当下的主流，企业间上下游协作的电子商务化才应是未 3～5 年传统企业亟须解决的核心问题。

O2O 的兴起也开始让传统企业老板意识到自身渠道模式的变化，线下渠道的变革力量越来越强烈。这个演变更让他们发觉，应将自己的上下游、渠道在自己的平台上搭建，而不是放在淘宝、京东、天猫等其他平台。因此，如何利用平台让你和你的终端客户产生联系，让所有渠道销售的业务协作往来都形成电子商务化，才是生意制胜的关键。

2）App：信息移动化社交化

如今，传统软件业也面临重新洗牌。当年，ERP 在中国始终不能普及的一个原因是其价格、实施与维护费用过高。在移动兴起的时代，软件服务不再只是让管理更简单，而是让生意更简单，因为老板更关注的不是内部管理问题，而是与伙伴、客户、上下游企业间协作如何实现互联网化，如何形成自身移动商圈的问题。

在购买企业互联网软件系统时，产品必须满足移动化、在线化、社交化三大特征。

（1）移动化的本质是人的实时，你和你的伙伴通过 App 联系业务，传递营销，构建与终端客户的移动商圈人脉。

（2）在线化即数据实时，今天我们所有的应用数据均是在“云”上的，好比滴滴，只要打开手机 App，你和司机的信息传递均一目了然，在线化的本质是你和伙伴生意的往来信息必须实时、透明，若没有在线化，巨大的渠道沟通成本将无法让你和其他新锐同行相匹敌。

（3）而所谓社交化，即是企业和客户之间的业务协作实时，企业间社交的本质是通过订单发生关系的，企业与企业业务往来的根本是做生意，有生意就会有订单，企业协作中一切客户开拓、销售推广、订货发货、支付物流等业务信息均以订单为血脉相互打通。

3）CRM：用户互联网化一体化

如今市面上很多的移动 CRM 软件只是一个简单的移动销售工具，其价值并未完全呈现出 CRM 最初的定义。CRM 最核心的理念是销售、市场和服务的全客户关系运营。而客户关系管理应是一个整体，若只管住了销售员，而管不住伙伴、客户，管不住客户交易全过程的业务流，则不是真正的客户关系管理。“销售”是渠道销售管理，“市场”是如何在互联网上运营，而“服务”则是面向消费者或面向企业客户的产品培训及相关的支持等。

总体而言，渠道销售模式的本质是客户关系之道：即你是否能很好的维系与伙伴之间的客户关系；是伙伴沟通协作之道：若你不与伙伴迅速沟通，信息将会闭塞，代理商的能量将不能被刺激释放；也是供应链上下游的制衡之道：无论你是厂商还是总代理，你需要懂得如何很好地控制和平衡上下游关系，但这种控制和平衡是需要工具的，比如手机 APP。

如今，很多传统实业在向新业务模式的转型过程中发现，他们不可能再走落后的营销老路子，也不可能在一个开放的多对多平台上管理自己的渠道伙伴。每个老板都有一个平台梦，拥有一个自有平台有效管控供应链，支持渠道伙伴，打赢一场营销战，已经迫在眉睫。

### 3. 产品互联网化

传统产品在互联网的影响下，给予了创业者更多的机会去打造一个全新的产品。抛开传统商家的商品思维，不是只将传统产品进行“互联网销售化”就当作是在运作一个互联网产品，这只是增加一个售卖渠道，比如洗发水，除了销售渠道互联网化，其他的产品特性都死板化，更别提用户的感知度了。而这个时候就是互联网创业者的一个机会，让产品自己说话，和用户去沟通，用互联网的渠道减少用户的购买成本、沟通成本和价格成本，打造一个互联网思维的传统产品。

杜蕾斯的经典案例到现在还是让很多人经常提起，这种传统产品参与到用户的生活中去，形成更多的乐趣。用户喜欢好玩，不喜欢官方化，其产品的对话能火就是一个典型的例子。所以去官方化是打造互联网产品以及传统产品互联网化的一个关键因素。如果你发现你的产品还是一个官方化的东西，那么说明你的产品还不够互联网化。我们甚至认为目前大部分的传统产品都是在用一种“商品思维”来卖死板板的商品。

1）产品+渠道

到今日，无论是生产型企业还是商贸型企业，带领你业务壮大的根本是产品。但有了产品后，如果渠道不够强大，你的公司同样会被淘汰，所以“产品是立命之本，渠道是立身之本”。

渠道是有能力的，我们发展渠道的根本原因是渠道有自身的销售能力、客服能力及当地的关系能力。因此，我们要将好的产品、好的信息以最快的速度传递给终端代理。而在手工时代，老板却只能依靠各个渠道销售传递信息。比如，我们曾有一个客户，管理近千家全国分销渠道伙伴，传统渠道管控方式无法支撑企业发动营销战的信息传播要求，于是在集团内部开发了一款渠道经销商订货系统，将全国渠道伙伴的商品、订单、支付、库存、营销等信息集成在一个平台上，最高决策层在总部便可与各机构的业务经理实时掌控各地渠道数据，也让渠道终端伙伴实时了解总部信息。

再比如，滴滴在某种意义上也是一个打车业务的订货协作系统。滴滴 App 有一个司机端，一个消费端，以两端整合出租车司机和消费者的打车服务交易，商品就是打车服务，订单就是打车路线，通过 App 一站式地链接司机和消费者。滴滴借此打破了很多传统出租车公司多年的渠道运营模式，借助互联网社交运营手段，创立新的多渠道营销。但如果没有微信社交，没有移动支付，没有地图系统，没有语音通讯，滴滴也不会迅速崛起。

中国互联网创业的生态链其实是相辅相成的。业务交易信息全部实时在线，实现更紧密的上下游客户关系维系，这就是移动互联网时代的产物。若将此业务比喻成“鱼骨”和“鱼刺”的关系，我们只要把“鱼骨”业务发展起来，再一点点往上加“鱼刺”的业务，比如滴滴从出租车到快车、专车、顺风车等服务，以此占据规模制高点，延展更多新产品服务，攻击细分市场原本那些玩家，这就是新技术革命和社交化运营对打车业的冲击。

反观，我们在做渠道销售时，只要把业务的“鱼骨”找到，再横向延展，借助一个平台将新产品不断放上去，这就是所谓的“新产品、新渠道、新营销”。而在过去我们却需借助很多的线下推广力量，才能打通渠道终端，做得很是辛苦。

2）产品 + 研发

互联网对传统行业的影响越来越大，从而导致很多人可以运用互联网来打造传统产品，获得了火爆的成功和关注度，小米手机就是典型的成功案例。用互联网思维打造传统产品，核心在于互联网渠道化、产品特性的人性化和用户感知化三个方面。

传统产品有一个非常大的特性就是传播渠道偏于线下渠道，基于很多产品的特性，线下的渠道才能给用户更加实际的感触和体验，减少用户的盲区购买成本，而近年来互联网的发展导致了很多传统产品的销售渠道也把重点放在互联网上。大部分产品只是单独的转移渠道，只有少量能够真正“互联网化”，小米就是一个典型的互联网化的传统产品，将互联网的销售渠道放在互联网，用一个抢购的模式来赢得成功。

而单纯的传统产品，是无法将产品特性的人性化放大的。用户对传统产品的体验是非常差的，很多产品只是基于基本的能用，而互联网时代的到来导致用户越来越讲究产品的用户体验化，即产品特性要人性化。就像一个插座，现在很少有一个体验非常好的插座能让我们觉得点赞，而我们还是不断地去使用，是因为还没有一个商家能用互联网的思维来打造这么一个产品。

3）产品 + 体验

传统产品的用户体验化不够讲究，导致有的商家在用互联网思维来打造产品时，很难让大家获得新鲜感和兴奋感。杜蕾斯在互联网渠道上已经是先于其他的安全套商家，无论是互联网的售卖模式，包括最新的微信特价购买，还是互联网式的沟通（有趣的微信、微博和用户互动），唯独缺的就是产品特性的人性化。

运用互联网思维来打造产品，通过自己独特的营销传播和有趣的产品特性人性化，将卖产品更改为卖价值，卖的不是用品，卖的是概念。但凡传统产品引进到互联网，必须具有可传播性的特质以及趣味化的设计。

### 4. 运营互联网化

传统制造业时代，企业运营约等于计划调度和生产排期，到了互联网时代，企业运营基本离不了网页营销和电商推广。移动互联网时代来了，靠某一个部门或某一个系统好像再也玩不转了，淘品牌也没招了，电商也开始不赚钱了，微商也多被诟病……

移动互联网下的运营究竟该怎么玩呢？运营与战略、营销、供应链、价值链又有着怎么样的链接呢？

什么是互联网运营，目前有这三个说法有代表性：

普通青年说：产品生孩子，运营养孩子。

文艺青年说：运营为产品赋予了灵魂。

以上说法，要么只是说运营是具体做什么事的，要么只是说运营的价值，都不全面，指导作用不大。

我们认为，完整的运营系统应该包括制造、分销和服务等活动，贯穿于制造产品和提供服务的所有活动之中。

出色的运营管理是每一个企业的最重要的核心功能，是企业重要的竞争优势，而有效的供应链是公司成功和持续发展的关键。事实上，对客户需求的快速反应能力、低成本和高质量对于保持企业的成长和盈利是最关键的。我们认为，互联网运营是为产品传递价值、打造生态和创造玩法。

（1）传递价值，将产品的核心价值通过运营的手段传递给用户。

首先，要知道产品的核心价值是什么，通俗地说就是这个产品是干啥的、有啥用、为啥不用别人的非得用你的。一个产品的核心价值只有一个，即使是满足用户多个场景的需求，背后的核心价值也只有一个。然后，根据这个核心价值，去确定运营的手段。

比如，知乎的核心价值是优质内容，从知乎整体机制可以看出都是为了能更好地产出优质内容，并推给可能感兴趣的用户。如何使优质内容为知乎带来最大化收益，就是运营需要考虑的重要问题，毕竟只在知乎内部传播，影响力有限，即使扩展到微博和微信，也不够。所以才出现了知乎日报这样的独立产品形态，并且也有书、电子杂志、EDM 等这样的多平台和形式的内容传播渠道，将知乎的优质内容更大范围的传播，不仅品牌影响力提升了，而且通过大量的展现，也激励了贡献用户。

平时我们很多小公司小职员小项目其实也是在传递价值，比如团购的运营通过满减等方式告诉你有多便宜、百度知道通过核心用户运营保证了 10 分钟内就有靠谱的回答、滴滴打车通过补贴杠杆保证能快速打到车……这些小事也是在传递产品的核心价值，关键在如何坚持。

（2）打造生态，建立并维护用户贡献内容和消费内容的生态闭环。

这点主要是针对用户产品来说的，通俗地说，就是有人发帖有人看，发帖的人发现有很多人看特别高兴，就接着发，其他人看到这么多人在这里发帖于是他们也来发……发帖只是个例子，任何 UGC 行为也都是一样的道理。商业产品和电商也有这样的生态闭环，只是没有用户产品这么明显。

比如，猫眼电影，现状是越来越多的人在猫眼上进行评分、写影评等 UGC 行为，所以这就是用户贡献内容和消费内容，是生态。我们划分了用户层级，不同层级的用户特点、需求，给产品带来的收益都不同，所以运营方式也不一样。

在金字塔尖的是明星，如电影演员、导演、编剧等，他们在猫眼出现的频度低，但用户关注度高，品牌提升价值大；第二层是专业影评人，能写出专业内容且在业内有影响力；第三层是能产出优质内容但没有专业背景的用户，他们写的内容接地气，是普通用户喜欢看的；第四层是活跃用户，他们 UGC 的能力不强，但热爱电影，对产品有忠诚度，他们会进行内容消费（包括回复、点赞等轻量级操作），是优质贡献用户最好的啦啦队；第五层是普通用户，很少有内容消费和 UGC 行为，根据二八原则，不用管他们。

（3）创造玩法，在已有产品形态的基础上用运营手段创造新鲜玩法。

从某种角度来说，产品只是一个个框或按钮，是冷冰冰的没有人情味的，运营需要做的就是赋予产品玩法，涌现源源不断更好玩的玩法，并且教用户、陪着用户、勾引用户玩，让产品不再冷冰冰。

比如，百度百科，这是个看起来很枯燥只能让用户来编写词条的产品，百科的运营却做了很多好玩的事。数字博物馆是其中一个项目，为了可以更便捷地传播权威的知识，通过和全国217家博物馆合作，将馆内的物件通过语音讲解、3D全景、虚拟体验等技术在线上展现，让用户在家逛博物馆。这样的方式增加了更多的趣味性、主题性，提高了用户的访问意愿，也加强了对产品权威品牌的认知。

百度百科还和北京动物园合作，在动物园里每个动物名称和介绍下面加上百科的二维码，扫描以后直接查看这个动物的词条页面，体验很好。你看，不只是在编词条了吧，其实万变不离其宗最后落地都是词条。

因此，在当下的移动互联下，运营不再是企业内部的小运营，而是涉及微观企业、中观行业、宏观产业的“三观”大运营，需要解决好从消费端出发的需求链的优化、从供应端出发的供应链的强化、从企业内部出发的价值链的提升、从企业外部出发的产业链的延伸，从而真正解决好人流、物流、信息流、资金流和商流的五流混流，才能真正在多变的不确定性的商业环境下游刃有余并掌控产业链话语权和定价权，从而守株待兔，坐着卖货不再难。

## 四、产品组合

不管是战略，还是领军人，或者是模式，都离不了一个最重要的载体和支点，那就是产品及其与相关的产品组合。产品及其组合，无非是在互联网和移动互联网的逻辑下的老产品、新产品及新老产品组合。

### 1. 老产品

什么是老产品？老品类？老概念？老品名？老包装？老渠道卖的产品？老团队卖的产品？老区域卖的产品？老模式卖的产品？……

不一而足，相信每个营销人都能给出不同的定义。

大部分人会认为产品上市时间久远即为老产品，而对于多长时间才叫老却没有统一的界定。是上市3~5年？上市10年？还是上市30年？也有人定义老产品是相对新产品而言，相对于即将上市或新近上市的产品，现有的所有产品都可以称之为老产品。但这个定义似乎太模糊，缺乏一个可量化的衡量标准。

何为老产品？指的是产品所处的生命周期，即产品处在成熟期或衰退期。产品生命周期（Product Life Cycle），简称PLC，是指产品投放市场上后的市场寿命。一种产品进入市场后，它的销售量和利润都会随时间的推移而改变，呈现一个由少到多由多到少的过程，就如同人的生命一样，由诞生、成长到成熟，最终走向衰亡，这就是产品的生命周期现象。

所谓产品生命周期，是指产品从进入市场开始，直到最终退出市场为止所经历的市场生命循环过程。它跟时间没有直接关联，有的产品历时十年、几十年甚至是上百年依然保持良好的产品活力，保持可持续的年均增长，展示良好的成长性。比如说阿司匹林、同仁堂的安宫牛黄丸。有的产品刚入市1~2年，但产品底价卖穿、价格体系混乱、渠道窜货不断、销售拓展乏力、业绩停滞不前，甚至是业绩快速下滑。这类产品已经老化，虽然在我们看来只是“未老先衰”，但这类产品却很快寿终正寝，比如很多的招商类产品。

产品老化原因分析如下。

（1）过分追求短期利益。有的企业产品生产批件少则20、30个，多则几百个。实现销售也就区区十几个，实现利润也就五六个，真正成为支柱产品的也就一两个。由于受限于现有的销售资源和销售模式，为追求产品的利益最大化，许多企业将自己有竞争力的产品外包给代理商，签订几年的销售外包合同。代理商的盈利模式就决定了要在最短的时间内快速攫取产品利润，无形中人为地缩短了产品的生命周期。为最短时间获取最大的利润，代理商往往将产品广覆盖、快销售。只单一要求现金快速回笼，对下级分销商的价格体系、销售手段、销售模式没有任何的监督和监控，结果好端端的产品风风光光的上市，1~2年就悄无声息地下市，代理商赚得是盆满钵满，而产品却成为企业的鸡肋，毫无竞争力可言。提醒那些在专业媒体大量刊登招商广告，将自己的好产品当作萝卜白菜式贩卖的企业：代理有风险，选择须谨慎。

（2）缺乏创新。产品入市十多年，从产品的外包装、产品的宣传品设计（DA、POP、品牌提示物）、产品学术的定位、学术推广等都乏善可陈。不管是外包装、宣传用品还是品牌提示物，两三年有的是十几年都没有一点变化，毫无新意可言。所有的一线代表都出现了审美疲劳，何况是每天要面对诸多厂家代表的经销商、零售店员。“工欲善其事，必先利其器”，不是代表能力不行，实在是我们的武器太一般。

（3）模式单一。企业是以什么的方式成功也就会以什么的方式失败，虽然这句话有点偏激，但究其原因也不无道理。企业的成功首先是产品营销模式的成功。以医药行业为例，现在的销售模式中有以杨森、诺华、以岭为代表的专业学术推广式，以哈药、海外制药为代表 OTC 广告营销模式，以修正药业、葵花药业为代表的深度分销式，以誉衡、步长为代表的招商代理式。营销模式就决定了营销人员的思维模式和销售手段，一个人很难在同一时间做好两件事情，思维的定式局限了营销方法的创新。许多企业在遭遇企业发展瓶颈时，寻求的突破方法就是引进新的营销模式，实现多元化扩张，如多事业部发展。专业的事情一定要由专业的人去做，千万不可为了节省成本让张冠李戴，否则就是最大的浪费。

（4）销售瓶颈尚未解决。营销始终是一个动态管理过程，一个时刻要解决问题的过程。在营销的每一个时期，产品都会遭遇到这样或那样的问题和瓶颈。品牌包装陈旧、形象推广老套，营销手段单一；价格体系混乱、窜货严重、商业合作度差；终端推广力度小、终端商积极性不高；人员销售技能停滞不前、经验成为最大的负累；宣传推广预算逐渐下调、品牌影响力下降；企业多元化经营、跨行业经营、现金流不足；公司迅速成长，管理人才匮乏；组织架构冗杂、部门职能交叠严重、考核松懈、管理内耗。

老产品潜力分析与产品升级途径如下。

老产品潜力分析：老产品一个重要的特质就是通过长久以来的市场开拓和营销，拥有一批忠实的消费者。留住一个老消费者投入的成本是争取一个新消费者投入成本的 1/7。要分析老产品在哪些方面独特的优势吸引了消费者，是产品功能？推广手段？对哪些人群最有效？安全？价格？口味？广告？促销？口碑？特别是与主要的竞争对手相比较，最为核心和独特的优势在哪里？通过对老产品分析之后将老产品的优势继续保留，改善产品的劣势，从而对老产品进行升级。

产品升级途径如下。

（1）升级产品外包装及规格。前提条件是原有的老包装在市场上的时间太长，更为重要的是目前价格体系混乱、各地窜货严重、经销商配合度较差、产品利润度逐年下滑。通过改变外包装或规格来替换现有的产品。上市一个全新的产品，提升价格空间，重新设置此产品的价值链各层级合理的利益分配，筛选优质的经销商或代理商，提升现有的营销人员的绩效考核方式。

（2）升级原有产品的配方。原有的产品功能单一或未能满足消费者多项需求，新产品的配方进行升级和改良。

（3）升级产品的功能。产品的功能领域随着科学技术的进步、市场自然淘汰、产品本身的升级换代满足了市场需求，如手机就是最典型的代表。

（4）升级产品的细分市场。老产品定位在某一领域相对会稳定对产品进行功能诉求，当众多的竞争品牌相继进入同一领域，市场就出现了饱和，单纯从产品的功能上升级会很难突破。可以通过产品市场进行细分：细分人群（成人型、儿童型、老年型）、细分市场（医院型、零售型、乡镇医院型）、细分口味（香橙型、柠檬型）等等。

（5）升级延展目标人群。将产品功能适应证从原有某一大项延展到某一具体功能或者将产品适应证进行相关延伸，如基于移动端的微信就是基于 QQ 的最大延伸。

**2. 新产品**

什么是新产品？新品类？新概念？新品名？新包装？新渠道卖的产品？新团队卖的产品？新区域卖的产品？新模式卖的产品？……

关键的关键是我们要清楚为什么要推广这个新产品？能推广到什么程度？如何实现新产品的使命和价值？

从专业定义上讲，新产品是指采用新技术原理、新设计构思研制、生产的全新产品，或在结构、材质、工艺等某一方面比原有产品有明显改进，从而显著提高了产品性能或扩大了使用功能的产品。从市场营销的角度看，凡是企业向市场提供的过去没有生产过的产品都叫新产品。具体地说，只要是产品整体概念中的任何一部分的变均可以定义为新产品，尤其是互联网和移动互联网下的创新产品和微创新产品更是如此。

对新产品的定义可以从企业、市场和技术三个角度进行。对企业而言，第一次生产销售的产品都叫新产品；对市场来讲则不然，只有第一次出现的产品才叫新产品；从技术方面看，在产品的原理、结构、功能和形式上发生了改变的产品叫新产品。

营销学的新产品包括了前面三者的成分，但更注重消费者的感受与认同，它是从产品整体性概念的角度来定义的。凡是产品整体性概念中任何一部分的创新、改进能给消费者带来某种新的感受、满足和利益的相对新的或绝对新的产品，都叫新产品。如360度旋转的电风扇，彩绘花瓶状的立式空调，看得见“火焰”的电壁炉，放在汽车里的净化器……

一些传统的老产品通过“大创新”或“微创新”，顿时给人耳目一新之感，引得不少外商的光顾和青睐，更是由此成为行业的领导者。

一说起创新，往往把眼光盯在“高精尖”产品上，而对电扇、空调、壁炉、净化器等这类传统产品，片面地觉得市场空间不大、科技含量不高，再去创新没有必要，更没有前途。于是，一些企业要么墨守成规，结果只能依靠价格竞争勉强生存；要么不合实际地投入开发新产品，结果得不偿失，高不成低不就。其实，创新不看产品“新旧”，传统产业照样有广阔前景。

市场营销意义上的新产品含义很广，除包含因科学技术在某一领域的重大发现所产生的新产品外，还包括在生产销售方面，只要产品在功能或形态上发生改变，与原来的产品产生差异，甚至只是产品从原有市场进入新的市场，都可视为新产品；在消费者方面，则是指能进入市场给消费者提供新的利益或新的效用而被消费者认可的产品。

按产品研究开发过程，新产品可分为全新产品、模仿型新产品、改进型新产品、形成系列型新产品、降低成本型新产品和重新定位型新产品。

（1）全新产品是指应用新原理、新技术、新材料，具有新结构、新功能的产品。该新产品在全世界首先开发，能开创全新的市场。全新产品占新产品的比例为10%左右。

（2）改进型新产品是指在原有老产品的基础上进行改进，使产品在结构、功能、品质、花色、款式及包装上具有新的特点和新的突破，改进后的新产品，其结构更加合理，功能更加齐全，品质更加优质，能更多地满足消费者不断变化的需要。改进型新产品占新产品的26%左右。

（3）模仿型新产品是企业对国内外市场上已有的产品进行模仿生产，称为本企业的新产品。模仿型新产品约占新产品的20%左右。

（4）形成系列型新产品是指在原有的产品大类中开发出新的品种、花色、规格等，从而与企业原有产品形成系列，扩大产品的目标市场。该类型新产品占新产品的26%左右。

（5）降低成本型新产品是以较低的成本提供同样性能的新产品，主要是指企业利用新科技改进生产工艺或提高生产效率，削减原产品的成本，但保持原有功能不变的新产品。这种新产品的比重为11%左右。

（6）重新定位型新产品指企业的老产品进入新的市场而被称为该市场的新产品。这类新产品约占全部新产品的7%左右。

推动工业经济转型升级，固然需要引进一批新项目、开发系列新产品，大力实施高水平、高层次的科技创新。但与此同时，我们也不能丢了传统产业的转型，在老产品的创新上动脑筋、做文章。慈溪是全国知名的家电生产基地，产品的市场空间比较大，区域竞争也很激烈，谁能胜出关键还得看创新的力度和效果，看在产品外形、功能、智能化等方面是否有新突破。

老产品也可“大创新”，而创新尤需“专注”精神。方太公司认准厨具做行业领导者，公牛专造插座成为业界龙头，三A在小小的扑克上做成“世界牌王”，恒康在传统炒货行业炒出行业翘楚，等等。这些企业都属于传统行业，生产的大多是“老产品”，不像高新技术产业这样醒目，但为什么能做成行业老大？依靠的是耐得住寂寞的坚守，更是坚持不懈地持续创新，值得其他企业思考和借鉴。

转型升级不等于“另起炉灶”，创新发展不需要“喜新厌旧”。在促进新兴产业异军突起的同时，我们也不能忘了传统产业的振兴发展，尤其是一些具有传统优势的老产品，已经在市场上有一定的影响力，通过“大创新”同样能够得到大发展，从而赢得更大的市场空间，获得更好的经济效益，这才是企业多元化创新发展的正确选择。

喜新不厌旧，创新不守旧。老产品也可“大创新”，传统行业也能“大发展”，转型升级、创新发展不好高骛远，这才是切合实际的企业发展之路。

**3. 新产品 + 新产品**

由于市场需求和竞争形势的变化，产品组合中的每个项目必然会在变化的市场环境下发生分化，一部分产品获得较快的成长，一部分产品继续取得较高的利润，另有一部分产品则趋于衰落。企业如果不重视新产品的开发和衰退产品的剔除，则必将逐渐出现不健全的、不平衡的新老产品组合。

为此，企业需要经常分析产品组合中各个产品项目或产品线的销售成长率、利润率和市场占有率，判断各产品项目或产品线销售成长上的潜力或发展趋势，以确定企业资金的运用方向，做出开发新产品和剔除衰退产品的决策，以调整其产品组合。

所以，所谓产品组合的动态平衡是指企业根据市场环境和资源条件变动的前景，适时增加应开发的新产品和淘汰应退出的衰退产品，从而随着时间的推移，企业仍能维持住最大利润的产品组合。可见，及时调整产品组合是保持产品组合动态平衡的条件。动态平衡的产品组合亦称最佳产品组合。

产品组合的动态平衡，实际上是产品组合动态优化的问题，只能通过不断开发新产品和淘汰衰退产品来实现。产品组合动态平衡的形成需要综合性地研究企业资源和市场环境可能发生的变化，各产品项目或产品线的成长率、利润率、市场占有率将会发生的变化，以及这些变化对企业总利润率所产生的影响。对一个产品项目或产品线众多的企业来说这是一个非常复杂的问题，系统分析方法和电子计算机的应用，已为解决产品组合最佳化问题提供了良好的前景。

企业的产品组合方式应遵循有利于促进销售和有利于增加企业利润这一原则，一般说来，拓宽产品系列有利于发挥企业的潜能，开辟新市场，同时能避免较大风险，“东方不亮西方亮”，加深产品系列可以促使企业经营专业化，适合更多的特殊需要，突出其特色，加强产品系列的关联性，可以增强企业的市场地位，提高竞争实力。

企业在进行产品组合时，涉及三个层次的问题需要做出抉择：一是是否增加、修改或剔除产品项目；二是是否扩展、填充和删除产品线；三是哪些产品线需要增设、加强、简化或淘汰，以此来确定最佳的产品组合。三个层次问题的抉择应该遵循既有利于促进销售、又有利于增加企业的总利润这个基本原则。

产品组合包括4个因素：产品系列的宽度、长度、产品系列的深度和产品系列的关联性。这4个因素的不同，构成了不同的产品组合。

1）宽度

宽度指企业的产品线总数。产品线也称产品大类、产品系列，是指一组密切相关的产品项目。这里的密切相关可以是使用相同的生产技术，产品有类似的功能，同类的顾客群，或同属于一个价格幅度。对于一个家电生产企业来说，可以有电视机生产线、电冰箱生产线。产品组合的宽度说明了企业的经营范围大小、跨行业经营，甚至实行多角化经营的程度。增加产品组合的宽度，可以充分发挥企业的特长，使企业的资源得到充分利用，提高经营效益。此外，多角化经营还可以降低风险。

2）长度

长度指一个企业的产品项目总数。产品项目指列入企业产品线中具有不同规格、型号、式样或价格的最基本的产品单位。通常，每一产品线中包括多个产品项目，企业各产品线的产品项目总数就是企业产品组合的长度。

3）深度

产品组合的深度是指产品线中每一产品有多少品种。如，M牙膏产品线下的产品项目有3种，a牙膏是其中一种，而a牙膏有3种规格和2种配方，a牙膏的深度是6。产品组合的长度和深度反映了企业满足各个不同细分子市场的程度。增加产品项目，增加产品的规格、型号、式样、花色，可以迎合不同细分市场消费者的不同需要和爱好，招徕、吸引更多顾客。

4）关联性

关联性指一个企业的各产品线在最终用途、生产条件、分销渠道等方面的相关联程度。较高的产品关联性能带来企业的规模效益和企业的范围效益，提高企业在某一地区、行业的声誉。

企业产品系列之间是有某种联系的，即各种产品系列之间在最终用途、生产条件、销售渠道或其他方面都存在某种联系，这种各种产品系列之间的关联程度称为关联性。一般来说有下列联系。

（1）这些产品满足同样的需求。

（2）这些产品互为补充和可一起使用。

（3）这些产品的销售是同一主顾。

（4）这些产品通过同一中间商销售。

（5）这些产品按不同的价格水平的同一组价格销售。

产品组合是某一企业或公司出售的各种产品系列的组合，包括厂家生产的所有的产品系列或商业部门经销的所有产品系列，也是指一个企业所经营的全部产品组合方式。

## 五、渠道规划

在信息化网络化快速发展的大背景下，越来越多的行业开始与互联网嫁接，诸如农特产品、水果、蔬菜、生鲜等都开始互联网化，通过网络连接世界，扩大销售市场。

那么，企业在转型互联网或移动互联网时究竟该如何完成渠道转型或升级的“惊险一跳”呢？渠道战略解决方向问题，渠道选择解决结构问题，渠道开发解决获客问题，渠道变革解决渠道升级问题。

### 1. 渠道战略：顶层设计是1，其他是0

不管是实体经济，还是虚拟经济，除了产品和服务外，都离不开的一个最关键问题就是渠道问题。渠道最大问题不是渠道的资源问题，而是渠道的战略问题。

你和阿里或京东或苏宁的高层认识，产品就能进去？进去后就能卖好吗？

你懂电商运营产品就能畅销吗？

你有一帮电商小团队，就能打造一个品牌吗？

……

这些，几年前也许可以，但现在，不可以了。因为，连阿里、苏宁、京东都面临问题。

我们认为，渠道战略 = 渠道选择 + 渠道开发 + 渠道变革，缺一不可。渠道的顶层战略设计是1，其他的渠道方面全是0。千万不可搞反了。

这也就是为什么在连锁时代牛气冲天的苏宁在互联网时代找不着北，这也就是为什么在PC时代很火的当当在移动时代就没有声音了，这也就是为什么在自媒体时代一个小小的今日头条就把一把互联网传统大佬打得喘不过气来。

……

渠道选择解决当下的山头阵地，但不是一劳永逸的，城头变换大王旗，这是互联网时代的规律。

渠道开发解决当下的获客问题，不管什么渠道，每客产出一定要高于获客成本，否则，就是自杀。

渠道变革解决未来的渠道选择问题，要站得高、看得远、摸得准、搞得定。核心不是去追渠道，而是要洞察产业规律、行业本质、企业关键。

**2. 渠道选择：主阵地？次山头？结构化？**

我们说，渠道选择解决当下的山头阵地，但不是一劳永逸的，城头变换大王旗，这是互联网时代的规律。

但规律再怎么变，它还是有本质不变之处。那是产品与用户的衔接和链接，这个本质的东西永远不会变。

作为企业，你不需要知道电商之后是什么商，微商还能活多久，你也不需要知道网红有没有未来，你只需要知道你的产品与用户的链接是否准确了？还是偏了？快了？还是慢了？多了还是少了？品牌接触点、产品接触点、服务接触点是重合的还是分离的。

……

这些问题的思考和洞察就是你的企业拥抱互联网的渠道结构问题，找到主阵地，寻好次山头，做好结构化。

### 3. 渠道开发：低成本大卖货是硬道理

渠道开发解决当下的获客问题对于渠道开发，在具体的操作层面上，需要解决好四大问题，即渠道是否外包，渠道如何试水，渠道样板如何建立，渠道样板如何复制。

1）渠道外包：让人先摸着石头过河

渠道外包就是企业以合同的方式委托专业渠道外包服务商，根据自身拓展线上业务的需求，由渠道外包服务商为其提供包含各类渠道的开发、建设、技术维护、物流、经营推广、客户联络和服务、售后服务等一系列渠道开发和管理的全流程或者部分环节外包服务。

外包可以帮助企业降低成本，获得专业服务，提高工作效率，但更重要的是，让企业在短时间内完成了渠道的嫁接和融入，由此也开启了自身团队的渠道延展问题。

套用流行语来说，外包也分为全包、半包和清包三种形式。

基于终端客户对服务商的影响力，互联网或电子商务外包产业将顺应电子商务产业链特征和趋势而呈现出立体化的发展特征，形成以两大层次、三大基础为核心的“2+3”的产业架构。

电子商务外包产业生态圈的两大层次包括：

第一层是电子商务的直接应用外包层面，以 B2B、B2C、C2C、B2B2C 四大主要电子商务业务模式为核心，同时涵盖新兴的团购、社区网络和微博电子商务等其他模式的电子商务应用催生出的直接外包服务，包括平台技术维护、供应链管理、数据处理和挖掘等等。

第二层是电子商务的间接应用外包层面，围绕电子商务平台及电子商务交易流程而兴起的软件、第三方支付、广告及代理等行业，为了加速实现同电子商务的进一步融合和发展而激发出的外包需求，包括软件开发、数据/图像处理等等。

2）渠道试水：春江水暖我也知

样板市场曾一度成为企业招商引资的“镇山宝”，连锁经营的“卒先锋”，更是企业营销变革的“探路石”“燎原火”，这就是渠道试水。

事实上，样板市场的意义可能并不在于其市场本身效果的好坏，而在于能否快速有效地得到复制和创新，并移植到其他地区。企业需要它带来连锁性的、可持续的经济效益，以便以最低风险实现企业的营销变革。

营销变革，除非企业本身有足够的资源支撑变革顺利推进，或者有足够的承受变革挫败的风险，一般的企业都会先试探性地寻求一些突破口，试行成功后再开始复制和推广。这样既考虑了企业风险成本，也考虑了承受底线。只要操作得当，在一定时期内，企业是能够顺利实现其营销变革的。

3）渠道样板：从0到1的1很关键

突破口的关键就是样板市场。样板市场的作用自然不可小觑。

（1）投石问路，规避风险。

每一次变革，对企业来说都是利益再分配，不可避免地带着“斗争”色彩，难度之大可想而知。因此，众多企业就把样板市场作为营销变革的首选方式。一方面探路，一方面规避风险。成功，就推广；失败，则权当“试水”了。

（2）集中聚焦，各个击破。

这是样板聚焦难点重点问题、进行集中发力的体现。变革，就会带来非人为、非预料的状况，这些都会在样板市场中或多或少地体现出来。企业可以有针对性地在小范围内进行处理和解决，有利于各个击破，为以后的复制和推广扫清障碍。

样板市场最根本的作用就是作为一个点带动整个企业营销变革顺利实现。以点带面，星火燎原。

（3）进退由机，攻守自如。

变革，牵涉到企业内外、上下方方面面，需要企业在做出选择时就可能考虑到各种得与失。因此，必须进行底线和退路设置，就成为样板市场的应有之义。

4）渠道复制：从 1 到 10 还是从 1 到 100？

那么，到哪里找样板市场这么一个突破口呢？作为样板市场的选择和界定，是否有一定的标准和特点可寻，以使营销变革少走弯路，少犯错误。

（1）样板市场的可控性。

企业必须对样板市场有足够的控制力和监管力。这样，企业才可能使样板市场朝着企业变革的真正目标前进，不会走偏走错。

（2）样板市场的可行性。

样板市场应能够与企业的经营、营销和技术力量支持相匹配，能够把新制度、新政策等率先试行，能够随时进行成败总结分析，还能提供进一步的解决方案。

（3）样板市场的可复制性。

首先，样板市场要具有最大范围内的典型性和代表性，包括市场、人员、顾客、结构等。只有这样，变革才有可能顺利推行；其次，企业营销变革中可能出现的典型问题和关键问题都必须能够在样板市场中出现征兆。

由此可见，选择样板市场时，一定要注意它的标准和特性。

**4. 渠道变革：不是守株待兔，而是待兔守株？**

1）目标和定位

从样板市场的目标看，最根本的无非就是复制和推广其成功经验，克服其不足，以期顺利实现企业营销变革。但在现实操作中，我们必须明白我们选择操作的样板市场的目标（包括阶段性目标）是什么。是实现营销体制的顺利嫁接，还是分销模式的成功转型。我们的定位（包括阶段性定位）是什么？是变革先驱还是改革试点，是体制探索还是模式推广。

有了明确的定位，我们才会对样板市场的操作做到有的放矢。

2）策略与方法

“战略上偏执，方法上中庸”。柳传志先生的话很深刻，正好用来诠释营销变革的策略。

我们说，变革的战略是不能轻易改变或调整的，但在具体策略和方法上则可因时而动，原则是不偏离总体目标与定位。实际上，样板市场一旦确定，关键工作就是如何根据实际灵活处理焦点和矛盾。

3）执行与管理

有人说，企业的经营与管理就像人的左右腿。光有经营，企业最多前进两三步；光有管理也一样。再好的营销变革方案，如果没有匹配的执行与管理，最终的变革非夭折即短命。

## 六、组织匹配

### 1. 自组织：我是一切的根源

“知识工作者必须要自我管理。他们必须有自主权”，管理学大师德鲁克说。

自组织团队要自我抉择如何最好地完成他们的工作，而不是由其他外部团队来决定。但是什么是自组织团队呢？自组织团队涉及哪些内容？

自组织是一种自然的过程，是在混乱无序的体系组件间的局部相互作用下建立起的整体秩序。然而，自组织是普遍现象，而非异常的体系表现。甚至在敏捷的世界中，它既不是“什么使人耳目一新的人”，也不是“什么秘方”。自组织是一个法规，它适用于许多不同的体系。

通过这些思考，我们可以从中得到什么结论呢？在一个商业环境中，对于自组织来说系统化的行为准则意味着什么呢？首先，我们应该提醒自己，我们的团队不可能一晚上就变成自组织团队。自组织也不是，某些事碰巧发生了，并处于完全相同的边界内。事实上，团队和自组织的转化过程是永不休止的。它们必须以认知—回应的方式不断地改组，以改变诉求和环境。换句话说，自组织是一个持续的过程：每当组织发生变化时，组织和团队都需要重复这整个的过程。

自组织不仅仅关乎包含特定组织环境内的整个团队，每个团队成员在面对做什么、怎么做的问题时，也必须以自组织的方式去解决。而且每一天，团队中的每一个人都要使他或她的自组织与团队中其他的人保持协调。为了保持同步，我们召开类似于“每日站立会议”“运营评审会”或“回顾会”这样的例会。

所有自组织团队的另一根支柱是以相似点和差异点的微妙平衡为基础的。说起来感觉有点矛盾，为了有效地挖出这些不同点，团队成员需要充分地分享相似点。起初团队必须要彼此间授予一定的信任。预先没有一定的信任，他们就既不能搞清楚个体的背景，也不能检验和适应当前的工作流程。而后，赞美、奖励和公平竞争的适当平衡会成为自授权的重要因素。轻慢无礼会伤害自组织，其方式与社会性懈怠类似。

众所周知，自组织团队需要良性互动以认识到他们全部的可能性。它的效率“不是简单地把所有个体效率加起来，而是他们之间的化合作用”。但是，我们已经理解自组织团队并不意味着团队自己要决定每一件事。自组织团队并非没有边界，恰恰相反，必须有一组清晰的预期和责任去控制自组织。

边界完全不是纯粹的约束，它一直都是在界定交流的时机。就其本身而言，边界对内外方向均有影响。如果人们在清晰的组织特性的指导下自由地做出他们自己的决定，那么整个体系的发展会更加地协调和有生命力，组织不需过多的控制却会更加有序。

### 2. 自领导：要兴趣观更要价值观

随着知识经济的发展，在西方国家的企业和公共机构中，普遍提倡一种“自我领导”与“超级领导”的新的领导模式。弄清了领导替代现象就容易理解什么叫“自我领导”。

所谓自我领导，顾名思义，就是自己领导自己，即下属如果有了自我控制的能力，就能够以一种负责任的方式来迎接挑战。

当员工的能力和素质充分提高后，他们会有一种崇高的使命感和责任感，会全身心地投入工作并最大限度地激发自己的创造热情，他们会正确预知自己工作的效果并加以合适的评估，他们会主动地与他人协作去争取团体的绩效，他们愿意并有能力自己领导自己。

自我领导强调员工完全可以根据自身情况确定奋斗的方向和目标，确定目标的优先顺序，确定自己前进的步骤和策略，甚至确定工作的时间和地点。

自我领导强调员工自行进行奖励和惩罚。自我领导者要在工作中善于发现激励因素，善于“享受”工作带来的“回报”。自我激励要落实在行动上，比如本周工作自认为成就很大，周末就可以到海边度假，既放松了身心又激励了自身的干劲。中国有句古语叫“不用扬鞭自奋蹄”，其实讲的就是自我激励的道理。此外，自己若做错了事要及时自我惩罚，以便接受教训，改正错误。

**3. 自管理：要自理不要管理**

在很长的时间里，我都认为真正要做一点事情，只能来自日复一日的钻研，如水滴石穿那样，心无旁骛地持续做下去，才可能成功。可是，这样的生活必然又很枯燥乏味，许多人看来甚至不可理喻。那么，那些既能把事情做成做好，生活又充满趣味的人，他们到底是怎样生活的？除去运气，他们还有怎样神秘的力量？这些问题我想了很久，也实践、反思了很长时间，后来逐渐得到的一个结论：仅仅日复一日的钻研，苦行僧似的做法，其实是不够的，更重要的因素应该是自我管理。

“自我管理”听起来是个大词，细说起来，却并不难。古话说，没有规矩，不成方圆。那意思是，无论形态如何，总是要有一定的规则和模式。任何一个组织：学校、公司、单位、社会，总需要这样或那样，硬性或柔性的规则来约束，才能维系，才不会散架；但是个人的生活，往往在这方面有所缺乏，所谓“自我管理”，可以理解为，认识、培养、建立、维护自己生活的规则和模式，然后才能让自己的生活变成某种样子。

以我们的经验来说，“自我管理”主要包括以下三个方面：

1） 自我认知

认知自己，需要培养“旁观”能力，建立看待自己的全新视角。我们都有感觉，自己有时会莫名其妙做一些事情。许多人把这类行为归结为感性，但这并不正确。许多莫名其妙的行为，其实是自己的理性未能充分发挥的结果。我自己就有很多经历：明明可以准备周全再动手的事情，却稀里糊涂就开工了，结果多费了许多的时间和精力；再比如，犯困了就认为自己休息太少，而没有认真想过提高休息质量、增加体育锻炼，其实也可以保证精力。这类事情发生在人家身上，我们可能很容易看出是不够理性，但发生在自己身上，就往往找出各种理由。可是，自己的情况到底是怎样，自己其实是最有可能认识清楚的，所以，学会旁观自己，加深对自己的认识，生活就可以少走许多弯路。

2）自我克制

认识自己到一定程度之后，我们就摸清了自己生活的特点和边界。与自己期望的生活对比，就容易看出有多少重复，哪些地方要扩展，哪些地方要收敛。一般来说，扩展的难度并不大 ——是你真正想做的事情，总会有动力去做的；收敛的难度却大得多，许多东西，我们已经“习惯成自然”了，改变习惯，不是容易的事情；更重要的是，社会上，诱惑总在不断地冒出来；生活中，惰性总在不断地干扰我们的前行。这时候，自我克制的重要性就体现出来了：诱惑也好，惰性也好，往往并不是我们真正期望的，必须把它们拒之门外。

而且，自我认识更深刻，自我克制的力量也就更强。比如说，长假的前几天，往往是工作和学习最松懈的时候，大家都“无心”，更多地在消磨时间。但是我仔细想想，自己正处在怎样的阶段，还有哪些事情要做（即便近期手头的事情做完了，也可以提早开工长期的、以后的计划），如果发现“无心”地消磨这些时间，自己其实并没有太多收获，反而需要在将来花费更多的时间来弥补，就更能克制自己——不仅仅是意志的力量，还有理智的力量。

3）自我监督

必须承认，我们都是固执的，习惯的养成，生活的改变，都不是一蹴而就的。有些问题，即便我们能认识清楚，也足够克制，仍然不能迅速解决，这时候就需要对自己进行提醒和监督了。它们可以提供持续不断的反馈，在反复的刺激下，习惯才能养成，生活才可能改变。

自我提醒、监督的有效办法是要不断地反思、总结。我们刚开始开车的时候，“自然不自然”地喜欢急加速、路口抢红灯，虽然能想明白这样并不好，也有足够的克制力，但还是有时候“无意识”地做这类事情。为了戒除这不好的习惯，我每次熄火下车都要想想自己这一路有没有急加速，有没有抢红灯，如果有的话，一定要再三提醒自己，以后不能这么干。这样过了一段时间，我确实能够“自然”地、心平气和地开车了。

### 4. 自学习：学到新才能活到新

人类漫长的发展史是一个不断学习的历史。人们通过学习获得知识，从而拥有某一方面的技能，为自身发展创造条件，进而为社会做出贡献。在学习的过程中，我们必须思考才能领悟，通过领悟指导行为，人性才会得到升华。所以，新一辈无产阶级革命家都提倡“活到新要学到新”，事实上他们中的很多人也是这样实践的。

前几天在网上看到这样几句话：今天不学习，会被市场淘汰吗？不会；明天不学习，会被市场淘汰吗？不会；后天不学习，会被市场淘汰吗？不会；如果每天都不学习呢？……

这几句话还真是有些耐人寻味。一段时间不学习，的确不会被市场淘汰，但是长时间不学习，就算不被市场淘汰，也会被自己淘汰。

十多年前，很多学校都还没有开设计算机专业。而现在，就连三四岁的小孩子都在玩电脑游戏。知识更新的速度简直可以用无与伦比来形容。在这样一个信息化的时代，不主动接受和学习新的东西，还真是难以适应社会发展的需要。

网络时代是一个全新的学习时代，很多不明白的问题，以前需要老师答疑解惑，现在从网上基本可以找到答案。人们通过自学就可以改进工作，提升个人能力。所以“活到新学到新”已不如“学到新才能活到新”更适应当前竞争形势的需要。但也因为知识的获取相对比较容易，每个人的知识积累都在不断地增加。想要超越平凡的人生，能够与众不同，就注定需要不断地奋斗，时时兢兢业业，不断向前迈进。

在这样一个竞争压力越来越大的环境下生活工作，不断充电学习各种知识已成为每一个人自觉的、永恒的课题。终身学习也将成为更多人的好习惯。只有这样才能跟上时代的步伐，才不会被社会所淘汰。

记得有一个故事，讲的是从前有两个人在森林里游玩，玩着玩着，突然发现一只老虎跑来。他们慌了，不知所措。一个人大声叫起来：“快跑”！另一个人却蹲下身子系鞋带，前面那个人说：“反正我们跑不过老虎，你系鞋带有什么用?”“我不需要跑得过老虎，我只要跑得过你就行!”

这个故事已经说得非常明白：竞争不再局限于实力之间的竞争了，更是学习力或终身学习力的竞争。现在的文盲，已经不是不识字的人，而是停止学习的人。达尔文的生物进化论“物竞天择，适者生存”已在这个时代被演绎得淋漓尽致。

很多功成名就的富豪，即使花甲之年仍在不断地参加各种培训，保持终身的学习力。在他们看来，只有学到新才能活到新，充电就是充值，求知就是求财呀！

然而大千世界，行行业业林林总总，要学的东西又何止万千？人生也不过短短几十年，如果每一样都去学，就算终其一生也学不了多少。所以，我们必须结合自己的工作实际，选择与工作有关，能提升工作能力水平，增长才干的知识进行学习。制定计划循序渐进，甘于寂寞，埋头学习，刻苦钻研，扎扎实实走好每一步。学习没有捷径可走，只有默默坚持多年，才有可能在某一方面有所作为，有所建树。而能否持之以恒，则要看你是否有坚强的意志力和约束力。

千里之行，始于足下。当你翻过一座座知识的高山，就会领略到美丽的风景，你的人生才会别样美丽。

## 七、文化重塑

有组织有纪律？还是有组织无纪律？这可是大问题。不管是对于实体经济还是虚拟经济均是如此。而要打造一支强大的互联网铁军，光有组织架构、组织建设不行，还一定得有文化建设，准确地讲，就是得有一整套与互联网相匹配的文化重塑机制、体制和氛围。

**1．网文化：连接、联接、链接三三接力**

对于互联网来说，核心在于要建立起一套从连接到联接再到链接的三三接力的网文化。

（1）连接，这个词在几何里经常用，主要用线，这样的连接比较简单，一条路，一座桥，很远都可以连接。这正是互联网的基础接力，再远再牛再大，只要我愿意，都可以和你连上。由此，我们开始发生关系和关连。

（2）联接，比较紧密，两边整个都粘在一起了，距离很近；更重要的是，频率也不一样，可以经常联系、关联，接力程度更紧密更粘联。

（3）链接，多见于网页，有索引的含义，顺藤摸瓜，有根链子领着你去那个地方。更重要的是，背后是有价值链、利益链的机制牵引和链接，断不开、离不了、绑着走。互联网到了这个份上，文化就强大得不得了。

对照连接、联接、链接这“三接”，大家可以思考一下，也就容易明白为什么很多传统企业就是做不好互联网业务了吧？也就容易明白为什么阿里、腾讯比百度可能更牛的深层次的原因了吧。

### 2. 自文化：要自动不要推动

传统企业管理强调并要求大家无私，其实这是非常错误的。人是自私的，怎么可能无私？偶尔为之，也许可行，但绝对不可能长而为之。

怎么办？

就是要让这件事与大家每个人有关，就要发挥并激发大家的“私”。自私到极致就是无私，最大的自私就是最大的无私。从某种意义上讲，网文化是互联网企业的“面”文化，而自文化则是互联网企业的“里”文化。

如何让大家最大程度的自私呢？关键要发挥大家的兴趣、爱好、价值和利益的四合一，做到“要自动不要推动”，包括自动、自发、自觉三个层面和维度。

### 3. 匠文化：要手艺不要工艺

所谓“匠人”，是指继承了自古以来的智慧和技术，拥有不同寻常的精神和美感，将传统发扬 、将灵魂注入产品制造 、将技能发挥到极致的手艺人。

所谓“匠心”，就是精益求精 、一丝不苟，追求完美的精神。工匠精神在各行各业生根开花，匠人层出不穷，乃至影响整个社会，形成潮流 、规范 、职业道德，敬业和认真营造出一种社会风尚，这便是“匠文化”。

富有匠心的匠人给产品带来生命力，做工精致，每个细节、每个角落都是精心制作的结晶，集智慧 、精神 、技术为一体，用户消费的是物件，享受的就是高品质的匠品。这就是互联网精神在实体经济的核心体现，要手艺不要工艺。

日本、德国的产品备受世人的青睐，这离不开匠文化的熏陶，匠人的数不胜数，匠心的永不泯灭，正所谓世界上怕只怕认真二字。

公寓大楼的清洁工会每天卖力地擦大门的玻璃，玻璃始终干净得像一面镜子，如果你每次去同样的商店，碰到同样的营业员，会迎来同样的笑容，乘坐深夜最后一班地铁，每天都能看见工作人员那深深的鞠躬并道一声晚安。平凡而细微的服务，反复不断，坚持不懈，有一种精神叫锲而不舍，有一种品德叫敬业。

正如村上春树所说，“但凡值得一做的事情，自有值得去做甚至做过头的价值。”

**4. 销文化：卖货才是硬道理**

人人为我，我为人人。

这个来自20世纪80年代的宣传语似乎在今天复活了。越来越多的互联网互助平台正在用这8个字表达初心，甚至以此概括自身的运营模式，如轻松筹、众托帮、水滴互助、E互助、人人互助……

人人为我，我为人人最早出现在法国19世纪作家大仲马1844年出版的小说《三个火枪手》中（Les Trois Mousquetaires）英文原文是：One for all，all for one。

这就是全员享文化和全员销文化的极致体现。享在前，销在后；享为因，销为果。

**一切不能卖货的行为都是耍流氓，一切不能卖货的情怀都是骗子，一切不能卖货的分享都是忽悠。**

**只有全员分享，才能全员营销；**

**只有先卖服务，才能后卖产品；**

**只有我为人人，才能人人为我。**

**因此，享为根，销为本，我为人人，人人为我，如此才能实现人人的自我和大我，最终实现产品、价值和情怀的三丰收。**

我们都梦想着，能否有这样一个社会，每个人都真心诚意地为别人服务，每个人毫无顾忌地接受别人的服务。世界如此之大，人类相对宇宙而言如此渺小，时间短暂，人的心胸和财富，有没有可能可以相互分享和互相成就呢?”

# 第三章 企业互联网转型案例

## 一、拉夏贝尔：超越电子商务

线上线下一盘货，公司运营一盘棋，这才是全渠道零售的真谛。

——拉夏贝尔

为了避免电商与经营多年的线下经销体系产生冲突，品牌商往往选择开发线上专供品，组建独立的电商团队，构建线上线下两个并行的业务体系。但这种模式只能是权宜之计，毕竟，两盘货、两个面孔、两套班子的格局只会让消费者体验不一致、企业资源浪费以及运营效率下降。

如今，普遍的共识是线上线下谁也取代不了谁。于是乎，线上线下融合、联动，或者说 O2O，成了解决问题的出路。既然分开不好，那就干脆合起来。在服装行业，2013 年开始，不少品牌商纷纷布局 O2O：线上下单，线下门店提货或配送；线下门店体验试穿，然后直接扫码或进入线上旗舰店下单配送。

港交所上市公司上海拉夏贝尔服饰股份有限公司（代码：06116）就是其中之一。不过，跟绝大多数传统品牌商不同的是，拉夏贝尔此前没有开辟过任何线上渠道，而是一步到位直接切入 O2O。

拉夏贝尔创立于 2001 年 3 月，是国内一家多品牌快时尚服饰集团，主营大众女性休闲服装。目前，公司拥有 La Chapelle 等 9 个品牌（5 个女装，3 个男装，1 个快时尚 SPA 品牌），产品售价平均在 200 ~ 400 元，属于大众普遍能够接受的价位水平。2014 年公司销售收入 78 亿元，经营利润 7.3 亿元，较 2013

年分别增长 25.5% 和 24.4%。根据欧睿国际（Euromonitor）的研究，2013 年，在中国大众女性休闲服装市场中，拉夏贝尔的份额占比排在第三位，前两家均为国外成衣品牌。可见，拉夏贝尔在传统服装市场中拥有相当的品牌影响力。

2014 年 8 月，拉夏贝尔开通了天猫旗舰店，从严格意义上说这次它才算认认真真、正正经经地“触电”，而且一举实现了线上下单、门店发货，实现了 B2C 和 O2O 一步到位。3 个月后，拉夏贝尔迎来了一次“大考”，首度参加天猫“双十一”大促活动，一天成交 2，600 多万元。虽然销售额不高，也因备货不足远未达到 1 亿元的成交预期，但所有订单中，由门店发货的比例超过了 70%，而且绝大部分货品在 36 小时内发送完毕。参与“双十一”抢购的顾客惊呆了，赞叹拉夏贝尔神物流——“物流超快，怀疑是坐宇宙飞船过来的”“快递相当给力，速度那叫一个快啊”。

一个月后的“双十二”活动中，由门店发货的比例更是高达 85%，24 小时就完成了 90% 的订单配送，48 小时完成了全部配送。2014 年 8 月至今，拉夏贝尔来自天猫、当当、京东、微信公众号等线上渠道的订单额超过了 1 亿元，2014 年全年轻松达到了五亿元。

如果我们就此认为拉夏贝尔要做的就是 O2O，就是线上下单、门店发货，那未免小看它了。拉夏贝尔的“野心”远不止于此，其终极目标是要给消费者提供全方位的无缝满意购物体验，同时盘活货品、人员等资源，实现运营升级。所以，在拉夏贝尔执行董事、高级常务副总裁胡刚看来，拉夏贝尔要实现的并不是 O2O，而是更为彻底的“全渠道零售”。

全渠道零售并不是什么新概念，从 2012 年开始就频繁出现在媒体和研讨会上。它强调的是全场景购物，即让顾客在任何时候、任何地点、任何方式下都能实现消费，并且获得一致的体验。拉夏贝尔要达到全渠道的级别，就需要满足顾客更多的购物场景：线上线下任意一点都能买到拉夏贝尔所有商品，任意渠道购买的商品可以在任意门店退换货，等等。

**1. 全渠道：顾客满意**

2014 年 8 月，拉夏贝尔天猫旗舰店正式上线。此后，拉夏贝尔又在微信公众号上开通了购物专区，并入驻了当当、唯品会、京东等电商平台，对主流网络购物入口进行了布局。在线下渠道这一端，公司选择营业面积较大、集合多个子品牌的大型顾客体验专卖店作为全渠道的切入口。这种专卖店里平均有4~5个子品牌的专柜，每个子品牌都有自己的店面库存，所以更适合成为全渠道发货门店。到2015年一季度为止，共有约400多家专卖店加入了全渠道项目，覆盖26个省和118个城市，基本上能够满足现阶段的线上订单发货需求。但胡刚的目标是，逐步将所有有条件的自收银专卖门店都纳入进来，只有这样才能真正让顾客满意，让他们获得极致的购物体验，同时实现公司的运营升级——胡刚认为这才是“全渠道的本质”。

（1）门店发货。线上下单、门店发货是拉夏贝尔全渠道战略的第一步。作为快时尚品牌，拉夏贝尔在货品管理上强调快速周转、快速上新、快速消化。拉夏贝尔每周三上新，每次30~50款，每款4~6件，直接发到门店。同款货品在所有门店都是统一定价，不分区域，这正是作为“中央嫡系部队”的直营店的好处。区域性大仓原则上不留存新品，所有门店的过季货品会在季末回收到大仓。

拉夏贝尔在线上线下实行同步上新、同款同价。但你在线上平台看到的，不仅仅是跟线下门店完全同步的当季新品，还有大仓里的过季品，只是新品订单由线下门店负责发货，过季品订单则由大仓来发货。换句话说，在拉夏贝尔的线上渠道，你可以购买到拉夏贝尔的所有货品，不管是当季的还是过季的。

你在线上平台下单后，订单管理系统（OMS）会将你的订单信息下载，然后与线下库存信息进行匹配。如果你购买的是过季品，系统会将订单直接分配给相应的大仓，由大仓安排物流配送。如果购买的是新品，系统会先读取所有全渠道门店的库存信息，确定哪些门店有你所订的货品，然后根据你填写的配送地址，按就近原则确定离你最近的门店，再将订单信息发送给该门店。一般情况下，选定的门店跟你会是同一个城市的，至少是同一个省份的。就算你在天猫旗舰店上看到的发货地是江苏苏州，在快递单上你可能发现实际发货地却是你所在的城市。相比跨省物流，同城快递费用要低得多，而且配送时间更短，当日或次日就能送到你的手中，这也正是许多顾客称拉夏贝尔“神物流”的原因所在，也是门店发货的优势所在。

当然，也有极端情况出现。比如，有一次，一位东北顾客的订单就不是从东北某个城市发的，而是从海南发过去的，因为只有海南的门店有存货。“虽然距离远了点，配送速度也不快，但总比顾客的需求不能满足要好。”胡刚解释道。

系统把订单分配给门店后，店员一早到店时会把前一个晚上分配过来的订单的配送地址打印出来，然后把货品打包，贴好快递单。等所有订单都准备好后，店员会给快递公司打电话，让他们过来取货。一般每天打两次取货电话，早上一次，下午一次，后者视白天订单情况而定。物流由拉夏贝尔统一跟快递公司签订协议，物流成本也由公司统一承担，门店只需打个电话就行了。

（2）全网随购。虽然顾客在线上平台能够买到拉夏贝尔的所有货品，并且能够享受到神速物流，但这还远远称不上真正的全渠道，因为全渠道的最直接证明是顾客能够在任何一个渠道购买到品牌商的所有货品。为了实现这一点，拉夏贝尔在2015年5月底上线一套新零售系统，覆盖所有门店。这套系统最大的价值在于，任何一个门店通过店内终端设备可以查询到公司所有商品的库存情况，无论这个商品在其他门店，还是在大仓。

在线下购物中，一个常见的令人沮丧的场景是，你在门店看中了一款衣服，店里却没有你中意的颜色或者尺码。胡刚说：“这是顾客一个很大的痛点，他们往往会失望地离开，去别的店逛。对我们来说，顾客很可能就这样流失了。”

还有一个场景是，你之前买过一款衣服，穿着非常舒服，质量也不错，你想再囤一件，或者，朋友的一款衣服你也想有一件，但问题是这款衣服是过季新款，门店不可能有货了。在这种情况下，你往往只能作罢。

胡刚可不希望失去任何一个让顾客购买的机会，因为“卖货才是硬道理”。现在有了这套系统，你再遇到上述情况，都能得到满意的处理。店员只需要输入货品型号，就能在系统中查到哪个门店或大仓有货，然后直接下单，让那个门店或大仓配送到你家。“这种感觉对顾客来说肯定是很爽的。”胡刚显然非常满意。

这样一来，无论是线上还是线下，无论是电商平台还是移动端，无论是当季新品还是过季货品，顾客随时随地都能购买到拉夏贝尔的货品，并且很快就能穿上身。

（3）全网通退。线上购物也好，线下购物也好，都会碰到退换货问题。而且，从大多数人的实际体验来看，退换货往往是一件糟心事：要么流程繁琐，需要在线与客服沟通，说明原因，然后自己叫快递来取货，还得垫付快递费；要么一个门店购买的货品到另一个门店不让退；要么只让换不让退。拉夏贝尔希望实现顾客可以在任意一个渠道退换货。

你如果要退换货，可以在线跟客服沟通进行退换。不过，从目前来看，线上平台的退换货流程仍然繁琐。所以，考虑到退换货的方便性、良好体验，以及再消费机会，拉夏贝尔更希望你到门店退换货。在升级新零售系统之前，谁发货，谁就负责退换货。你可以根据快递单上所留的发货门店地址，直接到该门店进行退换货，按照就近原则，给你发货的往往是离你最近的门店。从这一点来说，到发货门店退换货，你应该不会因路程而感到不满意。

新零售系统上线后，就可以做到全城全网通退。不管是在线上买的，还是在线下门店买的，你都可以去当地任何一家门店退换；就算你住在上海，去北京出差时买了一件衣服，回来后发现有质量问题，你照样可以在上海任意门店退换。

**2. 全渠道：运营升级**

许多品牌商都希望打破双线运营困局，化解线上线下冲突，并给顾客提供满意的购物体验。然而，对他们来说，这是一个艰难的命题。由于无法协调与线下渠道的利益冲突，品牌商们无法在商品、流量、营销、会员、支付方面彻底打通。而无论是O2O还是全渠道，要实现线上线下融合和联动，这些打通是必须做到的。拉夏贝尔的全直营模式恰好给自己创造了一个得天独厚的条件，在不到一年的时间里，拉夏贝尔基本完成了五个方面的打通。打通后的结果，不仅仅是顾客可以进行全渠道购物，获得极致的购物体验，对拉夏贝尔自身而言，更是一场运营革命，货品、人员等内部资源得到极大利用，整个企业变成了线上线下有机协同的一盘棋。

拉夏贝尔全渠道模式见图3.3.1所示。

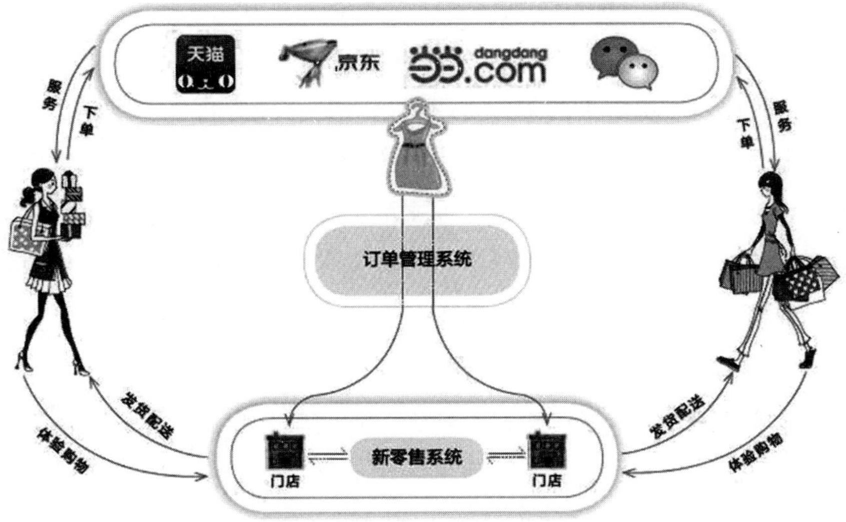


图 3.3.1　拉夏贝尔全渠道模式

## 3. 5 个打通

1）商品打通

要想让顾客在任何一个渠道都能买到任何商品，就必须使公司所有商品成为一盘货。从公司层面来看，由于拉夏贝尔的所有门店和大仓都与总部的 ERP 系统相连，公司能够实时掌握所有商品的库存情况，因此所有商品已经是一盘货了。想让顾客在线上平台浏览到所有现货商品，只需将 ERP 系统与订单管理系统相连，再将订单管理系统与电商平台系统相连就可以了。

但是，从门店与门店、门店与大仓横向来看，商品库存信息却互不相通。“门店不能卖大仓的过季品，也不能卖其他门店的商品。每个门店就像一个孤岛。顾客进了一个店，就只能买这个店的商品；而对门店来说，也只能卖给进店的顾客。”胡刚解释说。

2015 年 5 月新零售系统上线后，门店、大仓之间的库存信息也互通了。这样一来，顾客在一个门店就可以买到其他所有门店的商品，门店也不再只限于服务进店的顾客，而是可以通过其他门店和线上平台服务全国的顾客。“这个逻辑是非常强大的。单从解决缺色断码问题来看，我们评估过，保守看一年至少新增3个亿的销售额。”胡刚谈到这个颇为兴奋。

门店库存信息互通，也让任意门店退换货成为可能。通常，门店不让退货，尤其不让退其他门店卖出去的货，是因为这件货会成为自己的库存，自己得费劲把它卖出去，还没有业绩（退款与再销售收入相抵）。成为一盘货后，你卖出去的商品可能会在其他门店退换，原来的销售业绩还是你的；而你收到的退货可能也不用你卖出去，顾客在线上平台或其他门店可能就买了这件退货，你只需发个货就行。这让门店在心态上趋于平衡，不会再去计较利益。

2）营销打通

线上线下一体化后，要让顾客得到无差别的服务和购物体验，也需要在营销方面做到上下一致。拉夏贝尔有线下营销活动，线上旗舰店会同步跟进；线上举办“双十一”“双十二”“6·18”这样的大促活动，线下门店也会跟着走。“线上天猫‘双十一’打五折，为什么线下门店同一天不可以呢？门店新品也可以打五折。其实，我们不用想得太多，就当这一天回馈消费者。消费者满意了，认可了你的服务和体验，这才是最关键的。”胡刚说。2014年“双十二”大促中，拉夏贝尔线上线下全渠道协同，一天就卖了1.1亿元，一举冲到线下品牌天猫旗舰店销售第三名；2015年“双十一”，拉夏贝尔线上销量达到2.038亿元，线下销售亦达到1.38亿元，总销售额超过3.4亿元。当天，拉夏贝尔以3 456 433的交易指数高居天猫旗舰店女装类排名第三。

3）流量打通

从某种意义上说，全渠道就是流量的互通有无。顾客线上下单，然后由门店和大仓发货，是给线下渠道引流；顾客线上购物后，到门店退换货，是给线下门店引流；在线下门店的试衣间和收银台，贴有线上旗舰店的二维码信息，方便顾客扫描登录，是给线上引流；顾客在A门店直接下单购买B门店的商品，是门店给门店引流；顾客在门店购买大仓的过季品，是给大仓引流。相互引流，使原本分散的流量不再浪费，不但流量转化率大大提升，也极大地降低了营销成本。

4）支付打通

顾客在线下门店购物时，可以用支付宝等电子方式扫码支付，没带钱没带卡也可以消费。这无疑非常便利，可以让顾客更满意，提升他们的购物体验。事实上，电子方式支付还可以给商家带来意想不到的好处。支付宝方面提供的数据显示，与不使用支付宝的顾客相比，使用支付宝的顾客客单价平均要高出60块钱。胡刚猜想，原因可能是使用支付宝的人消费能力更强，或者是支付宝降低了使用者对金钱的感知度。

5）会员打通

在新零售系统上线之前，拉夏贝尔的线下会员需要在门店注册加入，而在线上，消费者只要购买商品，就自动成为会员。不过，线上线下的会员是分开的，没有一体化。也就是说，线下会员有什么会员优惠，无法在线上使用；线上会员的特权同样无法在线下门店享受。

开通新零售系统后，线上线下会员从功能上被彻底打通，会员不再分线上和线下，都是统一的拉夏贝尔会员。而且，会员将拥有虚拟会员卡，会员可以享有的所有优惠和权利都记录在会员卡中。这样一来，会员在线上平台领取的优惠券可以在线下使用；会员在线下享有的折扣，同样可以在线上使用。

拉夏贝尔全渠道的本质见图3.3.2所示。

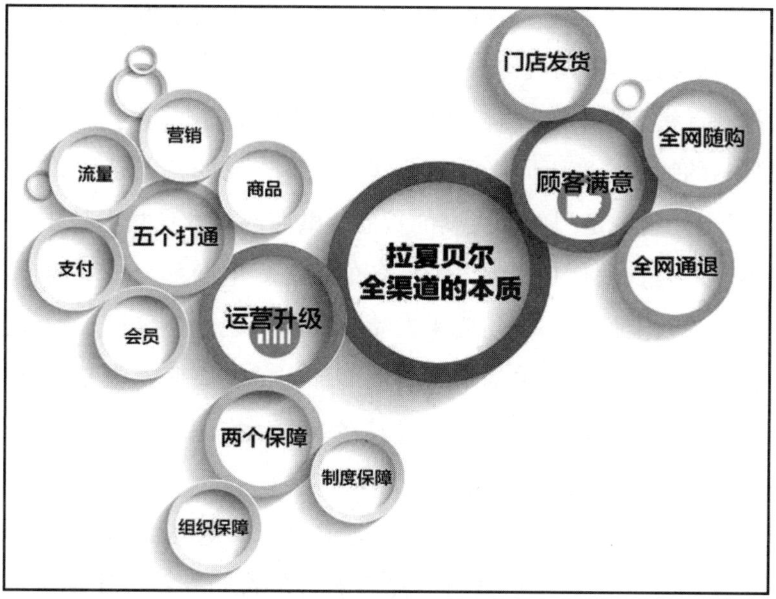


**图3.3.2　拉夏贝尔全渠道本质**

**4. 两个保障**

五个打通更多的是操作层面上的事情，为全渠道零售的落地奠定了基础。而为了让全渠道模式在整个组织内部执行顺畅，拉夏贝尔还提供了两个方面的保障。

1）组织保障

全渠道零售是线上跟线下、线下跟线下协同的过程。但是，出于利益考虑，线上跟线下、线下跟线下之间容易出现分歧。比如，线上组织大促活动时，电商平台往往要求事先锁定一大批货品，以免顾客下单却无货可发，影响平台的信誉，对线下门店来说，就等于有货却不能卖，不满情绪激化；另一方面，门店也不愿将自己的库存，尤其是畅销品，开放给别家门店以及线上旗舰店。为了避免“干仗”“闹情绪”，拉夏贝尔成立了一个全渠道项目小组，胡刚任组长，两名高管副组长分别来自线下销售部门和线上电商部门。“其实，在很多事情上，流程的背后是组织，组织的背后是制度，制度的背后是利益，所以必须有一个机构来协调利益。资源共享、战略协同，大家都是认可的，那就没什么事是不可商量的。一旦商定，我们会以红头文件的形式下发，线上线下共同执行。”胡刚很认可这个协调机构。

虽然是一盘棋的全渠道战略，但线上这一块也得有专门的电商部门去负责。只是拉夏贝尔的线上电商不同于一般公司的电商，它的特点是“不备货、不发货”。线上平台销售的是门店和大仓的货品，电商部门本身并不需要进行商品规划和研发生产，也就没有专门为电商准备的货品。电商部门也不用自己组织物流去配送，因为线上订单都由门店来发货。换句话说，拉夏贝尔的线上店铺就是一个品牌展示、引流、接单的平台。电商部门的主要职能就是店铺维护，包括商品拍图、上图、售罄品下架等，以及在线营销推广，包括参加平台促销活动、锁定活动库存、策划每周主题等。

2015 年 3 月之前，拉夏贝尔的线上运营由内部电商部门负责。而在此之后，电商业务都交给了以“七格格”品牌著称的杭州黯涉电子商务有限公司，并且因其强大的在线营销推广能力和经验丰富的专业团队，对该公司进行了战略投资。这次投资合作也符合拉夏贝尔以全渠道策略巩固其在中国大众女性休闲服装市场领导地位的战略。

2）制度保障

正如前文所述，线上之所以会出现分歧和冲突，根本点在于利益。线下门店自己可以卖出去的货品，为什么要交给线上或其他门店去卖？对我有什么好处？所以，一开始，线下门店对全渠道战略的积极性并不高，公司也不可能完全靠“铁腕”手段让自己的“子弟兵”就范。“既然大家是怕业绩吃亏，那就这样：只要你发货，就算你卖的，这个销售业绩既算线上团队的，也归你线下门店的。如果顾客在你店里买了其他门店或大仓的货品，业绩一半归你，因为其他门店或大仓要负责发货。反过来也一样。”胡刚解释说，“利益上照顾好了，大家自然就少了很多抱怨。虽然业绩线下线上都算，奖金计算及发放会略有增加，但从全渠道带来的企业业绩增加来看，这点成本就算不上什么了。”

## 二、德必：“三化六度多品牌”打造文创、科创连锁平台第一品牌

德必集团是国内首家文创、科创连锁平台服务商。在战略上，德必通过精准定位，确立了“三化”战略，即：服务化、社群化、国际化的文创、科创产业服务商的品牌定位；在品牌上，以易园、WE″、运动 LOFT 等多品牌产业链打造全类型企业覆盖的连锁办公平台，服务初创、高端、大型等 22000 多家全阶层企业；在运营上，德必以战略的眼光看待企业的发展，打破传统园区的“纯租金“模式，立足文创、科创产业，不断加强德必的技术和经验输出，构建自己的品牌扩张战略；在传播上，德必以“六度”传播为准则，通过高端财媒、官媒的深度大稿和热门自媒体的专业大稿，有计划、有节奏、有目的的传播，奠定了德必在文创、科创产业连锁平台第一品牌地位。

随着我国产业结构的调整，第三产业逐渐成为我国经济的主导产业。根据 2014 年国家统计局发布的经济数据显示，2014 年我国 GDP 总量为 636，463 亿元，其中第三产业占 48.2%，近乎占到 GDP 的一半，同比增加了 8.1%，继 2013 年之后，第三产业增加值再次超过第二产业，成为经济的主导。

随着第三产业的发展，我国文化产业发展也呈现成倍增长的态势，这势必增加了对办公场所的需求，但目前我国专业针对文化产业企业提供服务的办公园区还非常有限。再者我国文化创意园区虽然起步较早，发展速度较快，形式多样，但目前还没有一家真正形成品牌势能的企业。现有文化创意园区数量无法满足文化产业发展需求，且品牌势能整体偏弱。

在这样一个时机下德必开始重视品牌的发展和提升，开辟高、中、低档不同的全企业类型的文创科创产业园。在脱离“纯租金”的模式下，利用七大增值服务打造一个没有围墙的文创、科创产业平台，形成服务化、社群化、国际化的全企业生命周期的文创、科创新玩法。

在进击文创、科创第一品牌时，德必采取战略、品牌、运营、传播四驾马车齐驱的整体战术，以一个零解释、全方位的品牌顶层设计、一套因时制宜、易复制的标准化模式和一套直击目标客户内心的传播方案，高纬度，紧体格、深渗透的战略战术，奠定了德必在文创、科创连锁平台的第一品牌地位。

**1. 目标市场选择**

1）市场细分的基本原则和关键要素

德必是文创、科创连锁平台第一品牌，它很好地践行了园区经营及产业链经营的原则，把园区里面的整个园区企业从依附力弱的零散企业，变成了整个园区的闭环产业链，让园区成为了一个文创、科创生产和消费的闭环。

德必抓住目前第三产业不算蓬勃发展，“大众创业、万众创新”时代的来临，用易园、WE″、运动 LOFT 三种不同的园区产品，为全企业周期提供合适每个创业阶段的企业。并通过其独有的“七大增值服务”为初创企业和成长企业提供资金、政府、人才、管理等服务，让企业在成长的过程中有人保驾护航。

这种全企业生命周期，全方位服务输出的模式正是德必成为文创、科创连锁平台第一品牌的保障。

2）目标市场的规模分析和成长前景预测

我国自上海、北京两地最早发展起文化创意产业园区以来，各地纷纷利用当地优势资源建设文化创意产业园区推动文化创意产业的发展。

全球文化创意产业园到 2012—2013 年集聚区数量暴增至 2161 个，其中主要增长点位于中国，在政府政策资金的大力引导下，我国文化创意园区由2011年365个激增到2013年的1107个。我国文化创意产业园区带房地产开发性质的全国平均约有25.2%，其中泛环渤海地区38.9%，泛长三角地区42.3%，泛珠三角地区15.9%。

“十一五”规划已经把文化产业作为调整经济结构的重要举措，从中央到地方出台了一系列鼓励文化产业发展的政策措施。文化部明确提出在五年内文化产业要实现年均15%的增长。北京、上海、浙江、广东、云南、重庆、四川、河南、山西等诸多省、市提出建设文化大省、文化强省的目标，在规划中都提出文化产业要高于其他行业的增长速度。《“十二五”时期文化产业倍增计划》将创意设计业作为文化系统“十二五”期间要发展的十一个重点行业门类之一，并明确了搞活创意设计市场、培育壮大创意设计类龙头企业、建设创意设计产业孵化器等主要举措。

随着李总理“大众创业、万众创新”的号召，全国上下顿时掀起“大众创业”“草根创业”的新浪潮。我国的文创、科创产业已迎来新的高潮。

3）竞争格局分析和竞争对手分析

准确来说，德必是文创、科创连锁平台第一品牌，没有实质性的竞争者，虽然我国文化创意园区起步较早，发展速度较快，形式多样，但目前还没有一家真正形成品牌势能的企业。

上海较早的8号桥创意园区、红坊、田子坊、北京的798创意园区、杭州的LOFT49创意园区等虽然具有一定的知名度和品牌力，但都属于单一园区，仅限单一点的影响力和认知度，并未形成规模化的、成体系的品牌势能。但从整个文创、科创产业链中来看，在某些链条上还是有如圣博华康、锦和商业、北京尚8等。

圣博华康定位是创意产业的资源整合商和服务提供商，采取的是“文化传播+创意设计”垂直服务的园区经营模式，主要经营的是文化创意园区规划和顾问、投资和运营。目前已经成功运营了7个园区，但是每个园区都有自己的品牌，各自为战。

锦和商业定位于商用物业全价值链条集成服务商，采取的是“承租运营”

的经营模式和“受托运营”的经营模式。主要业务是商用物业 + 创意产业园区的定位、改建和运营管理。目前已经成功运营的 17 个园区，园区采用统一品牌“越界’。

尚 8 定位于都市核心连锁经营汇集文化精英群体的创意者之家。目前采取的是众筹众包模式。主要的经营业务有园区的运营与管理、文创园区公共服务系统的建立、孵化投资园区企业等。目前已经有 10 个园区了，产品品牌为“尚 8”。

**2. 消费者行为分析**

1）目标客户的购买需求分析

德必的目标客户需求很明确。因为德必是企业全生命周期的服务连锁平台，所以需要根据企业所处的不同阶段来明确企业的需求。初创企业希望得到的是政策、资金等需求；中小型企业则更多的是人才与资源的需求；高端企业需要的则是一个可以连接国内外的平台。所以德必从最根本的需求出发，以“七大增值服务”满足中小微企业的人才、资金、政策、资源等需求，以 WE″来满足高端企业连接国内外资源的需求。

2）其他产品为何没能满足消费者的需求

虽然我国文化创意园区起步较早，发展速度较快，形式多样，但目前还没有一家真正形成品牌势能的企业。其他的园区只是一个物理空间，只是企业的载体，却没有满足企业的交流、互动和合作。他们没有在园区内部，或是园区与园区之间形成有效的合作模式，没有让企业可以发挥和借力的平台，没有形成园区产业链平台和产业链闭环。

德必则把企业都集中起来，利用平台的公开性、互动性、合作性、分享性和共创性，让企业自发地借助德必平台的力量形成产业链闭环。德必通过搭建企业服务体系，与园区内外部资源对接，使得企业与资源、企业与企业、人与人，内外圈层，得以跨界合作，自由联接，形成“轻公司生态圈”，来帮助企业相互联接与更好地发展。

3）目标客户的消费流程和消费心理分析

① 消费流程：创业产生需求→网络搜索或朋友介绍→比较产品和自身需求匹配度→线下实体考察、询问、对比→满意符合其需求则入住园区。

② 消费心理分析：创业者们在选择自己的创业基地或是成功企业在选择自己办公场所时，需要的不再仅仅是一个物理空间，而是一个可以提供增值服务和良好工作环境以及优秀的企业资源的平台。在工作的过程中他们希望有一个承载着资金、政策、人才、资源的物理空间，能给他们的创业之路和企业成长之路带来更多的可依附性、可利用性、可引导性的强大的平台，并且这个平台可以在他的任何一个成长阶段都能为他所用，为他提供相应的价值。所以德必的文创、科创产业连锁平台是他们不二的选择。

### 3. 业务产品定位

1）德必产品在目标市场上的定位

德必是服务化、社群化、国际化的文创、科创产业服务商。“服务化、社群化、国际化”这三化表明了德必的发展方向与目标；“文创、科创”是德必的客群主体；“服务商”是德必在品牌战略中的企业属性。德必要做的是一个链接国内外资源、打通文创、科创全产业链模式、建立一个没有围墙的文创、科创产业服务平台。

2）目标客户非买该产品不可的理由是什么

德必让人不得不爱的四大理由：

① **全企业生命周期**：德必以 WE″、易园、运动 LOFT，为各发展阶段的企业提供不同的立业解决方案。

② **七大增值服务**：长期以来，德必相信帮助有潜力的文化创意企业快速成长就是对社会最大的贡献，因此关注中小创意企业全方位的需求，推出多项增值服务，如：创业服务、投融资服务、人才服务、品牌推广服务、法律和政策服务、财务顾问服务和文化创意产业 CEO 俱乐部等 7 大增值服务。

③ **产业链经营模式**：在园区运营方面，德必率先提出“园区经营是产业链经营”的创新理念，德必董事长贾波表示，这一理念让德必将园区经营者与普通办公楼宇的物业角色彻底区分开来，从文创产业发展的需求出发，全面为入驻企业提供除基础服务外的增值服务，打造开放性平台，实现园区内产业上下游的自由链接。他还强调，德必从企业一出生就开始关注，希望能够贯穿于企业生命周期全过程。

④ **实体与虚拟园区结合：**通过观察国内外其他成功产业园区的发展历程，德必发现，一个真正能带动地区经济发展产业园区不光要有上下游产业链的服务，还要有立体的产业网服务。

因此，自2009年开始，德必开始探索打破实体园区的“围墙”，为更多上海乃至全国优秀文创企业提供服务，构建一个“虚拟园区”。

2012年，德必与众多法律和财务咨询等第三方资源进行合作，为越来越多的中小文创企业解决企业发展中出现的问题；

2013年，《德必荟》创业服务微信正式上线，同年Workface首家海外分舵在美国硅谷开设，“虚拟园区”的服务面覆盖到欧美地区。

未来德必还将投资建设网络众筹平台，并开发云计算办公平台，通过移动互联技术，最终形成一个线上与线下无缝闭合的全方位“虚拟园区”服务体系，实现“人在哪里，园区服务就在哪里”的目标。

3）与同类产品的差异化特征

① 不是“选商”而是“育商”，纵深式完成品牌扩张。

德必先后与国内知名创业扶持组织合作，持续投入资金和场地，为培育出优秀企业提供肥沃的土壤。

2011年底，德必与Workface创始人学院结成紧密战略联盟，为全国超过5000家创业企业提供全方位的服务，目前已在全国各地举办各类活动500余场，帮助一个个优秀的中小文创企业茁壮成长，并源源不断地走向德必园区。德必从选商到育商，与众多高品质品牌合作，加强德必品牌强度，助力德必成为国内文创市场第一品牌。

② 国内链接国外、本土链接国际，横跨式建立国际平台。

2014年上海佛罗伦萨——中意设计交流中心成立，这是中国首个海外创意园区。这将为上海、佛罗伦萨乃至中国和意大利两国在设计、文化、商业等领域的深化合作起到极大的推动作用。

德必推出的WE″的宗旨是“相爱、领军、国际”，是一个东西方精英共创的领地。为国内文创企业走向世界提供舞台，同时也为国际先进的企业进入中国提供入口。为德必在世界上卡位中国文创、科创产业服务商第一品牌。

### 4. 整体营销策略

1）产品的定义及结构化组合

德必的文创、科创产品主要有易园、WE″、运动 LOFT：

**易园**：采用黑和白的色彩线条营造建筑本身，结合绿色生态元素，通过户外与室内公共休闲空间有机打造，为企业提供园林式舒放办公体验。易园从白领餐厅、会议中心、健身中心等进行全方位配套、并很据企业需求，为中小文创企业提供全过程服务解决方案，为企业从出生到发展孕育提供肥沃的土壤。

**WE″**：代表未来工作方式。WE″认为，当今时代对于办公的需求已不仅是物理空间的营造，更多的在于硬件之外所能获得的平台价值与服务，WE″除了提供智能化办公及物业服务外，还搭建多维度平台活动，为企业提供全方位服务，同时根据企业国际化需求，提供专属国际业务定制服务，帮助国内领军企业走向海外，海外知名企业对接中国市场。WE″品牌将不再是单一的办公品牌，而是结合建筑设计、艺术文化、服务资源等融合而成的跨界新作。WE″代表 West&East，代表东西方精英的共创，也是德必和客户之间的共创。

**运动 LOFT**：在设计上，以“运动办公，健康工作”为理念，配备综合运动设施，为崇尚运动、自由、活力、创意的企业提供全新的健康生态办公环境，开创了办公方式的新纪元。运动 LOFT 以国际体育产业为核心定位，发起并成立了国际体育产业联盟，通过整合政府、企业、产业、场馆等多方资源，打通壁垒，为联盟成员提供资源共享、信息互通、企业共创、服务互助的国际化平台，助力体育产业发展。

2）产品定价的基本原则和方法，价格策略的制订

德必的产品定价是基于企业的发展规模和发展需求而定的。物理空间的定价是基于一般的行业定价为准，再加上其他的增值服务。多种的增值服务和广大的资源平台让其的定价更具有吸引力和品牌号召力，也增强了其品牌忠诚度。

3）产品宣传的价值诉求（广告词），广告词的设计原则

**广告语**：助力中国创意！

**设计原则**：

① 从一个服务商的企业属性定位来确定了德必的任务和企业使命；

② 从大局观上把德必的企业使命与整个中国的文创和创意相关联；

③ 从整体品牌战略来说，德必把文创、科创产业链联合的使命与其将要成为产业连锁的愿景归纳其中，突出了德必品牌的唯一性。

**5. 德必已成为文创、科创连锁第一平台**

1）产品上市后至今的销售业绩

德必目前已经拥有了近 50 个园区，服务高达 5000 多家园区企业，并通过互联网平台虚拟园区的建立，管理和技术的输出，已经为 22000 多家企业提供服务。

2）产品上市后对企业形象或品牌声誉的影响

文化创意产业园区是文化产业社群的重要载体，是文化产业社群发展的重要表现和途径。是一种介于政府、市场与企业之间的新型社会经济组织和企业发展平台，它通过提供一系列创意企业所需要的管理支持和资源网络，帮助企业独立运作并健康成长。

德必的目标是助力中国创意，自德必成立以来，不忘初心，一直在服务文创产业的道路上艰苦奋斗，通过文创、科创产业连锁平台的建立为中国文创与世界的交流增长话语权，让中国和世界看到了中国人的文化品牌。

3）目标客户的忠诚度分析（重复消费率和推荐新客户比例）

目前德必园区已覆盖上海、杭州、苏州、北京等地，而其在意大利佛罗伦萨、美国硅谷的园区，已成为中国企业海外的“大使馆”，是企业踏出国门进军欧美市场的桥头堡。据悉，德必每个园区招租满园的时间一般都只在半年左右，在园区开发建设期就已经有 50—60% 的空间被出租。

在德必全企业生命周期的产品体系中，客户一般的留存率和随着客户的发展而进一步和德必合作的机率高达 90% 以上。

2015 年为创业元年，德必稳抓“大众创业、万众创新”的时代潮流，坚持在“双创”时代发展文创、科创连锁第一平台，并从战略上实现“服务化、社群化、国际化”的“三化”落地；品牌上以全企业生命周期进行打造；运营上打破纯租金模式，建立管理和技术输出；传播上采用“六度”的整合品牌战略，奠定其在双创时代下成就文创、科创连锁平台的第一品牌。

## 三、荣欣：工业化装修让装修像喝茶一样简单

从2012年荣欣推出国内第一款工业化装修产品“家装一号”开始，便标志着国人全新装修时代的开启，曾经在东方购物创造30分钟666单的奇迹还在延续，新的战略合作又一次把荣欣推向了行业领跑的位置。2016年，天猫、荣欣装潢联手工装业巨头广田股份达成战略合作，意欲通过先进的互联网装修思维，开启荣欣装潢的全新成品装修新模式，使整体行业和新兴发展的互联网装修领域，更充满竞争意味。

### 1. 项目概述

家庭装修被称作是最后一个没有被互联网触及的区域，但是爱空间、土巴兔、蘑菇装修、有住等一系列互联网装修公司的快速崛起，说明家装在互联网大环境下也难以独善其身。荣欣成本装潢早在两年前就开始干今天爱空间正在做的事情。跟互联网企业比，荣欣是装修行业新品牌，上海家装第一品牌。跟传统装修公司比，荣欣是最早开启互联网思维，打破家装行业潜规则，把家装互联网化的企业。可以说，荣欣成品装潢绝对是引爆互联网家装的第一品牌。

荣欣成品装潢是由上海荣欣装潢有限公司、深圳市建筑装饰（集团）有限公司广东东鹏控股股份有限公司”等大型企业联合打造的中国首例成品装潢销售模式。旨在开创中国家庭装潢集设计、制造、设备、施工、配套、陈设为一体的产品。将当下最复杂繁琐的家庭装潢装修施工服务过程改变为消费者到商场将实景装潢成品的产品直接购置回家，从而减少居民装修的烦恼；集社会资源，以产业链生产组合模式，实现集成化、标准化、规模化、成品化的经营方式，减少生产成本，让利于消费者，从而来赢取市场。

目前在上海已经建成8个实景馆，分别位于徐家汇、浦东、浦江镇、闵行莘庄、闵行银都路、松江、宝山、嘉定等区，服务对象广泛，有高端别墅大宅、中端居家型、低端经适房等，并在宁波、昆明、西安、羌湖、江苏、昆山、无锡、徐州等多个城市设立了分公司。

特邀了国内外、中国香港及中国台湾地区等11个国家和地区的优秀设计师

为成品房专门创造设计，以专家级的设计作品服务于广大普通消费者，让消费者免费享受设计成果；荣欣成品装潢以工厂化、标准化及规模生产形式，大大降低装潢成本，让利于客户，让消费者获得绝对超值的回报。

计划在今后3年内在国际资本的支持下迅速发展，在全国范围内开出30家分公司，每家分公司平均完成年产值1.5亿元，集团年销售总额达45亿元。以后将每年发展8~10家，直至遍及中国各大城市。

**2. 目标市场的选择**

1）市场细分的基本原则和关键要素

随着人们生活水平的日益提高，对生活环境的要求也越来越高。80后、90后相继组建家庭，成为装修行业消费的主力军，过去家庭装修的繁琐流程与完全不透明的收费方式无法满足这些年轻的消费者的需求了，所以，在整个市场细分的过程中，荣欣抓住了三个关键点：第一，价格，799元/㎡、999元/㎡、1199元/㎡全包的一口价报价方式，把传统家装各个环节的隐蔽收费环节全部摒弃；第二，装修工期，20天的装修工期在传统家装时期是完全不可想象的，荣欣通过模块化、标准化，将装修工期砍掉了3/4；第三，品牌，所有材料全部采用一线品牌，正是荣欣成品装潢对未来的把握以及过去的品牌背书，让各大一线品牌争相与荣欣合作，提供标准化、大批量的产品，这也正是荣欣能够在全国第一家喊出799元/㎡的保障与资本。

2）目标市场的规模分析和成长前景预测

据中装协发布的数据显示，2014年中国建筑装饰行业产值已达3万亿元，从业公司近15万家，绝大部分线下公司小而分散。在未来3年内，家庭装修将冲击2万亿市场。

从当前网购市场的结构来看，家居家装占比仅4%左右，明显与其超过3万亿的市场规模不相匹配。从年龄结构来看，网购家居家装产品的人群主要集中在25岁到35岁这一年龄段，也就是我们常说的80后、90后，随着这两代人进入就业市场成为主力，消费能力亦大幅提升，逐渐成为主流的置业人群，加上该类群体在消费路径上与其他群体的显著差异，家装家居的电商化趋势将进一步强化。

3）竞争格局分析及竞争对手分析

房地产市场格局不明朗，影响着下游的家装产业。近年来，多家龙头企业集体布局家装电商领域，抢滩互联网家装市场。家装领军企业已经在构建B2B2C的电商O2O平台，通过与厂家直接合作，设计大师设计好风格，进行产品搭配后形成主材包，去除多余的中间环节，去中间化成本，以此真正让利给消费者。

2015年伊始，小米、万科、海尔……这些来自各行各业的巨头，纷纷把目光瞄向了这个服务链条长、产品标准化水平低，号称“水很深”的家装领域。

因得到雷军旗下顺为资本的6 000万元投资而受到巨大关注的爱空间横空出世，宣布每平方米装修价格仅为699元，试图将家装整合成一个标准化商品，用互联网思维整合行业，甚至颠覆行业。

另一个房地产巨头万科则打算成立专门的家装公司，目前暂定的运营思路是“输出标准+控制成本”，“输出标准”即万科已建立了自己的一套标准，家装公司主要针对非万科业主，利用自身在规模、技术、品牌等多方面的优势，重组整个家装生态系统，提供超高性价比的标准化硬装服务，让其他开发商的业主也能认识万科；“控制成本”即通过规模化效应降低采购成本。

目前来看，谈论这些外来“入侵者”能否颠覆传统的家装行业还为时尚早。在荣欣看来，家装业不是想做就能做的。但是，对传统行业来说，值得借鉴的是，利用互联网打破装修过程中的信息不对称性，加强时时沟通，治愈行业顽疾，使得资源利用最大化。荣欣在3年前就开始布局相关工作，在2014年正式发力，并且取得了很好的效果。

**3. 消费者行为分析**

1）目标客户的购买需求分析

在互联网时代，客户对家装的需求是多元化的，考虑的不仅仅有价格，更多的是产品品质以及客户体验。“客户至上、产品制胜、体验为王”才是互联网家装发展的核心理念，而荣欣曾经作为传统家装企业，其凭借多年的行业经验，专注品质与服务，是其在互联网背景下向家装电商化转型的优势之一。

2）目标客户的消费流程和消费心理分析

目标客户的消费流程和消费心理分析见图 3.3.3 所示。

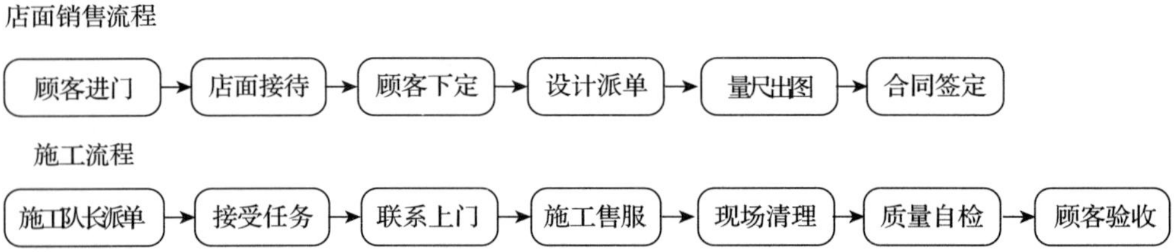


**图 3.3.3　目标客户的消费流程和消费心理分析**

## 4. 产品定位说明

1）荣欣产品在目标市场上的定位及其说明

荣欣成品装潢着力于大品牌、短工期、价格低三大方面，针对国内一二线城市逐渐成长起来的主力消费群体 80 后、90 后，为他们解决传统装修难以解决的问题，通过全新的互联网思维和 OTO 的颠覆式装修模式，锁定这一部分消费群体。

2）目标客户必须选择该产品的理由

（1）4 大优势

- 成品化销售优势——客户可以现场体验产品，还可自由组合搭配，产品全部明码标价且当场按面积报总价。
- 价格优胜优势——价格低于市场价 30% 左右，比团购更便宜，比自购更方便，且全部采用国际国内一线品牌。
- 施工周期短的优势——由于预制生产，现场全部采用专业化、标准化、模块化的施工，比正常施工要缩短 50% 以上的时间。
- 经营成本低的优势——成品销售不仅降低了人员要求的门槛，更主要的是销售成本支出也比传统模式下降 50% 左右。

（2）省时、省力、省心

- **省时**。荣欣装潢的施工由于工业化和组织化（工人吃住回公司）的原因，速度比社会正常水平快近一倍。荣欣装潢的电脑即时报价系统，客户可以当场选择、当场看报价、当场看效果。客户从中可省去大量的时间支出，赢得了时间价值。

- **省力**。公司拥有自己的材料展示中心和工业化生产基地，客户选择可以一次完成，直接到位。公司不仅配备室内设计师，而且还配备橱柜、移门、软装潢等专项设计师，客户因此可以省去很多体力成本。
- **省心**。公司近80%的产品在工厂完成，质量比现场制作好，损耗比现场降低5%以上。公司实行专业施工，工人的熟练程度比社会水平高，同时工业化产品售后服务方便，客户可以省去很多的精力成本。

### 5. 完整的产品说明

1）产品定义详细说明，产品概念来自哪里

所谓成品装潢就是居住六面体设计装饰、居住功能布局设计装饰、居住家具用品设计装饰、居住饰品电器配套装饰的累积和总和。也就是说，不仅包括六面体装修，也包括家具、软装饰品、电器和家具用品，是一个居家使用功能配置物化表现形式的系统组合。成品装潢分为基础功能、家具连体化和软装电器一体化3个阶段。

（1）6大特征

- 产品标准化——一次设计批量销售，不再单独设计。
- 配件模块化——配件实行组合化、多用化。
- 功能系统化——硬装、软装、家具、电器一体化。
- 款式差异化——产品体现主体化、风格化、属地化。
- 施工专业化——实行模块化安装、专业化施工。
- 用材科学化——物尽其材、物尽其用、避免浪费。

（2）核心竞争力

- 省心、方便、品质、实惠、高效、安全。
- 比团购便宜，比自购方便。

2）产品定价的基本原则与方法，价格策略的制定

荣欣产品定价区间为：799元、999元、1199元、1599元。定价的基本原

则是撇去一切中间环节利润，把利益还给消费者，用今天的规模去挣未来的钱。

荣欣成品装潢区别于一般互联网公司装修的核心竞争力是对上游资源的把握，荣欣通过多年的积累，已经牢牢掌握了上游一线品牌的材料供给，通过流水线标准化的生产，把家装的成本极大地降低了，而荣欣也是仅仅留给自己维持公司运营和未来发展的利润，尽可能快地去占领市场份额。

3）产品宣传的价值诉求，广告词的设计原则

（1）广告语

“花一天时间，省一年工资，换十年放心”。

（2）广告语设计原则

工业化装修的口号，也是成品化装修的灵魂和精髓所在。“中国家装号系列”，以标准化为起点，对所有的木门、橱柜、淋浴房等常见的定制产品进行了标准化的改造，同时以先进的生产流水线为基础，实行标准化、批量化、规模化的生产，从而获取了比团购产品更加优惠的价格优势。不仅实现了物美价廉的梦想，而且充分体现了工业化的效率，极大地提高了装修的速度，施工周期比普通装修至少可以节约50%以上，彻底颠覆了装修工期冗长的烦恼。

4）整合营销传播设计，采用了哪些市场宣传组合方式

荣欣成品装潢最值得一提的是电视购物的运用。荣欣是全国第一家使用电视购物进行家装销售的品牌，最初在与东方购物合作的时候，第一次播放便使得电视台的电话中心全线爆满，原本计划40分钟的节目，播放到20分钟时便已经预定了600套，公司层面因为工作量饱和而无法继续接单，只能中途结束。按照每个订单最低10万元来计算，荣欣20分钟的销售额突破6 000万元。

电视购物给荣欣成品装潢带来了新的活力，让荣欣与东方购物达到充分共赢的局面，也使得消费者第一次感受到成品装潢的美丽与诱惑。与此同时，荣欣根据不同的区域市场特点，分别从报刊、广播、网络、自媒体等各种方式进行针对性组合，以达到最匹配和最有效的传播推广方式。

5）销售管道设计，管道设计的原则和考评原则

荣欣销售渠道分为线上和线下两大部分，其中现阶段线下门店是主力销售渠

道。因为家庭装修涉及样板房参观、实际材料对比、设计人员现场解答等，这些目前来说在纯网络环境下解决起来有困难。专卖店实际面积达到 500 ~ 1000 平方米，包括荣欣主推的 5 个标准样板房，做到消费者进店“所见即所得”。

**6. 项目的实施情况和成效评估**

1）产品上市以后至今的销售业绩，市场占有率

荣欣成品装潢自开始在上海市场运作电视购物以后，每月的订单签约量稳定维持在 300 单左右，按照每一户成交金额 10 万进行计算，荣欣成品装潢的月营业额保持在 3 000 万元左右。

2）产品上市以后对企业形象或品牌声誉的影响，企业回报

成品装潢上市后，荣欣的企业形象和品牌声誉得到了极大的飞跃，在还没有成品装潢时，荣欣装潢是上海家装新字号，是上海第一家装品牌，但是企业面临转型和众多困难，在互联网大潮下寻找出路。自从有了成品装潢后，荣欣有了和互联网的第一次亲密接触，并且在互联网家装这个风口早早占好了位，只等大风把荣欣吹上天的那一刻。

3）目标客户使用产品之后的评价和反馈意见

大品牌、价格低、工期短，质保时间长。在这几项条件全部被满足的时候，消费者基本上说出来的都是正面和赞美的评价。

**7. 竞争战略设计**

1）产品为王

把产品做到极致，无论是产品本身还是服务质量，这才是荣欣的立身之本，关于利益只能说用今天的规模去挣未来的钱。

2）牢牢把握上游资源

供应商资源目前是荣欣区别于竞争对手的最大优势，把握住上游资源后，才能开始想办法缩减利润和空间，让利消费者。

3）坚持专卖店式的渠道建设

家庭装修目前还没有一家的销售效果能好于直接的专卖店内销售，专卖店既是一个产品的载体，也是一个良好的品牌展示平台。

## 四、小熊尼奥：“三大战役”决胜玩教市场

我们需要重新定义玩具或早教市场，让小孩喜欢玩，大人觉得益智，玩教市场应运而生。

——小熊尼奥

### 1. 项目概述

近些年，AR 增强现实与 VR 虚拟现实技术非常火热，如大家所熟知的 Google 眼镜，以及微软在前不久发布了震撼世界的头戴式 AR 智能设备 Hololens，都是 AR 智能硬件产品，但这些技术应用主要还是集中在成人产品上，而相较于成人而言，增强现实技术更能引起儿童的好奇心和兴趣。同时，目前主流的儿童教育产品普遍存在要么过于偏教育，如各种点读笔、点读机，无法提高小孩子的学习积极性，要么过于偏玩乐的问题，如各种玩具产品，小孩子只顾玩，并未从玩耍中获取知识。

小熊尼奥则将 AR 增强现实技术与儿童教育有效结合起来，找到了小孩子“玩”和“教”的平衡点。小熊尼奥 AR 沉浸式的体验，对于儿童来说，有足够大的吸引力，而这个学习的过程，也并非灌输式，而是游戏化的，很容易激发儿童无意识的记忆，比书本记忆更为持久。小熊尼奥彻底改变了传统的教育方式，引领了新时代创意科技儿童教育市场。

刚进入市场，小熊尼奥就从招商攻坚、渠道疏通、终端提升三个方向全方位、渗透式发展，并积极探索创新渠道模式，仅仅半年的时间，就迅速打开了市场，创造了销售收入破亿元的佳绩，奠定了儿童玩教细分市场第一品牌的地位。

### 2. 目标市场的选择

1） 市场细分的基本原则和关键要素

小熊尼奥是玩教细分行业的领导品牌，很好地将传统的教育市场和游戏市场进行了结合。

小熊尼奥的成功关键在于满足了双人群的需求。小熊尼奥目前拥有梦镜盒子、口袋动物园、口袋交通 3 款成熟产品，涵盖了动物世界、交通工具、音乐

世界、探索自然、体育运动、小熊农场、小熊餐厅等13大系列的学习卡片，知识点包括拼音、识字、英语、数学、认知、故事、语言、国学、古诗、艺术、儿歌、左右脑开发等14大类，从各方面满足了家长对孩子教育的需求。同时，小熊尼奥将平面上静态的画面变成了3D立体“活”的东西，并实现了互动，大大满足了小孩子对新事物的好奇感和可玩性。

除此之外，小熊尼奥操作简单，小孩子可以独立使用，独立探索未知世界，构建自己的梦想王国，家长也可以和孩子一起玩，增加亲子互动。

2）目标市场的规模分析和成长前景预测

我国幼儿教育学习机尚处于初步发展阶段。2000年，我国第一台概念学习机顺利问世，随着学习机市场的逐渐拓展，幼儿教育学习机也逐步发展起来，但规模相对较小，处于初步发展阶段。到2003年，我国幼儿教育学习机步入发展阶段，市场规模不断扩大。2006～2009年，随着市场资源整合，我国幼儿教育学习机逐渐走向快速发展阶段，生产企业更加注重产品的技术、内容服务等方面的提升，目前随着我国电教产品市场的不断拓展，我国幼儿教育学习机行业步入快速成长阶段，行业规模不断扩大，市场销量不断增加。

总体来看，近几年，我国幼儿教育学习机行业处于成长阶段，市场销量呈增长趋势。2011年，我国幼儿教育学习机行业市场销量为52.8万台，较2010年同比增长11.63%，截止到2013年底，我国幼儿教育学习机行业市场销量为65.4万台，较2012年同比增长12.18%。

另据数据显示，我国城市家庭教育消费占家庭消费的65.5 %，有56.5 %的家长把孩子教育投资列为第一位。据调查，大城市每个家庭每个月的儿童教育平均费用为500至800元，全国约为300亿的市场空间。

3）竞争格局分析和竞争对手分析

严格来说，小熊尼奥开辟了玩教行业的先河，是玩教行业的第一品牌，目前尚未有直接的竞争关系产生。但从整个早教机、玩具行业来看，存在一些替代性的和潜在的竞争对手，主要有步步高早教机、小天才、巧虎、奥飞动漫等。

步步高早教机、小天才学习机等产品主要通过一些硬性的学习工具帮助小孩子学习，内容和形式上比较枯燥，缺乏互动性和趣味性。

巧虎《乐智小天地》是由日本开发的幼儿教育系列产品，包含书、读本、父母用书、DVD影像教材和教具（玩具）等，根据孩子的年龄特点分为月龄版（7月龄开始到24月龄）、幼幼版（2岁~3岁）、快乐版（3岁~4岁）、成长版（4岁~5岁）、学习版（5岁~6岁）、彩虹版（6岁~7岁），星空版（7岁~8岁）。主要是从读物、影像资料上为小朋友提供学习内容，属于单向传递，和小熊尼奥不存在直接竞争关系。

奥飞动漫的前身为广东奥迪玩具实业有限公司，1994年靠着一款四驱车产品打天下，到目前已经成为以三维动画制作、漫画制作、动画形象设计、版权代理等卡通形象事业为核心业务的动漫文化传播公司，彻底打通了“内容—媒体—产业”，形成了一个环环相扣、优势互补的产业链集团公司。

### 3. 消费者行为分析

1）目标客户的购买需求分析

小熊尼奥的目标消费群体和一般产品单一目标群不同，小熊尼奥是双人群定位，一方面要满足家长对产品的需求，如启智、学习、教育等需求，同时也要满足2~7岁学龄前儿童对趣味、好奇的需求。任何一方的需求无法满足都将大大影响到消费者的决策，如果产品的可玩性好，孩子喜欢，但家长认为这就是一个玩具，没有教育意义，家长谨慎购买或不会购买；如果家长认为这个产品很好，能帮助孩子提高认知，能够教育孩子，家长很喜欢，但往往家长在购买类似产品时，都会问孩子是否喜欢，如果小孩子不喜欢，买回去也不会用，所以同样导致家长谨慎购买或不会购买。

2）其他产品为何没能满足消费者的需求

目前，儿童早教市场同质化严重，传统的早教产品要么侧重于教育内容，倾向于家长需求，比如早教机、点读机等产品，要么侧重于游戏内容，倾向于小孩子需求，比如玩具产品。一方面是受传统思维和利益的影响，不愿意改变当前的格局，另一方面是这些传统的早教产品和企业对新技术研发力度和前瞻性不够。小熊尼奥利用当前最新的AR技术，将平面的画面变成立体的动画，并能实现互动，同时融入了很多教育因子，让小孩子在玩乐中实现知识的增加，智力的开发。

3）目标客户的消费流程和消费心理分析

消费流程：家长产生幼教需求→网络搜索或朋友介绍→比较产品和自身需求匹配度→网络（互联网＋移动互联网）购买或线下购买→配送到家或直接提货。

消费心理分析：80后、90后新生代的年轻父母深知传统学前教育产品的"精髓"，对产品功能要求偏高，所以对小孩子教育新产品的追求保持着积极、乐观的态度，愿意去挖掘和尝试新技术、新概念的新产品。但价格和功能价值仍然是消费者购买决策的关键因素，尤其是功能价值往往是购买决策的主导因素，而不是以价格为导向。

同时，新生代父母更愿意去听取小孩子的意见，会考虑孩子对产品是否喜欢，而不是单方面的购买使用。

**4. 产品定位说明**

1）小熊尼奥产品在目标市场上的定位及其说明

小熊尼奥将自己定位为创意科技儿童品牌，以AR技术为基础，不断开发有深度、有内涵的产品，精耕内容，以产品作为敲门砖打造移动互联时代的迪士尼，但又与迪士尼形成差异化，小熊尼奥的出发点是教育，迪士尼的出发点是娱乐。小熊尼奥是以互动游戏搭载早教，倡导寓教于乐，开发幼儿的判断力，逻辑分析能力、空间认知启蒙及记忆力增强能力、协调能力、创造能力、情商培养、世界观培养、领导力培养等等，这种立体教学模式可以给孩子想象的翅膀，让他们用自己的方式获得想要的信息。

2）目标客户非买该产品不可的理由是什么

（1）寓教于乐：能够真正体现玩中学的教育理念。

（2）低价格、高科技、高价值的早教产品：将高科技技术转化为高价值的产品，最后以低价格销售给目标群体，是大众买得起的、高科技的、高价值的早教产品。

（3）权威认可：不仅被国家教育部纳入了《幼儿园教育装备采购推荐目录》，还获得了各种荣誉，其中包括入围孕婴童届的"奥斯卡"中国孕婴童产业奖"最佳启智产品"奖；获得中国产品设计"奥斯卡"中国创新设计"红星奖"；获得德国2015iF设计大奖和意大利A'Design Award2015设计大奖。

（4）消费者口碑：用过的消费者都说好。

3）与同类产品的差异化特征主要体现在哪些方面

（1）小熊尼奥是目前具有高科技含量的早教产品。

（2）小熊尼奥是目前将教育、游戏、互动结合得最好的早教产品。

（3）小熊尼奥做的不仅仅是产品，提供丰富的内容才是核心。

**5. 完整的产品说明**

1）产品定义的详细说明，产品概念来自哪里

小熊尼奥创始人熊剑明拥有资深的电子游戏节目内容策划经验，从 2002 年就开始做游戏电视节目，被业内称为“电玩教父”。熊剑明在 2005 年试图运作一个儿童“纸剧场”项目时，一笔一笔亲手创造出来一个小熊尼奥（见图 3.3.4 所示），一起诞生的还有尼奥森林里的家人和伙伴（见图 3.3.5 所示），尼奥家族在梦幻森林里上演着生动美好的故事。

图 3.3.4　小熊尼奥

图 3.3.5　小熊尼奥和他的伙伴们

尼奥森林里的故事应该都是立体的，所以小熊尼奥的第一款产品“梦镜盒子”就是小熊尼奥将尼奥森林里的所有伙伴变活的关键“武器”。

2）产品定价的基本原则和方法，价格策略的制订

基于早教学习机和早教学习卡片进行行业定价，价格策略为同一水平价格时，产品更具吸引力和实用价值，性价比极高。

3）产品宣传的价值诉求（广告词），广告词的设计原则

广告语：创意科技儿童品牌。

广告语设计原则：

（1）这是一个具有创意的、颠覆传统早教习惯的创意品牌。

（2）这是一个高科技的品牌，不是教育品牌。

（3）这是一个只专注于学龄前儿童的品牌。

4）整合营销传播设计，采用了哪些市场宣传组合方式

圈子营销：

小熊尼奥有着极其丰富的圈子营销基础，小熊尼奥首席动画顾问是国际著名动画电影导演刘大刀，零点研究咨询集团董事长袁岳博士是其品牌代言人及合作伙伴，同时还有很多资本方、早教机构的大佬为其宣传，影响范围之广，营销力度之大，都是其他同行无法与之相比的。

另外，小熊尼奥遍布全国的经销商、代理商及员工都时刻在维护小熊尼奥品牌，公司从上至下，从左至右，从内到外进行全民营销。

电视节目营销：

小熊尼奥与全国最强的儿童电视节目哈哈少儿、优漫卡通等合作，通过电视节目的形式对产品和品牌进行宣传。

广告营销：

不仅在国内投放了户外墙体广告、公交广告，地铁广告，还在美国纽约时代广场投放了广告，大大提升了广告的覆盖面和提升了品牌高度，见图3.3.6所示。

**图 3. 3. 6　各渠道宣传**

网络营销：

小熊尼奥积极通过微博、微信、互联网新闻媒体、微商推广等多重网络渠道进行传播。

企业家品牌营销：

小熊尼奥创始人熊剑明在创立小熊尼奥前就是电竞界的知名人物，与现在湖南卫视当家主持人汪涵也合作过，本身已具有品牌价值。同时，通过媒体专访、电视采访、发布会等方式不断打造企业家形象，通过这位“熊爸”与小熊尼奥进行关联，通过企业家品牌营销吸引消费者关注小熊尼奥，实现购买行为。

口碑营销：

通过极致的产品体验和细心、亲切的售后服务让消费者感受到小熊尼奥的品质，同时在天猫旗舰店耐心回复消费者的问题，在各大问答论坛帮助消费者解惑、答疑，不断向消费者灌输小熊尼奥品牌。

5）销售渠道设计，渠道设计的原则和考评原则

主要从招商、渠道和终端三个方面进行渠道管理和设计。

招商方面，通过区域性定向招商，深挖当地优质资源，做好目标区域样板市场，进而辐射全国，通过严格的经销商、代理商政策，对经销商、代理商进行定量和定性管理。

渠道方面，采取避开 KA 卖场，走母婴、玩具专营精准渠道路线，同时将线上线下结合，实现 O2O 销售模式，线下有专柜、专区，线上有天猫等电商平

台，有微商销售渠道。同时，与春秋航空达成合作，开启空中售货模式。

终端方面，通过“四客”营销体系，对销售终端进行全面提升，从终端选择、店外布置、店内布置、柜台布置、终端拦截、样品成立等方面进行标准化作业，确保小熊尼奥品牌形象的统一和完整。

### 6. 项目的实施情况和成效评估

（1）产品上市后至今的销售业绩（至少半年）。

2014 年年底发布的口袋动物园产品（见图 3.3.7 所示）在 2015 年第一季度的销售量为 150 万套，销售额超过了 1 亿。

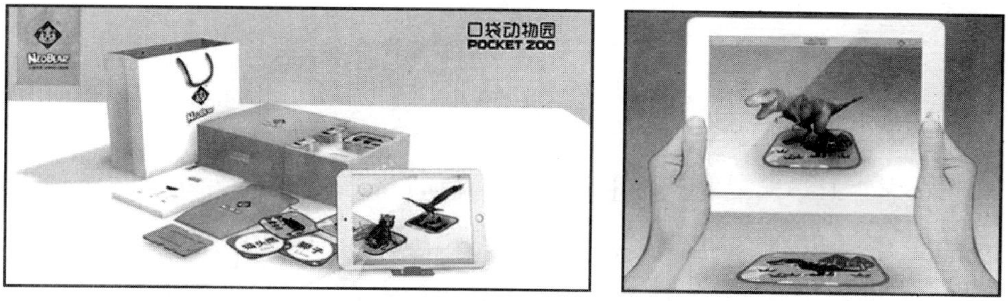


图 3.3.7　小熊尼奥产品套装及体验

（2）产品上市后，本企业市场占有率的提升。

无其他相同竞品、占有率为 100%。

（3）产品上市后对企业形象或品牌声誉的影响。

产品上市后深受广大消费者的好评，在 2014 年底、2015 年初出现销售井喷，产品供不应求。同时，获得政府、学校和媒体的高度关注。

（4）产品上市后给公司带来的回报（定性和定量分析）。

公司乘势发布了新产品——口袋交通及一款概念产品——放大镜，同时启动了长达 52 集卡通动画片，目前已上线。

（5）产品上市后给消费者的心理和心态带来的影响。

深受社会各界好评，小熊尼奥成为赠送小朋友的佳品。小朋友们都被小熊尼奥的 3D 立体技术所吸引。

（6）目标客户使用产品之后的评价和回馈意见。

天猫旗舰店消费者评价：见图 3.3.8 所示

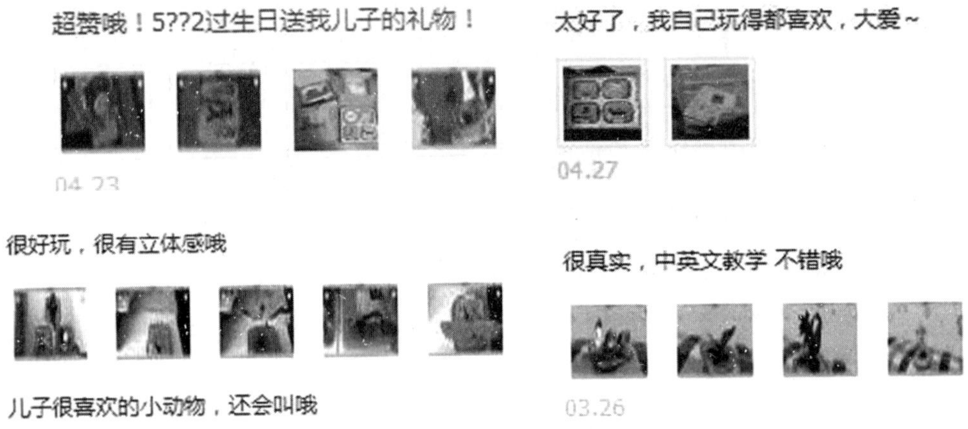


**图 3.3.8 天猫店顾客评价**

（7）目标客户的忠诚度分析（重复消费率和推荐新客户比例）。

目标客户对小熊尼奥的关注度提升，并通过论坛、微信发布如“听说小熊尼奥的交通工具口袋要出来了，是真的吗?”“小熊尼奥怎么样? 哪里可以买到?”等问题，而且有购买体验的消费者积极回答问题，并给予好评。

### 7. 竞争战略的设计

（1）本项目是采用何种战略来切入市场的，选择这种战略的依据和动机是什么?

主要的策略是热产品导入，渠道为王打开销售局面。

热产品导入：目前早教市场上的产品普遍缺乏创新，过于传统，真正寓教于乐、高科技的产品是市场的空白点。而新生代的年轻父母对创意科技早教产品的需求是呈刚性的，所以小熊尼奥产品刚一推出即受到消费者的喜欢，但作为体验性的产品，互联网销售对于初出茅庐的产品来说不是最佳渠道，于是不得不开拓线下销售渠道。

渠道为王：通过对早教市场和玩具市场销售渠道的分析，我们发现了行业主流的销售渠道，主要集中在大型百货商场、图书渠道、玩具销售店、孕婴用品、玩具批发城、超市、商场、学校周边零售终端等渠道，再结合小熊尼奥产品特色及现状制定有针对性、差异化的渠道策略，提出“小熊尼奥渠道建设的三大战役”，即：招商攻坚战、渠道疏通战、终端提升战。

招商攻坚战主要从招商区域的确定、区域市场细化、区域结构明确、招商对象人格定义、招商传播到位、招商流程规范、招商物料及工具及招商方法这八部战略实现了精准招商、系统招商、标准招商。

渠道疏通战主要从渠道思路上提出以“自营渠道为主，代理渠道为辅”的渠道开发思路及“广撒网、捞重点”的渠道选择思路进行整体的渠道长度、宽度及深度的设计。

终端提升战重点在于建设终端形态的标准化系统，通过“四客”营销体系对终端进行了全方位的梳理，构建了相关的标准，如销售话术标准、培训标准、招聘标准等。

（2）本项目对企业建立竞争优势有什么帮助?

小熊尼奥是玩教细分行业领先者，已取得了先入优势，建立了一定的品牌力，同时伴随销售渠道的完善，为小熊尼奥后续产品的销售提供了保障，竞争优势逐步显现。

（3）本企业如何阻止竞争对手加入竞争，争夺市场?

小熊尼奥的核心竞争力不在于技术，而在内容的开发。内容的开发竞争对手只能跟随，是无法超越的，品牌的核心思想也是竞争对手所没有的，就跟迪士尼是不可能被模仿和超越的一样。

但目前市场上也出现了假冒伪劣产品，一方面进行司法打击，维护品牌利益；另一方小熊尼奥各项技术均有专利保护。

## 五、盖百霖：3 个核心实现从小发明到大产业的巨变

2004 年 4 月 17 日盖百霖遮盖液研发成功，开创了白癜风医学“遮盖疗法”，不断从人群、产品、渠道 3 个方面做核心突破，完成了从放弃治疗的“尾单边缘人群”上溯到“新发常态人群”；从“单一产品”到多价格带、多使用部位、多组合的“产品矩阵”；从混乱的“弱势渠道”状态到线上销售为主，线下药店、医院为辅的“一点两翼”全渠道布局，助其实现了从一个技术发明到一个品类创新再到一个行业开拓的巨变，累计销售近 2 亿元，成为造福全国

3600 万白癜风患者的白癜风遮盖液领导品牌。

世界上白癜风患者直逼 1 亿人，我国的白癜风人群近千万人，随着社会节奏加快，人群压力增大，白斑患者群在持续扩大。同时，白癜风目前仍是世界医学难题，没有有效治疗方法和特效药物，治愈率低、复发性高。因患病后皮肤出现白斑，影响容貌，造成患者巨大的心理压力。

盖百霖是专门针对白癜风或白斑皮肤的遮盖液品牌，产品具有防水防汗、长效耐磨、贴近肤色、稳定安全的特点。从而达到完美的遮盖作用，这种作用属于一系列非常复杂的不可逆生物化学作用。遮盖液的发明，以纯植物组方技术，实现对白斑皮肤的遮盖，解决患者“面子问题”，成为数千万白癜风患者的福音。

盖百霖通过一系列措施落实，成功拉开与行业老二的距离，成为白癜风遮盖行业当之无愧的知名品牌。**盖百霖从战略、品牌、产品、渠道、推广、组织等多角度提升，战略上扩大盖百霖的人群覆盖范围，打造盖百霖品牌形象，扩充产品抢占多价格带，补充医院、移动医疗等未开发渠道，建立运营社群，设计完整的传播规划，完善盖百霖内部组织架构，稳固了盖百霖在白癜风遮盖领域知名品牌地位，并持续引领行业发展。**

**1. 目标市场选择**

1）市场细分的基本原则和关键要素

白癜风遮盖液用小众品类切入一个细分行业，属于特定群体的刚需产品，维持容易，突破很难。随着白斑遮盖液行业竞争的日趋激烈，推动白癜风遮盖市场的不断成熟，不破难立！盖百霖在不断的市场细分中，抓住了 3 大核心：第一是人群，盖百霖以往的消费人群主要是后期无望的边缘人群。细分人群中的极小部分，只能创造出小业绩。实现盖百霖消费人群的上溯，向中期治疗者，甚至前期发现者覆盖。拓宽更大的市场体量，由遮盖向治疗修复定义延展，由边沿人群向常态患者延展；第二是价格，产品进入市场，需要考虑市场的需求以及能够承受的心理定价，双向平衡才能实现产品畅销、长销、高利销，盖百霖拓宽主要销售渠道的主流价格带，降低消费体验门槛；第三是渠道，找到核心群体，布局“一点两翼”电商渠道为主，药店、医院为辅的渠道布局，将小众产品精准化销售。

2）目标市场的规模分析和成长前景预测

白癜风是常见的色素脱失性皮肤病，其发病率约1%～5%。我国有13多亿人口，白癜风患者数量超过1000万，全球白癜风患者过亿人，近些年来白癜风的发病呈明显上升趋势。白斑遮盖行业相对来说还是一个新兴行业，从第一个白癜风遮盖液盖百霖面市至今过去了10年，接触过白癜风遮盖液这一产品的只有400余万人，占全部患者的10%左右。未来这个市场商机无限。

3）竞争格局分析和竞争对手分析

**品牌参差不齐**：在市场化的今天，品牌已经成为企业最具有竞争力的资产，品牌是衡量一个企业发展成熟与否的基本尺度，是判断一个企业综合实力强弱的基本标准。目前我国白斑遮盖行业竞争激烈，水平参差不齐。生产劣质产品的企业通过低价与营销手段实现利润，有优质技术的企业更应借助品牌形象的树立，彰显核心竞争力。在混乱的市场环境中，树立行业标杆的形象，脱颖而出。

**价格鱼龙混杂**：受核心技术及原料成本的限制，安全的白癜风遮盖液价格在300元左右。目前白癜风遮盖液的价格不一，几十元到几百元不等。白癜风遮盖市场尚未规范化，电商平台缺乏严格有效的质量监管机制，部分白癜风遮盖液以低价为战略、甚至采用化学原料制造白斑遮盖液，这些只顾眼前利益的品牌前景堪忧。

同时，采用先进技术的产品如何改良技术，在安全基础上降低成本，惠及更多的消费者，挤出劣质产品，也是未来白斑遮盖液行业的一大研究方向。

**盖博士**：盖博士是一种耐水、耐磨的用于白癜风引起的白斑皮肤的遮盖液，可维持的时间为3～5天，上海虹图贸易发展有限公司旗下品牌，2005年面市。它汇集了国内部分医学美容专家，采用欧洲研发技术，吸收和钻研中草药精华，主要成份具有光合色素作用。

**百芙清**：百芙清与表层皮肤中的氨基酸与蛋白质发生生物反应，免晒美黑技术经过有关权威机构认证。经美容专家试验，结合亚洲肤色和白斑肤色的特点研制而成，安全程度高。

**本色灵**：英国悠立朴华公司人体工程逆向研究成果，本色灵黑素生成因子能够与皮肤的游离氨基酸作用，模拟还原皮肤肤色。采用核桃绿皮，萃取植物精华，安全快速地达到遮盖治疗效果。

**2. 消费者行为分析**

1）目标客户的购买需求分析

白癜风患病率仍在逐年上升，且呈低龄化趋势，0～30岁白癜风患者已经超过半数，集中于16～30岁的青年群体。白癜风不痛、不痒、不传染，因为患病会出现皮损性色素脱失现象，对患者的心理造成巨大的压力，影响其正常的社交和生活，并加重白癜风的蔓延。安全的遮盖液，适合任何年龄层和患病阶段的白癜风患者使用。在前期发现者的群体中能形成突破、在中期群体中能形成常态消费模式、后期群体中能形成终身消费模式。

2）其他产品为何没能满足消费者的需求

目前，白癜风遮盖液行业的产品同质化严重，产品的原理、功效及遮盖理念几乎雷同。通过市场调研数据的分析，安全、防水是白癜风患者对遮盖液最强烈的两大需求。与其他遮盖液品牌相比，盖百霖作为行业的开创者，拥有最新的遮盖技术，并成立白癜风遮盖液研究院，不断对产品技术完善升级，引领行业健康规范发展，并为患者提供安全有效的遮盖液产品。

3）目标客户的消费流程和消费心理分析

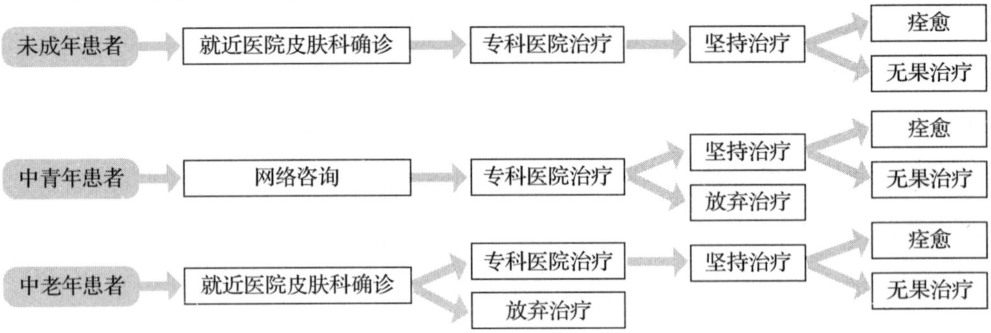


**消费就医流程：**一般出现白斑会选择就近医院皮肤科确诊，但医院治疗周期长，治愈几率小，会转向民营专科医院，面临高额的治疗费用，大部分患者放弃治疗，开始尝试遮盖疗法，以恢复皮肤的正常肤色，找回自信。

**消费者心理分析：**白癜风患者对治愈始终抱有希望，并愿意尝试。对遮盖液物理治疗的认知程度低，对品牌的依赖程度高。

### 3. 业务产品定位

1）盖百霖在目标市场上的定位

2004 年，盖百霖作为行业开创者，是第一个白癜风遮盖液品牌，2005 年，上海出现了第二个的白癜风遮盖液——盖博士，2010 年白癜风遮盖液行业进入井喷期，百芙清、肤双喜、百典清、君肤美等白癜风遮盖液出现，截至 2015 年，市场上大大小小的白癜风遮盖液牌子已经超过 20 个！除了盖百霖在全国线下药店等有众多线下销售实体外，其他品牌基本集中在互联网特别是淘宝上销售。现在白癜风遮盖液品牌竞争呈现两极分化现象：一是以盖百霖为代表的纯植物技术的高品质遮盖液，另一类型是以大萝为代表的新技术新科技，强调性价比为王的普通型遮盖液。

2）目标客户非买该产品不可的理由是什么

① 治愈的概率极小。医学界研究白癜风多年，至今对其机制和发病原因还不是完全清楚。没有特效药完全治愈白癜风，因此被称之为“活着的癌症”。

② 心理压力造成恶性循环怪圈。患者迫切需要美→心理压力大→治疗效果不好→心理压力更大。就这样，不少白癜风患者陷入了治疗怪圈。白癜风患者维持正常社交有点困难，白癜风患者在求职、婚姻都受到影响，社交圈比较封闭，遮盖液能很好解决患者“面子”问题。

3）与同类产品的差异化特征主要体现在哪些方面

① 成立白癜风研究院，坚持技术研发，惠及白癜风人群

2015 年，盖百霖发明人创建了白癜风遮盖医学研究院——北京胡发刚白癜风遮盖医学研究院。研究院汇集全国 30 余位医药学专家，不仅致力于白癜风遮盖技术研发以及其他白癜风相关的科研工作，更肩负着让全社会正确了解白癜风、正确看待白癜风的责任和使命，让每个白癜风患者过上他本该拥有的平等、轻松、幸福的生活和环境，提高每个患者的生存质量。

② 专注产品，保证品质

盖百霖作为白癜风遮盖行业的开创和发明者，一直把“质量如生命，致力于改善全球白癜风患者的生活质量”作为全体盖百霖人的使命，严格把控产品

质量关，独有的双瓶装，保障了产品的新鲜度，并开创了白癜风遮盖行业30天开瓶也可退换的先河。

③ 坚持公益，帮助更多白癜风人群

盖百霖一直致力于社会公益事业，从太阳村资助服刑人员子女，到雅安地震捐款活动，西藏山区孩子的学校援建等公益活动。盖百霖人更不忘以帮助白癜风人群减轻心理压力，呼吁社会关注和关爱白癜风人群，提升白癜风人群的幸福指数为自己使命!

④ 建立白癜风人群社群

2015年盖百霖与100多位白癜风患者共同发起了白癜风患者之家——盖友会，希望帮助到更多被白斑困扰的患者，一起去争取属于白斑患者的权益，也希望白斑患者得到全社会的关注，共同关爱白斑病友，给广大白斑病友营造一个更温暖更公平的社会环境。

⑤ 全渠道运营

盖百霖拥有强大的销售渠道，线上有天猫、淘宝、微信、官网销售中心，并且连续八年蝉联天猫双11白癜风遮盖类销售冠军。线下渠道除了电话订购，更是唯一一个进入全国420多家同仁堂等知名药店的白癜风遮盖液品牌。

### 4. 整体营销策略

1）产品定义的详细说明，产品概念来自哪里

白癜风遮盖液，是用来遮盖白癜风的制剂，本身不具有治疗作用，主要起到美容遮盖作用。因为其主要作用的部位是皮肤最外层的角质层，而失去生命活性角质层里没有神经系统和循环系统，相对安全而且无刺激。同样由于遮盖的机理，是跟皮肤角质细胞细胞壁游离蛋白氨基酸发生不可逆作用的原因，所以，遮盖不影响皮肤的正常功能，也不堵塞毛孔，同时具有不怕水洗、不怕流汗、耐受摩擦、保留长久、美观自然、使用方便、安全无刺激、没有不适感和异物感的特点，广受白癜风患者的喜爱。

2）产品定价的基本原则和方法，价格策略的制订

由于盖百霖的消费人群是白癜风患者，他们对产品的安全性和性价比要求较高，盖百霖价格在199～348元之间，这个价格是普通大众较为容易接受的，

在同等品质产品与品牌中具有优势，并与低品质品牌的产品价格进行了区分。

3）产品宣传的价值诉求，广告词的设计原则

盖百霖：一盖遮百斑，久治逢甘霖。

设计原则：

① 盖百霖发明第一瓶遮盖液，行业的开创者。

② 白癜风难治愈，遮盖液能遮白斑，如同甘霖。

4）整合营销传播设计，采用了哪些市场宣传组合方式

① 借力营销

发布行业首部《白癜风遮盖液白皮书》，并邀请协会、医学界、药学界的多为专家出席发布会，奠定了学术高度和专业地位。

② 网络营销

盖百霖积极通过微博、微信、互联网新闻媒体等多重网络渠道进行传播，其中集中力量自媒体的传播渠道。

微信：定期发送发明人的“胡发刚有问必答”专业文章，为白癜风患者提供有价值的信息。

③ 口碑营销

盖百霖依靠多年的产品品质的积累，已经积淀了部分粉丝，并建立患者信息交流群，通过积极的话题引导，日常维护及互动，形成持续的品牌的口碑传播。

④ 发明人品牌塑造

2004 年 4 月 17 日，胡发刚发明第一瓶遮盖液，并创造盖百霖品牌。通过打造个人品牌，赋予品牌人文情感。而白癜风群体是一个极度脆弱需要社会关爱的群体，通过人与人的连接，达到品牌与用户的连接。并通过《从技术发明人到企业家究竟有多远》等软文传播，彰显胡发刚的商界影响力。

5）销售管道设计，管道设计的原则和考评原则

① 自有渠道

电商旗舰店：价格标准化及品牌传递的窗口，也是与患者沟通交流的重要平台。

② 合作渠道

经销商：建立区域体验中心，提升产品的下下服务能力，拉近与用户的距

离感，也是开拓新的销售渠道的入口。

线下合作药店店：与400多家药店达成合作，满足非网络群体消费者需求。

医院：新渠道扩增量，提升品牌信任度。

**5. 竞争战略设计**

1）深挖入口效应，形成产业链

**遮盖液成为第一入口：**白癜风是一个细分却又具有刚需、强黏、高频消费的特殊群体，盖百霖—遮盖液为第一入口，快速聚集这一特定人群，根据这一人群的需求关系，横向拓宽现有产品线：遮盖——预防；纵向拉伸业务范畴：遮盖——日常保健——心理需求等，是人群最大程度消费化。

2）借力使力，快速形成品牌势能

通过各类学术专家的背书以及行业活动的举办，打造细分行业最值得信赖的领导品牌地位，同时补全产品品类并形成品牌矩阵，形成侧翼保护，以避免竞争对手从其他细分品类攻破阵地，对盖百霖各个阶段的发展形成威胁。

**6. 盖百霖巩固白癜风遮盖行业品牌地位**

1）产品上市后至今的销售业绩，市场占有率

盖百霖遮盖液上市，开创了白癜风遮盖新行业，产品的多次迭代升级，引导了整个白癜风遮盖行业的健康发展。目前盖百霖产品仍占主要的核心地位，高品质产品，高品质、多价格带产品，将占领更大的市场空间。

2）产品矩阵对企业形象或品牌声誉的影响，企业回报

多价格带产品矩阵，能满足不同层次的消费需求，从而扩大用去人体技术，为品牌的后续布局做人群积累，也能培养核心用户群体，抵御竞争对手破坏性竞争，对品牌有一定的保护作用。

3）目标客户使用产品之后的评价和回馈意见

消费者对盖百霖产品普遍给予了较高的评价。

① 安全有效，食源性纯植物技术，保证了产品100%的安全性，任何年龄段及患病阶段均能使用。

② 不断创新，成立研究院，不断在产品的功能上做研发，希望能防水更持

久、遮盖效果更自然、遮盖时间更短。

③ 承担责任，盖百霖作为行业的开创者，积极承担着呼吁关爱白癜风患者的社会责任，不平等的待遇，比白斑给患者的压力更大，所以盖百霖在解决白癜风患者“面子”问题的同时，更关注他们的“里子”，即心理健康状态。

4）目标客户的忠诚度分析

盖百霖高品质产品，使用体验及服务体验双优，并使用纯植物组方技术，不会对白癜风患者患病皮肤在成二次伤害，得到越来越多用户的肯定，一瓶小小的遮盖液，改变的不仅仅是皮肤复色的问题，更是让他们重拾生活的信心，改变了人生，是众多白癜风患者的终身信赖品牌。

2015 年盖百霖与 100 多位使用盖百霖十年的病友，共同创建全球最大的白癜风患者社群组织——盖友会。同时，成立北京胡发刚白癜风遮盖医学研究院，进行白癜风患者生理、心理及生存状态进行研究，帮助改善白癜风人群生活状态。盖百霖通过白癜风遮盖液这一发明，成功开创白癜风遮盖行业，造福千万白癜风患者。并持续着力于技术创新，历经 10 多年发展仍不忘初心。未来盖百霖将继续引领遮盖行业发展，为更多白癜风患者带去爱和希望！

## 六、母婴之家：从母婴电商平台到“母婴+”O2O 平台升级

母婴之家始创于 2003 年，至今专注母婴 14 年。从实体店到目录到电销到电商再到跨境，见证了母婴行业的变迁史。业务模式上始终以用户为中心，不断改革创新；不断深化供应链管理，深耕区域市场，提升产品与服务的质量；强化口碑传播和圈子营销，延长用户生命周期，客单价及复购率皆高于行业水平，成为母婴行业仅有的不依靠烧钱生存的母婴电商，与蜜芽、贝贝、宝宝树等走上不一样的发展道路上。在供给侧改革、商业回归本质的浪潮下，母婴之家必将引领母婴行业的未来。

母婴行业是 2014～2016 年最热门的行业之一，二胎政策的开放，并将成为一项稳定的、长期的政策执行，这会引发行业的市场增长，同时也意味着资本会重点关注。资本催化了行业竞争，母婴垂直电商行业竞争白热化，市场争夺

战。线上线下融合加剧，电商之间以母婴消费者为入口，深挖用户价值，搭建生态成为主流趋势。

经过一年多的融资、运营和价格大战之后，2015年底、2016年初，整个行业进入资本寒冬，母婴电商在经历资本热和烧钱价格大战之后回归商业价值竞争阶段，且将会是个中长期的阶段；母婴垂直电商行业格局大变，贝贝网一家独大，蜜芽、宝宝树、辣妈帮等生态整合的成效有限；母婴行业O2O进入强化线下实体门店、消费体验的阶段，母婴综合体已经开始出现，生态化进入实践阶段。

在企业层面，母婴之家市场战略重心重归上海，有利于集中精力进行区域化运作。全国市场扩张需要进行中长期的布局；受内外部环境的影响，母婴之家的业务量有一定程度的下降；内部管控处于战略调整阶段，实行稳健的财务政策，品牌传播与市场推广相结合，以转化为战略目标；业务整合以换股、不占用现金流的方式为主；母婴之家正式挂牌新三板，在一定程度上提升了资本整合的能力。

在这样的背景下，锦坤帮助母婴之家进行品牌价值的提炼和梳理，在此基础上提出三步走战略，完成从纯母婴电商向母婴生活解决方案供应商，亦即母婴生态战略——“母婴+”O2O平台的升级。

### 1. 目标市场选择

1）市场细分的基本原则和关键要素

母婴电商与母婴行业的所有细分领域有个共同的特征：单个母婴品类下消费者生命周期短，获客成本极高。在需求层面，消费人群基数大，客单价高，消费以质量为先导，溢价空间较大；移动互联网背景下，消费的场景化强化；标品需求量大，但毛利空间较小，海淘带来新的需求增长空间；消费者对于专业内容需求、社交需求大；目标人群年龄层次集中，消费行为较为相似。

在供应层面，标品的定价权掌握在生产商和品牌商手中，非标品及服务的定价权很大程度上由运营能力决定，对于平台商而言是有利的；目前供应方相对分散，母婴生态各个环节需要付出很高的拉新成本，很难实现客户价值的深度挖掘。

2）目标市场的规模分析和成长前景预测

建国以来，我国已经出现了三次婴儿出生大潮，分别是1949~1955年、1962~1970年以及1985~1997年。在第三次婴儿出生大潮期间，根据国家统计局的相关数据显示，1985～1997 年这波婴儿潮出生的新生儿，现在已经或逐步进入到 20～30 岁的生育旺盛期，在这样大的育龄人群基数上，我国正在迎来见过后的第四波婴儿出生潮，再加上单独二胎等生育政策的放开，预计在未来的 5～10 年，中国每年的新生儿数量都会保持在一个较高的水平。消费用户基数的持续扩大为中国婴儿的发展提供了充足的内生动力。

权威数据统计，2015 年母婴市场交易规模是 2.3 万亿元，线上部分 3600 亿元，由于人口增速的提升，整体母婴行业市场出现 30% 的增速。母婴产业逐渐成为大众消费的一个重要组成部分。不断扩张的市场态势，也吸引了大量创业掘金者。

3）竞争格局分析和竞争对手分析

母婴电商中，天猫的市场占比 50.1%（20151Q），京东 20.1%，京东凭借巨大的流量优势占了绝大部分的市场份额，垂直型电商在如此巨大的市场中所分食的仅仅是汤羹，但明显的趋势是，随着资本不断的注入和垂直电商的移动化、社区化、专业化的不断推荐，市场份额不断提升，并逐步显现出行业格局。

母婴垂直电商属于重度人群垂直，目标人群集中度非常高，但同时具有生命周期短（0～6 岁）的风险，可以围绕用户布局商业生态，做深度价值挖掘。

目前母婴之家的主要竞争对手有蜜芽、宝宝树。

| 竞争对手 | 产业/业务 | 融资情况 | 核心优势 | 未来发展 |
|---|---|---|---|---|
| 蜜芽 | 海外购+限时特卖 | • 2014.6 B轮2000万美元，红杉资本+真格基金+华兴险峰<br>• 2014.12 C轮6000万美元，Hcapital+红杉资本+真格基金<br>• 2015.9 D轮1.5亿美元，百度+红杉资本+Hcapital+数家美国私募基金 | 充裕的资本跨境供应链内部的快速决定机制和执行力 | • 中产阶级家庭生活用品社会电商平台<br>• 本地化早教渠道 |
| 美囤妈妈/宝宝树 | 社区+电商+在线教育+早教产品 | • 2008 A轮1000万美元，经纬创投<br>• 2008 B轮数千万，田溯宁宽带产业基金+SIG+经纬中国<br>• 2014.1 C轮1.5亿人民币，好未来教育机构<br>• 2015.7 D轮3亿美元，聚美优品+多家国内投资机构<br>• 华联矿业拟2.6亿增资宝宝树 | 宝宝树的信任背书和流量导入充裕的资本 | • 从孕前到pre-K人群覆盖，涵盖电商、早教产品和教育<br>• 在电商方面与聚美合作，主要提供用户 |

① 宝宝树/美囤妈妈

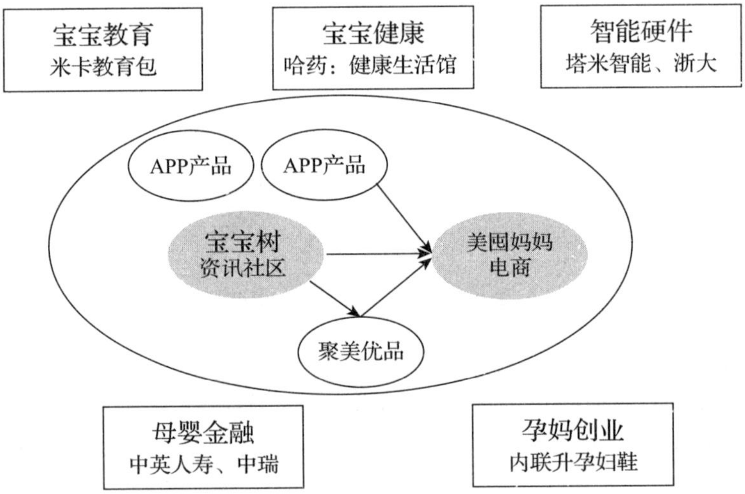


宝宝树/美囤妈妈的主要特征分析：

◆ **发挥大数据优势**

宝宝树的母婴生态布局充分利用了母婴大数据的优势，涉及领域广泛，但社区大数据价值挖掘尚处于初步阶段。

◆ **战略布局没有焦点**

涉及领域广泛，但缺乏内在逻辑，与电商之间没法形成良性的内循环。

◆ **重在讲资本市场的故事**

涉及行业都是当下的热点，智能硬件、互联网金融、大健康、创业等等，旨在吸引资本市场的关注。

② **蜜芽**

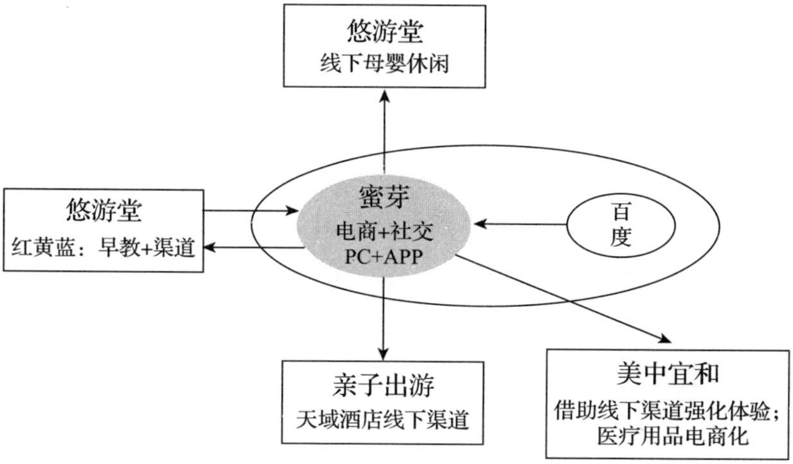


蜜芽的主要特征分析：

◆ **业务聚焦，布局严谨**

蜜芽的战略布局紧紧围绕电商业务。与百度联合，在于通过搜索和百度的内容沉淀引流，提升品牌认知，增加流量；与红黄蓝、天域酒店的合作在于铺设线下渠道，推进场景化的线下销售。

◆ **重心在于品牌和业务提升**

蜜芽的战略布局重点在于产业链、品牌和体验优化，注重于消费者的紧密沟通，因此选择红黄蓝等消费者密集的场景与消费者接触，以体验聚集消费者。

◆ **打造社交圈**

打造蜜芽圈。

**2. 消费者行为分析**

1）目标客户的购买需求分析

母婴电商的消费者的最根本、最核心的需求是保障孩子健康、快乐地成长。但是在整个消费过程中消费者易于感知的是全品类、质优、价格实惠的商品和便捷、省心、人性化的服务。

消费升级，给母婴人群带来更多选择、更专业化、更个性化的产品与服务，而在当前的商业形态下，这些商品的供应是分散的，随之而来的是消费者的选择成本、信任成本都非常高，这是在既有的对产品、服务的需求之外的另一个层面的需求。

因此，在具备良好的品牌背书下，母婴之家以电商为切入点，将优质的产品与母婴服务整合，构建良性的母婴生态是满足消费者需求与延伸、升级自身业务相统一的双赢的战略选择。

2）其它产品为何没能满足消费者的需求

母婴之家深耕以上海为核心的长三角市场达到14年之久，区域化运营的深度、服务体系完善度是竞争对手难以企及的，对于消费者的需求的把握，有着相当的优势；在供应链管理上，品质管控相比于新晋的母婴电商更加稳定。母婴之家的德国基因，对于产品品质的精益管理，保证了创立14年以来没有出现一起假货投诉，这与动辄深陷纸尿裤门、奶粉门的蜜芽们所不能比拟的。

相比之下，蜜芽、贝贝，乃至有着数据与社群基础的宝宝树作背书的美囤妈妈，在区域深耕的层面上也是难以与母婴之家相比的。在以上海为中心的长三角，母婴之家的市场占有率最高达到50%以上。集中化的流量是母婴之家进行母婴产品与服务整合的基础，消费者的认知程度和口碑则是母婴之家进行母婴服务整合最大的优势。

3）目标客户的消费流程和消费心理和行为特征分析

**① 消费者画像**

**年龄：** 25～33岁（88.3%）

**首胎生产年龄：** 24～30（86.1%）

**孩子：** 1个（71.1%）

**家庭年收入：** 15 万元 ~ 60 万元

**消费周期：** 约 3 年

**品牌接触点：**

- 同龄妈妈群（线上线下）、同事、闺蜜
- 医生、护士
- 网络论坛
- 电视节目

**② 消费者心理和行为特征分析**

成为妈妈，爱孩子，所以孩子还是受精卵的时候就已经开始关注他的健康，也会更加爱护自己。

有钱有闲，比以往更加喜欢和闺蜜们分享交流，每一个妈妈之后都会成为育婴专家，积极努力学习。

为孩子舍得花钱，同时也变得比以前更加精明，喜欢优惠，往往货比三家，当然安心最重要。

当第二个孩子出生的时候，她好像不再像以前一样小心翼翼，其实只是因为她已经轻车熟路。

乐于互动，更为积极的参加各类活动，多渠道获取信息并比对，更为理性。

乐于海淘，对海淘的品质与物流速度要求较高，且对于海淘电商接受度较高。

### 3. 业务产品定位

1）母婴之家在目标市场上的定位

母婴之家的价值诉求在于省心，从产品的质量到服务及售后保障，紧紧围绕“省心”这个核心诉求。在这一品牌价值的指导下，保证正品，以专业化的大客户服务体系提供专业化的母婴服务；保证较高的品牌溢价，以获取相比于竞争对手更高的毛利空间和用户忠诚度。

2）目标客户非买该产品不可的理由是什么

母婴之家让人不得不爱的四大理由：

① **正品**

14 年零起假货投诉就是最好的证明。

② **区域化运营的强粘度**

区域化战略是母婴之家多年贯彻不变的战略，区域打穿打透，再进行横向的复制扩张，这使得母婴之家的用户有着很高的认同感。另外一方面，形成了线上线下打通的会员运营、口碑运营体系。

③ **便捷的服务**

得益于区域化的运营策略，母婴之家的售后服务做到了高效便捷，在物流速度上更甚于京东。

④ **一站式的母婴生活解决方案**

这是母婴之家正在进行中的升级转型的尝试。从单纯的母婴电商零售向“产品 + 服务”升级，对于企业而言延长了业务线，增加赢利点，提高了单客产出和毛利空间，对于用户而言，降低了产品与服务选择和信任成本，获得更加省心的消费体验。

3）与同类产品的差异化特征

与竞争对手相比，蜜芽、贝贝、宝宝树与母婴之家的相同点在于瞄准城市中产家庭的母婴人群，但各自的产品定位都有所差异，主要表现在：

母婴之家的主要目标人群是孕妇和 0 ~ 1 岁的宝宝，主打的品类是母婴用品，非标品占比最大；蜜芽的核心目标人群是 1 ~ 2 岁的宝宝，贝贝网是 2 ~ 3 岁，因为核心目标人群上的差异导致最终的核心产品和盈利方式的差异，宝宝树（美囤妈妈）的核心人群与母婴之家相似，但是在品类上更多聚焦在孕妇美妆及相关用品上，因而形成差异化。

母婴行业比较特殊，目标消费人群是妈妈和婴儿，消费者最为关注的是产品的品质。由此，精耕细作，强化供应链管理，把控产品质量是塑造核心竞争力的关键。

母婴之家的产品及品牌定位的核心价值点在于：

- 成熟稳定的全球化供应链，即保证品类的全面性，又保证品质安全；

- 公司的德国基因，保证公司管理的人性化和精细化，同时也为产品供应量注入德国制造的先天优势；
- 多年的区域深耕优势，品牌传播重度依赖于口碑，信誉度和知名度高；
- 区域配送体系和服务体系完善成熟；
- 与丽婴房的合作，保证了线上线下的联动，消费者对非标品品类的体验性得到很好的满足。

## 4. 整体营销策略

1）重新梳理、提炼品牌的价值体系

经过全面的市场调研和内部环境分析，形成以下判断：

- 在新生代的母婴消费中，妈妈是主要的决策人；
- 在产品与母－婴的二元关系中，满足宝宝的需求是出发点，而满足妈妈的需求是落脚点；
- 母婴之家在供应链上具有全球化的布局，以丽婴房为代表的线下渠道与线上形成联动，具备先天的O2O基因优势；
- 妈妈们最核心最根本的需求是保障孩子的健康、快乐地成长，由此转化到产品服务层面的需求是：正品、专业而人性化的服务和指导意见、合适的价格、便捷的购物体验……
- 母婴电商未来的较量将基于两点：供应链掌控和母婴生态协同，对母婴人群做精深的服务和价值挖掘

对应地，母婴之家的产品服务支撑包括：

- 整合全球的供应链资源
- 产品＋服务＝母婴生活解决方案
- 人群覆盖从婴儿向幼儿纵向的业务延伸

基于此，重新梳理母婴之家的品牌价值诉求：

- 战略愿景：构建开放的母婴生态，成为全企业领先的母婴生活解决方案

供应商。

- 品牌使命：依托于全球化供应链和本地化服务，以产品、服务、社交为支撑，为妈妈和宝宝提供高品质、全方位的生活关怀，让妈妈和宝宝健康快乐，为家庭创造幸福
- 目标人群：

备孕～宝宝3岁的中产家庭的妈妈

孕妇是市场竞争和生态闭环构建的战略要地，而生命周期较长的孕妈及宝宝是主阵地

- 品牌核心价值：为宝宝用心，让妈妈省心
- 母婴之家Logo升级：Logo商标、吉祥物一体：鲸姐

母婴之家
Better life for babies

2）基于品牌价值，进行产品结构的梳理

**① 分阶段、有节奏地进行SKU扩充**

在现有的SKU数量上，在第一战略阶段（结合后文的战略阶段设计）达到1.5万，第二阶段完成进入第三战略阶段时达到4.5～5万元的SKU。

**② 品类结构上向孕妇倾斜，消费阶段前置**

主要体现在提升妈妈营养、洗护及孕期产品品类上的优化和占比提升，更多地吸引孕期妈妈用户，在孕期阶段就形成品牌信任，培养用户忠诚度。

**③ 固本培元、守正出奇的产品结构调整**

稳固商城平台的核心业务品类，包括引流的奶粉纸尿布，高毛利高销量的服装寝具等，保持现有客流并吸引新客；通过SKU占比的上调，提升海淘业务的比重，培养整体的逼格和气质，吸引中高收入人群，补充年收入在30万元及以上人群的需求；用来价格和多元化品类来拉升活跃度和阻击对手，吸引价格敏感者，作为奇兵与对手进行周旋。

3）产品宣传的价值诉求，广告词的设计原则

广告语：为宝宝用心，让妈妈省心。英文广告语：Happiness for Mothers & Babies.

**设计原则：**

① 从一个母婴生活解决方案平台的企业属性定位来确定了母婴之家的任务和企业使命。

② 从的大局观上把母婴之家的企业使命与客户价结合起来。

③ 从消费者覆盖面上，从原来的偏婴童化的业务结构向母婴人群全覆盖升级，切合“母婴之家”品牌名称本该涵盖的目标群体用户，更加强化广告语与品牌之间的关联。

4）整合营销传播设计

母婴之家的整合传播营销中最大的亮点应该是企业品牌与企业家品牌传播一体化，对母婴之家进行立体化的品牌塑造。

① 在企业品牌传播层面，紧紧围绕企业价值、产品服务两个核心点

进行线下活动、异业合作以及深度大稿等海陆空相结合的方式。深度大稿《她走过中国母婴零售的历史，今天要开始讲新的故事》，以及结合新三板挂牌的历史性节点发布的《母婴之家成为首个挂牌新三板的母婴电商》专题新闻，以及深度大稿《母婴电商如何回归商业竞争本质?》都在界面、齐鲁晚报、凤凰网、人民网、新华社等多个权威性的媒体发布，引发转发累计20余次。

② 在企业家传播层面，紧紧围绕创始人邹勇明先生的创业背景、品牌故事

在传播形式上，峰会、论坛、社会实践、深度专访等多种形式相结合。如在华夏基石年会上与许小年坐而论道，畅谈海淘新政后母婴电商的发展趋势，对应发布人物专访《母婴之家邹勇明：回归“母婴 + 互联网”的商业本质，洗牌才刚刚开始》；在复旦千人体育场举办的青创营开营典礼上，以创业导师代表的身份发表主题演讲《创业者的7 + 2 + 1 法则》；在全经联年度峰会上发表题为《母婴电商的O2O + 时代来了》的主题演讲；在新三板挂牌时，获得包括新华社在内的众多媒体的人物专访《邹勇明：母婴行业的本质是生命管理》，获得

广泛的传播。母婴之家也由此卡位“母婴电商第一股”，在整个行业内和资本市场以及消费者市场都获得巨大的反响。

5）结合战略阶段进行组织结构设计优化

第一阶段，主要从优化内部沟通协作效率的基础上进行部门的分拆和组合，明确部门职责，在原有的组织架构上，完善职能的同时进行部门整合，COO下由原来的8个部门整合成市场营销、IT产品、客服三大系统，原有的供应链体系增加物流配送系统，从供应到库存库管理再到物流配送一体化，提高部门协调的效率。

第二阶段，衍生区域发展体系，负责区域扩张的相关事宜。

第三阶段，由部门制调整为事业部制，整个组织结构扁平化，由行政管理型向平台赋能型转型。

**5. 竞争战略设计**

1）不第一即唯一的竞争战略原则

充分利用母婴之家在全球化供应链掌控、布局和区域深耕、线下渠道和服务体系完善的优势，明确母婴之家围绕母婴人群做人群、品类双垂直，精细化服务，构建生态体系，成为母婴行业的一站式母婴生活方案提供商。

2）制定母婴之家“构建开放的母婴生态，成为全企业领先的母婴生活解决方案供应商”的三步走战略

第一步，实现购物体验层的省心——以电商为核心，内外兼修，先内后外。

以品牌传播为牵引力，区域发展为重心，快速发展市场是本阶段的主要工作。为了支撑市场的成长，必须在供应链、平台本身体验的优化、会员运营和售后服务升级等各环节协调发展。

◆ **供应链环节**

突出强化海淘和特卖频道的掌控力度。

以德国进口为主打，强化海外供应链优势。

品类调整、扩充。

◆ **电商平台环节**

品牌传播。

IT 优化。

会员运营体系优化升级。

◆ **售后环节**

客服体系内部协调机制优化。

配送体系升级、配合区域拓展战略。

第二步，实现产品/品牌选择层的省心——用户扩大和沉淀，构建品牌的口碑传播体系。

该阶段属于承上启下的阶段，一方面将第一阶段积累的客户购物体验、客服、物流配送的优势进行释放，进一步扩大用户的基数；另外一方面强化会员的地缘属性，构建成熟的品牌口碑传播体系，促进客服系统的专业化，为大客户服务战略做好准备。

◆ **市场推广环节**

深化已有的市场推广资源合作。

品牌端持续曝光。

深化会员运营能力。

◆ **O2O 平台环节**

整合供应链，优化升级 PC 与 APP 和完善服务体系。

完善母婴之家的会员社区：开往专家、明星妈妈会员端口，构建 UGC + OGC 机制；强化社区会员的地域属性，为用户的深度服务奠定基础。

◆ **客户服务环节**

客服体系内部沟通机制优化。

客服体系专业化。

第三步：母婴生活解决方案选择层的省心——用户深度服务。

以会员数据为纽带，链接母婴深度服务和 O2O 平台，以大客户服务和会员社区为依托，完成母婴生活生态圈的构建，最终实现企业的中长期愿景。

### 6. 母婴之家已卡位母婴电商第一股

1）从上海地区新客增长来看

母婴之家上海用户各年龄段保持持续递增和高渗透。孕期、0～6、6～12三个高活跃42%、74%，1～2岁和2岁以上两个平缓增长阶段的市场份额占比为近45%、41%。较阶段的市场份额占比为近11%、高的0～1岁用户市场占有率能反补新客户的高增长。

2）从新市场的新客增长来看

作为刚刚进入江苏（以苏州为主）市场的母婴之家，孕期、0～6、6～12三个高活跃阶段的市场份额占比为近1.1%、4.4%、6%，1～2岁和2岁以上两个阶段的市场份额占比为近2.4%、0.9%。如果将活跃用户集中在苏州、无锡、南通三地，则为4.3%、18.5%、24.9%、10.9%、3.9%。

3）从新客留存来看

母婴之家APP的移动端半年次日留存平均为38.3%，30日留存平均为12.1%；ANDROID端半年次日留存平均为27.8%，30日留存平均为6.6%；IPHONE端整体接近电商平均次日留存40%的水平，平均30日留存高于行业水平。

4）从品牌势能来看

主打企业家品牌和企业品牌两条路线，前期围绕企业家品牌来打造，母婴之家邹勇明收到媒体的集中关注，新闻价值随时飙升，相较于此前依赖于口碑传播的品牌传播方式，母婴之家在资本市场和行业内的品牌影响力和地位迅速得到提升。2016年5月，获中国商业经济学会支持，联合主办首届月子健康博览会，并获得搜狐、中华网、环球网、凤凰网、优酷土豆、摇篮网等在内的专项报道。

## 七、喜喜母婴："四客、六力、软传播"打造母婴月子服务知名品牌

喜喜母婴是国内将科学理论与传统月子文化精髓相结合的入住式月子中心，以专业医护团队为母婴提供全方位的一站式产褥期专业护理和系统健康管理服

务。在战略上：以月子会所的连锁加盟形式进行全国布局覆盖，同时将母婴服务中的月嫂服务等其他服务，进行全国城市站点的开发，围绕母婴服务行业形成整个产业链的布局；在品牌上，以月子会所为核心，扫E嫂、姿新理疗等多品牌产业链打造“母婴+”服务生态圈，在运营上，喜喜母婴通过战略的眼光看待企业发展，四客六力解决月子会所连锁化、规范化、精细化运营问题，同时借助ERP线上管理系统实现信息化、数字化管理；在传播上，喜喜母婴以软传播为准则，通过高端财媒、官媒的深度大稿和热门自媒体的专业大稿、视频专访真人秀视频、以及大母婴行业峰会，有计划、有节奏、有目的的传播，奠定喜喜母婴在加盟商、投资商、消费者母婴服务月子服务第一知名地位。

自2013年以来，二胎政策的逐步开放带来巨大的人口红利，加上城镇居民人均可支配收入的增加、居民消费观念的升级，以及中国家庭对孩子的高度关注，过去十年，中国母婴产业迎来快速发展，成为最具活力和影响力的领域。

即使近几年经济稍呈疲软迹象，母婴领域也是其中保持稳定增长的领域之一，甚至许多传统领域，纷纷把增长点放在了相应的婴童市场领域。过去十年母婴产业的大发展，本质上母婴产品的大发展，这得益于过去中国制造业的发展。但随着中国经济的整体转型，不可避免，母婴产品领域面临极大的转型压力，母婴领域需要另一个增长点。

母婴市场前十年应该是母婴产品丰富发展的黄金时期，而接下来的十年应该是母婴服务市场的大发展时期，而母婴服务市场目前还是处在比较初级的阶段，消费者很多需求未被满足，市场在满足其丰富个性选择上还很有限，所以母婴服务类市场机会和空间都很大。但另一方面，市场参与者如雨后春笋般涌现，迅速跑马圈地进行市场卡位，各个细分领域竞争迅速激化，市场、品牌、渠道的占领，构建生态迫在眉睫。

在这样的一个背景下，喜喜母婴开始重视品牌的发展和提升，借助新三板上市的契机，进行品牌软传播，对资本、行业和消费者市场树立喜喜月子行业领导者的品牌形象。

在进击月子服务知名品牌时，喜喜母婴**采取战略、运营、传播三箭齐发的**

**整体战术，一套完善的加盟体系流程、易复制的标准化门店运营管理模式和一套全方位覆盖传播方案，高纬度、宽广度、深深渗透的战略战术，奠定了喜喜母婴在月子服务领域知名品牌地位。**

**1. 目标市场选择**

1）市场细分的基本原则和关键要素

喜喜母婴是月子服务领域知名品牌，通过依据月子会所为核心，延伸到月子其他服务月嫂、产后理疗、乳房管理、月子餐配送、产后瘦身等方面，同时通过外部合作进行资源整合，形成喜喜母婴服务生态。

中国正迎来一个消费升级和产业升级时代，同时需求升级。喜喜母婴抓住”母婴服务”风口，以喜喜月子会所为依托，快速发展姿信理疗、扫 E 嫂月嫂服务，向消费者提供全方位的月子服务，并通过行业标准化的门店运营管理手册和 ERP 运营管理系统，让喜喜母婴在行业内保持领先水平，同时让加盟商能够快速实现盈利。

这种“互联网 +”母婴服务全产业布局，全方位服务输出模式将成为喜喜母婴成为月子服务知名品牌的有力保障。

2）目标市场的规模分析和成长前景预测

近几年来，单独二胎政策放开，带来巨大的新生婴儿人口红利。母婴行业在我国显示出了高成长性的特点，目前我国已成为仅次于美国的第二大母婴产品消费大国。中国孕婴童研究中心发布的数据显示，母婴经济正以年增长率超过 30% 的速度快速增长。

中国保健协会发布的《中国保健服务产业发展蓝皮书》显示，坐月子已经成为行业关注的焦点之一。据悉，目前我国的保健服务企业已达 140 多万家，年产值 2000 多亿元。近年来兴起的月子中心也发展迅猛，上海、北京、广州等经济发达地区已有近 200 家。中国母婴生活护理产业是一个巨大而且增长率极高的市场。中国妇幼保健协会发布的《2014 年产后母婴康复服务业消费调查报告》中显示：近九成的人接受坐月子的习俗：55. 1% 选择坐 42 天月子，30. 1% 选择坐 30 天的月子，并且有近四成人选择去月子中心接受专业产后护理。

据我国第五次全国人口普查的统计公告，中国 0～3 岁的婴幼儿共计 7000 万人，而每年有约 2500 万个“婴儿”在中国出生，其中用月嫂的客户占据新生儿的 10% 左右，也就是每年全国需要“月嫂”的数量大约为 250 万人，这个数字还在以每年 5% 的速度递增。未来持续增长的消费群，新的消费意识、育儿理念带来的消费提升，注定了中国母婴生活护理行业的未来将是 20 年的牛市，市场容量将逐步发展至 7500～9000 亿元的庞大规模。

母婴生活护理服务业属于新兴行业，目标人群特点突出、消费能力强、没有季节性、需求量大、投资少、回报高、从业人员收入稳定、发展规模弹性大、市场缺口大、正规的母婴生活护理服务机构少之又少，良性发展会形成一个巨大的产业链。

3）竞争格局分析和竞争对手分析

准确来说，喜喜母婴是月子服务知名品牌，没有实质性的竞争者，我国的月子文化历史悠久，但是起步较晚，发展时间较短，虽发展速度较快，但是目前为止还没有一家真正形成品牌全势能的企业。

上海起步较早的馨月汇、优艾贝、广州的仕馨、无锡育生堂、苏州的喜之家等虽然具有一定的知名度和品牌力，但都是属于区域性，在区域内有一定的影响力和认知度，并未形成规模化、成体系的品牌是能，从发展上来看也只有西安金月汇、北京巍阁在全国的一些重点城市在进行大规模布局。

北京巍阁定位高端月子会所护理服务连锁机构，租赁五星级酒店，轻资产模式运作，采取的一对一的服务模式，将产后营养调理、孕期瑜珈、产后形体修复等专业母婴护理于一体的月子会所，在全国采取加盟连锁模式，目前在北京、深圳、杭州、天津、大连等省市内拥有了 30 多家加盟店。

西安金月汇定位中国最大的医护月子会所连锁机构，自由（租赁）独栋别墅，重资产模式运作，采取多对多的服务模式，将高端三甲医院医护标准植入月子护理行业，将民间传统月子照顾与西方现代医学护理有机结合，为产妇及新生儿提供高安全性、高专业性、高度信赖感的母婴尊贵护理服务，在全国采取加盟连锁模式，目前已分布西安、广州、杭州、天津、济南、珠海、长沙等全国 19 省 2 直辖市 57 家店 1500 张床位。

## 2. 消费者行为分析

1）目标客户的购买需求分析

**用户画像：**在喜喜月子会所进行消费的人群，非暴发户，产妇是知性女性，很有知识，有一定的素质和层次，会根据自己的判断选择自己的产品，客户大部分都是企业高管、企业老板、银行从业人员、证券人员等等客户。

**用户决策过程：**基本是产妇做主，占比最高，认为在月子会所能够提供更专业服务，年纪大的家人也有这种想法。月子期间，老公听老婆。上海地月子会所区做的比较是大众点评网，大部分40%～50%大众点评导流，孕妈在注册之后就有这个频道，孕产护理频道，妈妈就会了解一些讯息，有需求就会自己过来看，定位孕早中期产妇为目标客户群，产妇是相对高端，有一定的经济基础，才会花那么多钱去坐月子，孕妇中30%～40%高端客户。

2）其他产品为何没能满足消费者的需求

月嫂：月嫂的服务仍然存在很多问题。月嫂不仅要负责护理新生儿的喂养、洗澡、换尿布等工作，还要给新生儿按摩、观察身体状况、处理臀红等等。同时，月嫂还要指导产妇科学哺乳，协助产妇恢复体形，为产妇准备营养的月子餐等等，是一项极为细致的工作。我国真正具有大学医学专业文凭的月嫂几乎没有，行业内的月嫂主要来源于相关的家政或月嫂机构，通过这些机构对相关的从业者进行短时的培训上岗。在产妇护理和婴儿护理上仍然存在着很多潜在风险。

其他月子会所：其他月子会所大多是将月子会所变成高利润行业来做，缺乏爱心，孕妇和宝宝在会所期间不能够得到专业化、标准化、安全化的服务，或者是全程保姆式照顾，从月子会所出去之后自己并不懂得如何照顾宝宝。

喜喜母婴通过月子会所、月嫂、产后理疗、乳房管理、月子餐配送等服务，同时通过与产业链上下游企业进行资源整合和共享形成喜喜母婴服务产业链。

3）目标客户的消费流程和消费心理分析

① **消费流程：**怀孕产生需求→网络搜索或朋友介绍→电话或线上预约→线下门店参观、询问、对比→满意符合其需求则入住月子会所。

② **消费心理分析**

- 一线城市月子会所的满意度还是比较好，这些客户周围年龄相仿朋友或家人可能就住过月子会所，朋友灌输给她们想法，越来越多的人住过月子会所，这样就会产生一定的影响。
- 90 后、95 后客户对于老年人坐月子育儿观念不认可，找一个月嫂，月嫂问题很大，月嫂在整个市场上的口碑是非常大。二胎放开是最好的利好消息，很多一胎未做好月子，二胎会选择二胎去月子会所，这样他就会选择去月子会所
- 家庭条件比较好的，也不希望家里人来带，这样家人很辛苦，老公很忙，所以在家里坐月子很多时候都是父母和月嫂照顾，父母年龄比较大，本身条件还可以，不想让父母辛苦，父母也照顾不来，所以选择月子会所。

消费者在选择月子会所时，主要还是偏向于品牌、性价比、安全周到服务，同时在参观时，也会因为女性感性因素（房间朝向、感觉等）所左右，喜喜母婴在品牌和服务以及综合性价比等因素上还是有一定优势。

### 3. 业务产品定位

1）喜喜母婴在目标市场的上的定位

喜喜母婴定位母婴全方位的一站式产褥期专业护理和系统健康管理服务提供商。喜喜母婴确立以喜喜月子会所加盟为核心的全国连锁化经营，打造成国际连锁的母婴服务机构的方向与目标；“消费者和加盟商”是喜喜母婴的客群主体，“连锁化”是喜喜母婴在品牌战略中的企业属性。喜喜母婴要做的是对内打通各项的母婴月子服务，对外整合上下游产业链，行业产业联动，发挥最大的集群效应，构建起喜喜母婴服务生态圈。

2）目标客户非买该产品不可的理由是什么

喜喜母婴让加盟商、消费者选择的理由：

① **加盟商**

- 行业最早的企业之一，品牌知名度高。

- 模式清晰。
- 标准化运营管理成熟。
- 全类型加盟模式。
- 对于“爱”的理念认同。

**② 消费者**

- 行业最早的企业之一，品牌知名度高，经验丰富。
- 对于“爱”的理念认同。
- 专业化、标准化、安全化的为妈妈宝宝提供服务，个性化的解决妈妈产后吃、住、科学护理等核心需求。
- 月子服务产业运营，不仅能够提供月子会所服务，还能够提供摄影、月嫂等全方位服务。

3）与同类产品的差异化特征

**①“多品牌”“多服务”月子服务运营，加盟连锁方式进行全国快速品牌拓展**

喜喜母婴旗下品牌包括喜喜月子会所、姿信理疗、扫 E 嫂月嫂、资讯育儿有孕道等多个品牌，同时在全国开启加盟连锁方式（城市合伙人计划）进行快速的品牌扩张。

**② 连接国内母婴上下游产业链企业，打造母婴服务生态圈**

喜喜母婴与十月妈咪、海尔婴童、58 到家、携程团购、葫芦堡等母婴产业巨头和上市公司纷纷达成战略合作，打造母婴服务生态圈，形成行业产业联动，发挥最大的集群效应。

### 4. 整体营销策略

1）产品定义及结构化组合

喜喜母婴的月子服务产品主要有：喜喜月子、扫 E 嫂、姿信：

**喜喜月子：**会所以一流的医护团队为母婴提供全方位的一站式产褥期专业护理和系统健康管理服务，提供月子期间月子餐、高端月嫂、无痛开奶、孕童摄影、产后修复等多项服务。

**扫 E 嫂：**通过移动互联网改造月嫂行业，解决月嫂的痛点，通过与家政公司进行合作，将所有月嫂进行培训，然后统一导入到扫E嫂平台上面，扫E嫂对其个人品牌进行营销。扫E嫂借助月子会所进行背书，消费者的信任度更高，也更加愿意选择上面的月嫂，在APP、微信上能够进行订单选择，同时延伸到月子会所里面的产后理疗、乳房管理、月子餐配送、月子会所预约、产后瘦身等。

**姿信：**产后的理疗服务，通过喜喜月子和扫E嫂进行导流。

2）产品定价的基本原则和方法，价格策略的制订

**加盟商：**针对加盟的技术加盟、品牌加盟、委托管理的不同加盟形式和服务套餐内容收取不同的费用，同时收取管理费和保证金以及增值服务费用

**消费者：**针对消费者，更具入住房型、时长、套餐、增值服务等不同维度进行差异化定价。

3）产品宣传的价值诉求（广告词），广告词的设计原则

创造爱、传递爱。

母婴行业本身就是一个“爱”的行业，而且喜喜母婴一直将“爱”的文化运用到公司运营管理之中，将“爱”的创造与传递早为企业使命。

4）整合营销传播设计

喜喜母婴的整合传播营销中存在几大亮点：

① 十篇行业深度大稿的发布：

喜喜母婴以《喜喜母婴的O2O+生意经，月子会所还能加什么?》《加盟商、投资商、消费者纷纷追捧，喜喜母婴凭什么领跑行业?》《从月子文化出发 看中国月子服务行业过去、现在与未来》《徐赟：我是个母婴创业者，但首先我是个妈妈》《喜喜月子：引领继电商之后的又一波母婴风口浪潮》《月子会所都做上市了！徐赟能否成为母婴行业的柳青?》《喜喜母婴徐赟：二孩红利下的机会与威胁》《喜喜母婴的O2O+生意经，月子会所还能加什么?》《不让孩子输在起跑线上，月子经济成为核心引擎!》《当母婴电商还在红海里挣扎，她却在母婴服务的蓝海中乘风破浪》。

② 五篇媒体深度专访

界面采访文章《喜喜母婴从月子会所转型O2O会踩住母婴市场的下一个风口吗?》、经济观察报《喜喜打法——站在母婴服务风口如何领跑》以

及创业家、钛媒体、i黑马等媒体深度专访。

③ 媒体访谈。

④ 视频访谈。

⑤ 电视节目传播。

⑥ 母婴行业峰会。

分别向行业、消费者、加盟商、投资者以及外界普通大众传递出喜喜母婴月子服务行业知名品牌的形象，让更多人了解品牌和明白喜喜母婴的战略布局。

其他喜喜母婴还采用了微博、微信、事件营销等组合传播的方式来配合整体战略的打造。

5. 销售管道设计，管道设计的原则和考评原则

主要从**招商、渠道和终端**三个方面进行渠道管理和设计：

**招商方面，**通过对市场对管理半径、城市经济水平、互联网消费指数等因素进行城市市场分级，直营、加盟形式优先次序，确定重点招商开拓区域，统筹进行全国布局。

**渠道方面**，采取和当地优势的医院、地产商、集团公司、有资金实力的个体等进行合作。

**终端方面**，通过“六力”管理体系，对月子会所进行规范化、标准化的管理，通过“四客”营销体系，对销售终端进行全面提升，提升终端形象展示力，提升品牌影响力

### 5. 喜喜母婴已成为月子服务知名品牌

在经过几轮品牌传播之后，喜喜母婴在消费者、投资商、加盟商的的知名度轩主提高，更有一些直接慕名而来，商讨加盟事宜，喜喜母婴旗下喜喜月子会所目前已在全国进行快速扩张。

2016年是母婴服务发展的关键时期，喜喜母婴在品牌上进行“软传播”“高广深”全维度覆盖传播，在运营管理上“四客、六力”，解决门店快速扩张、标准化复制、规范化精细化管理难题，为其成为月子服务领域知名品牌打下坚实的基础。

# 第四章
# 企业互联网+未来

2016年中国经济最大的变化就是“互联网+”时代的到来，又称为互联网2.0时代。互联网+代表着一种新的经济形态，它充分发挥互联网在生产要素配置中的优化和集成作用。通过互联网+，将创新成果深度融合于经济社会各领域之中，提升实体经济的创新力。

互联网+或互联网2.0时代最重要的改变来自两个根本的生产要素，一个要素是行业本身发展，另外一个要素是价值增长逻辑。这两个要素的改变，决定了企业的创新价值。工业化时代企业谈盈利主要是资本与技术的驱动。互联网1.0给企业竞争带来的变化是规模聚集加快，使技术跟资本的结合更加强大。互联网+使得规模盈利可能有了新的冲击。

今天虽然每个行业的发展要素并没有改变，但从2016年起在互联网+后会有一个根本性的改变，这个改变实际上是行业增长的要素变了。我们遇到的最大的挑战是并不知道未来的企业应该是什么样子的，也就是在互联网+下是什么样子的，又该如何提升客户价值。

互联网+或互联网2.0时代，行业竞争与发展取决于有效市场和精准用户。互联网+企业发展或盈利主要是精准用户给企业带来流量、大数据和价值创造。如果今天还停留在原有的经验和认知当中，看不到上述内容，你就没有机会了。目前最大问题就是企业发展与顾客没有建立真正关系，或并不真正了解顾客。哪怕今天的企业是千亿的规模，对于顾客来说，产品满足是他们唯一关注的，千亿规模跟顾客没有任何的关系。客户关心的是产品是否适合我（或企业是否找到了精准用户）。

“+互联网”概念，即传统产业是主体，互联网只是工具，而此时工具的最大特点是被动。只有被利用才有价值……互联网+中的“+”，不仅是技术上的“+”，更重要的是思维、理念、模式上的“+”，其中以创新推动管理与服务模式变革是重要内容。在互联网+时代，增长的逻辑其实是一个量级的增长，取决于流量、大数据和价值创造，不再是一个规模增长。量级增长跟规模增长最大的区别在于后者是一个非连续性的增长逻辑，也就是说在变化当中寻找增长点，通过对变化的认知，找到你的发展机会，这是一个非连续性的增长逻辑。

长期以来当价值增长驱动要素变了就去找技术创新。但不管怎么去做，一定要知道价值创新到底从哪个地方来。互联网1.0和2.0是不同的，互联网1.0是一个消费互联网，解决的是消费端的问题；而互联网2.0时代是一个产业互联网。任何一个互联网企业，如果仅仅是做互联网，一定走不下去，必须回归到产业创造价值当中来，通过价值创造驱动实现企业发展。企业能够提供非常好的产品，同时又具有专业的服务能力（认识客户需求），相信互联网+就会跟你组合在一起。O2O模式的成功就是这个道理。

再如移动互联网微信营销也是互联网+的例子，很多人在2015年的春节不得不为一块钱去疯狂，即使只得到一分钱也很高兴。之前不少人不肯手机捆绑消费卡，但是今年为了发红包，也不得不捆绑了。2015年微信和春晚的组合，也是一个极其成功的案例。其中的根本原因就是他们找到了顾客的价值，把这个价值做了一个非常完整的交流。你会发现今天的世界是非常好玩的，是一个轮回和互动的过程。

互联网和移动互联网的飞速发展和广泛应用已经成为全球性最迅捷和最方便的信息沟通与传播渠道。到2020年互联网下的产业将对GDP贡献超50%。互联网+的发展就是科技、媒介与人文三个既相互关联又渐进影响的结果。科技的换代，媒介的延伸，最终引起人与人的社会关系变化，这就为互联网+提供了无限的空间。

互联网+对社会与经济发展产生了四大影响：

（1）思维方式更新，从理性时代到理性与感性结合时代。

（2）时间感更新，从慢时代到快时代。

（3）空间感更新，从层级（科层）时代到扁平时代。

（4）目标感更新，从奋斗、竞争时代到娱乐、体验时代。

这些影响将导致商业模式和规则发生重大的变化。

面对互联网+，企业家要变革是需要勇气的，即自我颠覆。变革中企业更应该建立一种互联网化的文化，叫不断进化适应。移动互联网的环境天天都在变，你又不可能天天力挽狂澜，只有自我颠覆和不断进化才能适应互联网环境下的发展。

在互联网时代，商业机会几乎都是平等的、透明的、开放的，但是为什么有些企业能顺势崛起，而很多巨大的商业帝国却衰落陨落，这其中有众多的原因，重要的是思维的定势以及对环境的长期麻木——多年辉煌的温床让创新的神经已经退化，对于新兴互联网带来的消费者消费习惯、生活方式以及竞争格局毫无觉知，积极学习和进取之心锐减，对未来趋势的正确判断力减弱。这一切都是未来必须要克服的。

针对互联网+，未来企业发展有两点思考：

第一，战略思维和创业思维。战略思维是以未来决定现在，判断三年内行业有什么变化，这样来做，就会保持持续性。创业是讲今天决定未来，今天有什么机会我要去做。很多企业正在做企业内部创业，海尔、美的在做，同时创业也必须符合战略思维。

第二，回归到顾客价值和经营本质到以消费者为中心。记住，淘汰你的一定是顾客，绝不是资本与技术，绝不是你自己的管理。

面对今天的互联网+时代，每个人都要改变。

企业的改变，其实就是经营思维和管理理念的调整。中国管理最大的浪费就是让优秀的人成为管理者，然后管理者又离顾客非常远。优秀的企业管理者一定要有经营的思维与经营理念：就是关注顾客变化、关注环境变化、关注增长要素变化。做一个创造性的公司，不断学习和超越自己。

# 后记 没有企业，就没有互联网转型

今天，一个叫“互联网＋”的词在中国产业的天空横空出世。

对传统企业来说，要么站在互联网＋风口上顺势而为、一飞冲天；要么在暴风的肆虐下无所作为、粉身碎骨。

甚至还有人说，传统企业，没有互联网＋，都将成为破铜烂铁。

果真如此吗？果真会这样吗？

有人说，近几年来中国实体零售的销售额已经出现下滑的趋势，互联网已经影响到消费者的消费决策和消费行为，传统企业被互联网企业破坏、侵蚀，甚至颠覆的例子比比皆是。

也有人说，互联网零售和消费到达高峰后正开始面临低谷，正在遭遇有史以来的最大挑战和困难，实体经济依然是产业的核心。

当然，不管怎么说，随着国家互联网＋战略的启动，互联网＋带来的不仅仅是一场危机，而且是一场新的产业变革契机。

可以这么说，互联网＋是虚拟经济新常态对实体经济波动态的倒逼。传统企业要做的就是比对手更快一步接纳、利用这些新方式。

站在“互联网＋”的风口上顺势而为，会使中国经济飞起来。

风暴已经来临！窗口已经打开！

传统企业目前迫切要解决的是如何找到拥抱互联网＋的最佳路径。

相较于大多数企业还停留在认为互联网＋就是建一个网站、利用互联网进行营销的阶段，企业家只有考虑得更深，也许才会行得更远。

在互联网的时代，很多传统企业都有互联网焦虑症。

正所谓，企业是“虎”，只有实现互联网转型的互联网+才是如虎添翼。

我们首先要打造千千万万个强壮的“老虎”，即我们中国的实体企业和制造业。没有这个基础，互联网也不会发挥大的作用，只有“老虎”强壮了以后，插上了互联网的翅膀，中国才可以变得更强大。

没有这样的“老虎”，互联网+算什么呢？所以我们要首先认清自己。

在互联网+中，互联网只是一个工具，它改变了我们的工作模式，改善了我们的工作环境，同时也提高了我们的工作效率、沟通方式和生活质量。从这个意义上讲，互联网时代是一个新时代，如果落后于这个时代，我们就要挨打，就要被淘汰。但是如何才是不落后呢？是不是我们每个人都进入到互联网里面去，我们就能成为一个时代的楷模呢？当然，不是。我们应该返回来检讨我们的产品，思考我们的战略，作为制造业，我们是不是把我们的技术产品转化成智能产品。要想做到这些，关键在“创新”。那么创新背后又是什么？关键是制度和土壤。一个企业没有好的管理制度和创新土壤，再怎么互联网、再怎么创新也都等于零。

一个企业，如果没有竞争力，你到哪里都是红海。一个企业如果具有创新能力，到哪里都是可以把红海变成蓝海。互联网时代，中国企业要解决好智能制造和智能产品这两个问题。

企业和品牌只有牢牢地掌握一个关键词——市场消费者，才能不断创造新技术，提高消费者的生活质量，给消费者带来更多的健康和便利。

前段时间，很多人都跑到日本去买马桶盖、电饭锅等，这种现象为什么会发生？有两个原因，一是我们没有自己的核心技术；二是我们的不诚信行为，让市场的消费者受到了伤害。即使你今天做得再好，别人也不会相信你了，所以我们付出的代价是非常惨重的。

在今天转型的时期，在互联网的时代，我们的企业首先要解决两个问题：第一是诚信问题；第二是技术升级。这也是市场经济的本质和根源所在。

技术升级，质量是前提。如果我们连质量都做不好，还能谈技术升级吗？在德国，同样一款高压锅有两种价钱，一个要比另外一个便宜10欧元，售货员说这个贵10欧元的锅是德国制造的，而那个便宜10欧元的锅是中国制造。我们缺什么，已经可想而知了。

以阿里巴巴为代表的电商改变了实体企业的经营模式，也打乱了传统实体企业几十年的销售模式。在这样的大背景下，实体企业一窝蜂开启电商模式，结果被碰得头破血流（实体企业网上做生意99%都亏本）。

很多传统企业原来都做电商，但是现在大部分都撤掉了，理由是不赚钱。

尽管实体企业做电商没利润，但是电商是发展的方向，所以不做也不行呀。没办法，大家只好在这条路上竞争，拼得头破血流。每年的“双十一”，淘宝赚得盆满钵满的，但实际上大部分实体企业却是亏的。

我身边80%的企业家面对来自互联网的冲击都很焦虑。第一个受互联网冲击的就是传统的企业家，一下子都不赚钱了，零售业、制造业无一例外，要是不改变就要被淘汰。

从企业经营的角度来看，目前电商的这种模式是不符合经济规律的，甚至可以说是破坏了经济规律。市场经济的规律应该让每个环节产生利润，而不是像现在这样，利润都给了电商，这对实体企业不利，对就业不利，对中国未来经济也不利。

电商必须改变盈利模式，让每一个电商的参与者、每一个环节都有利润空间。电商必须依靠实体企业，这个平台才有存在的价值和意义；而实体企业可以借助电商，做得更好做得更大。这样才能形成一个良性循环，彼此依存，才能实现双赢的局面，这样才契合国家提出的互联网+新经济模式的初衷。

没有企业，就没有互联网转型，但转什么？又如何转呢？

互联网+是未来的发展模式，谁都阻挡不了，但是任何事情不能颠倒过来。

互联网+的前提是必须首先发展好实体经济。国家应该尽快出台相关政策，支持实体经济的发展。只有好的实体企业，“互联网+”才有意义，才会如虎添翼；同样，实体企业借助互联网才能有更好的发展。

目前的智能时代也就是第四次工业革命的一部分，它绝不止于工业，还包括消费智能化、工业智能化和农业智能化，目前中国所谓的互联网产业其实就是消费智能化，工业智能化和农业智能化还没有开始。

消费智能化、工业智能化和农业智能化的发展，意味着商业民主化，也就是未来所有人都可以打造“自品牌并实现”自商业（未来网络经济新形态）。

“水泥 + 鼠标”是过去时，现在是“手指 + 手机”，未来是连接一切。

过去是卖产品，现在是经营人。

卖产品的时候，产品卖完了，消费者就失联了。

现在每一个产品的背后都是人，虽然产品是“药引子”，但没有了产品就没有了“药引子”，也就没有了人，后面的人是持续的消费圈子和部落。

围绕产品背后的这些部落和圈层，我们需要打造人、机、时、地、付五位一体的大产品体系。只有产品过硬了，只有企业强大了，互联网才会带来更强大的效率和效益。

这就是我们企业互联网转型的真正本质，企业 + 互联网，而不是互联网 + 企业。

当历经三年努力于 2016 年 1 月推出了第一本 O2O 落地化方法论的图书《企业 O2O + ：企业 O2O 落地 22 篇计》时，就受到了大批企业家、创始人和企业经理人的热赞，尤其受到企业管理层和执行层的经理人的欢迎。

但与此同时，不少企业家却在感叹，世面上有关互联网、互联网 + 的书多如牛毛，但绝大部分只是讲讲理论、讲讲思维、讲讲概念，却很少有一本是能讲清楚互联网 + 的，也不能很好地指导企业互联网转型，尤其是指导传统企业线上触网和互联网企业线下落地实操相结合的书更是少之又少了。

在多年的企业顾问辅导和实践服务中，我们一方面见证了大量企业的互联网转型的过程，也推动了数百家传统企业线上触网和互联网企业线下落地。于是，在写作《企业 O2O + ：企业 O2O 落地 22 篇计》一书的过程中就同步开始考虑、准备、构思和推进本书的相关工作了。

本书的完成得到了大量的企业家、创始人、专家、教授、互联网大咖和企业经理人的支持，有的毫无保留地提供案例，有的客观无私地共享经验，有的积极主动地参与讨论，有的热心公正地推荐评价……正是因为有了您们，才使得本书的案例性、操作性、深入性和借鉴性与众不同了，在此一并深深致谢。

还有锦坤的伙伴同事们以及锦坤多年来相儒以沫共同成长的客户朋友们，没有您们多年来的工作支持和合作鼓励，没有您们素材的整理和案例的提供，本书是难以如此顺利完成的。

当然，还要十分感谢能让我把时间挤出来完成本书却没有时间陪您们而一直深深愧疚于心的父母和妻儿，是您们让我们安心工作之余还有时间安心来总结、思考和写作。

最后，还要感谢机械工业出版社的陈海娟副社长、马佳老师以及编辑、校对、印刷等方面的老师，是您们的最后把关和认真工作，才使得本书如约如期出版上市。

在移动互联时代，企业经营不再是企业内部的小运营，而是涉及到微观企业、中观行业、宏观产业的“三观大运营”，这就是企业互联网转型的真正难点所在。

企业互联网转型需要解决好从消费端出发的需求链的优化、从供应端出发的供应链的强化、从企业内部出发的价值链的提升、从企业外部出发的产业链的延伸，从而真正解决好人流、物流、信息流、资金流和商流的五流合一或混流，才能真正在多变的、不确定性的商业环境下游刃有余并掌控产业链话语权和定价权，从而守株待兔，坐着卖货不再难。

合一是理想、混流是常态、跨界是必须、闭环是追求，每个创业者和企业家心中都有一个产业链之梦和平台商之想。关键在于你如何切入、如何路径、如何组合、如何实现。

以企业互联网 + 为核心的大融合、大转型正在全面开启企业竞争的新时代！

本书融合了500多家国内外一线品牌实践经验、200多个互联网转型案例、100余位互联网大咖实效经历，让我们明白了“六新”如何颠覆、重构和变革企业经营，如何用“一体、二用、三教、四化、五即”明确企业互联网转型方向，如何通过战略定位、领军人选择、模式设计、产品组合、渠道规划、组织匹配、文化重塑等七个方法实现企业互联网转型落地。

不管您是企业创始人，还是企业高管，或者是职业经理人，只要您想提升企业在互联网时代下的存活和获利能力，就一定需要认真阅读这本书！

如果对本书以及企业互联网转型的理论和实践有建议和想法，请与我联系（微博、微信都是锦坤石章强），欢迎指正。

石章强于上海

2017年3月31日